Microsoft®

Windows
Millennium Edition

Microsoft®

Windows
Millennium Edition

CASILDO MACÍAS PEREIRA
JOSÉ CASAS LUENGO

paso
a
paso

COLECCIÓN PASO A PASO

Responsable editorial: Eugenio Tuya Feijoó

Coordinador editorial: José María Delgado Cabrera.

Autoedición: ROS Multimedia Publishing & Translation S.L.
      (Grupo ROS)

Realización de cubierta: Gracia Fernández Pacheco.

© EDICIONES ANAYA MULTIMEDIA (GRUPO ANAYA, S.A.), 2000
   Juan Ignacio Luca de Tena, 15. 28027 Madrid
   Depósito Legal: M. 35.174-2000
   ISBN: 84-415-1073-3
   Printed in Spain
   Imprime: Artes Gráficas Guemo, S. L.
   Febrero, 32. 28022 Madrid

A Elena y Nani... mis dos mujeres.

Casildo

A la familia Morales Casas, con todo cariño

Pepe

Agradecimientos

En la realización de este libro hemos visto cumplir algunas leyes de Murphy... y seguro que se cumplieron otras tantas de las que ni siquiera nos dimos cuenta. Por ejemplo, es absolutamente cierta aquella que dice que *no se puede saber cuál es la profundidad de un charco hasta que no se ha metido el pie en él.*

En cambio esperamos no haber cumplido aquella que dice que si *alguien explica algo con tanta claridad que nadie lo puede malinterpretar, no se preocupe, alguien lo hará*; o aquel principio que dice que *sólo alguien que entiende algo en profundidad es capaz de explicarlo de tal forma que no lo entienda nadie...* sobre todo por que no cumplimos la primera parte del principio :

Damos fe de que es cierta la ley de Meyer, que dice que *es tarea fácil hacer que las cosas parezcan complejas, pero es complicado hacerlas sencillas.*

Ójala Sandra no experimente aquella que dice que *hay errores que pasan desapercibidos hasta que el libro está en imprenta...* Por esfuerzo y ganas no será. Por nuestra parte hemos conseguido no cumplir aquella que dice que *los plazos de entrega deben multiplicarse por un factor igual 2,0. Sonrie, mañana puede ser peor.*

A José María, a veces la ley de Shirley se cumple de forma positiva: *la mayor parte de las personas se merecen a su pareja.* Pero no olvides la ley de Thomas, *la duración de un matrimonio es inversamente proporcional a la cantidad gastada en la boda...* y esperamos que no te inquiete la teoría de Jana que indica que *en el amor, la mujer nunca consigue lo que espera y el hombre nunca espera lo que consigue* :)

A Abel, no está mal la regla de Horowitz: *la sabiduría consiste en saber cuándo debes evitar la perfección.*

A Julio, *siempre se debe preferir el imposible probable al posible improbable*, aunque *no hay nada tan temporal como lo que se denomina permanente.*

A nuestros compañeros de Economía y Agricultura sólo les recordaremos las leyes de Manubay para los programadores: *si funciona una modificación de un programa, es probable que no sea lo que quieren los usuarios y los usuarios no saben realmente lo que quieren, pero saben con certeza lo que no quieren.*

A nuestras familias en general, por ser nuestros primeros lectores y tenerlos siempre de nuestro lado... pase lo que pase.

Por último y como diría Jacob, *errar es humano. Echarle la culpa a otro es más humano todavía...* nosotros somos muy humanos.

Índice de contenidos

Introducción

Bienvenido a Microsoft Windows Millennium Edition Paso a paso, un libro mediante el cual conocerás los aspectos de Windows Millennium Edition que cualquier usuario novel y avanzado necesita saber.

Este es un libro que está orientado de manera didáctica para que puedas seguir sus lecciones y conocer los entresijos de este sistema operativo.

El ritmo de aprendizaje lo puedes marcar tú mismo: consulta las lecciones concretas de cada tema que desconozcas o sigue el libro de principio a fin eliminando las lecciones que ya domines. En cualquier caso, te recomendamos que leas todos los temas, ya que posiblemente puedas aprender alguna cosa nueva o realizar una que ya conozcas de otra forma más fácil.

Cuando termines de leer este libro, habrás adquirido sólidos conocimientos en las siguientes actividades:

◆ Instalación de Windows Millennium Edition

◆ Utilizar los iconos del Escritorio

◆ Usar los programas accesorios que tiene Windows Millennium Edition

◆ Optimizar los recursos del sistema con los nuevos programas

◆ Acceder a Internet

◆ Utilizar el correo electrónico

◆ Utilizar los programas accesorios de Internet

◆ Guardar configuraciones del registro del sistema por si ocurren problemas posteriores

A quién está dirigido este libro

Este libro está pensado para los usuarios noveles de Windows, pero es además un complemento para los usuarios que ya conocen otras versiones del sistema operativo Windows.

Lo único que debes hacer es encender el ordenador, el monitor y la impresora. El resto es asunto nuestro.

Cómo se utiliza este libro

Puedes utilizar este libro como una guía de aprendizaje, un libro de repaso y una guía de consulta rápida.

Como guía de aprendizaje

Cada lección recoge un tema amplio o un conjunto de temas relacionados entre sí. Las lecciones están ordenadas siguiendo un orden lógico de conocimientos; así, los conocimientos que adquieras en un capítulo se utilizan y amplían en capítulos posteriores. Por este motivo, debes seguir los capítulos por orden.

Como libro de repaso

Cualquier método de enseñanza sólo resulta efectivo dependiendo del tiempo y esfuerzo que se invierta en él. Por este motivo, te pedimos que dediques tiempo a repasar los temas y actividades más complejas de este libro.

Como guía de consulta rápida

La estructuración del libro en lecciones te permite acceder de forma rápida a un tema concreto que te interese acceder.

Utiliza el índice alfabético para buscar términos que desees localizar, ya que muchos de ellos se pueden encontrar en varias lecciones.

Características de aprendizaje

Estas son las características de este libro que te facilitarán el aprendizaje:

◆ Los temas están cuidadosamente ordenados para perfeccionar los conocimientos que has adquirido en capítulos anteriores.

◆ Las figuras muestran cómo debe ser la pantalla que veas en tu monitor en momentos clave de los ejercicios.

◆ El CD-ROM contiene todos los archivos que necesitas para realizar los ejercicios (como se explica en el siguiente apartado).

El CD-ROM

El contenido del CD-ROM que se incluye con el libro es un complemento más para que puedas afianzar los conocimientos.

Observa los ejemplos que tiene de vídeo, sonido, páginas Web, etc.

Además, se incluyen diversos programas de libre distribución que puedes utilizar con los condicionantes que la empresa que lo comercializa indique en cada caso.

Presentación de Windows Millennium Edition

En esta lección aprenderás a:

- Una breve historia de Windows.

- ¿Qué es Windows Millennium Edition?

- Cómo está organizado este libro.

- Qué se espera.

Una breve historia de Windows

Es posible que los que han entrado hace poco en este mundo "apasionante" de la informática no entiendan los ordenadores sin Windows, pero... hubo un tiempo que no fue así.

Para nosotros, que llevamos casi dos décadas trabajando y disfrutando con esta inquietante y revolucionaria máquina llamada ordenador personal, la vida no fue tan fácil. Comenzamos trabajando sobre aparatosos 8086 de pantalla en fósforo verde con disqueteras de 5 pulgadas. Posteriormente se introdujeron los 80286 que incluían disco duro, ¡de 20 Mb!, todo un lujo. El sistema operativo era el "archiconocido" MS DOS en su versiones 2.0 o 3.0.

Eran aquellos tiempos en los que los usuarios de Macintosh nos decían que no teníamos futuro, porque su ordenador era mucho más potente y atractivo... y no les faltaba razón en cuanto a lo último, pero que no teníamos futuro...

En esos años comienza a escucharse el nombre de un genio de la informática, Bill Gates, dueño de Microsoft, que estaba desarrollando una interfaz gráfica para su sistema operativo MS DOS, con mucho del aspecto de Macintosh.

En 1988, Microsoft lanzó su primera versión 2.0 de Windows y se comenzó a vislumbrar un futuro diferente.

En 1990, aparece Windows 3 con más ganas y entusiasmo que efectividad, aunque los desarrolladores de software lo empiezan a tener en cuenta.

En 1992 aparece Windows 3.1 y en 1993 Windows 3.11, con soporte para redes punto a punto. El futuro está servido y ya se habla de un antes y un después.

¿Para DOS o para Windows? La pregunta se hace famosa mientras el software deja de fabricarse para el ya casi obsoleto DOS y, si quieres tener la última versión de tu procesador de textos, tienes que instalar Windows que, no lo olvidemos, sigue siendo una interfaz gráfica que funciona bajo MS DOS, aunque lo mejora al poder trabajar de forma transparente con la memoria extendida, hasta entonces casi inservible para MS-DOS.

A partir de ese momento los ordenadores personales comienzan a llenarse de megas de memoria extendida para dar cabida a Windows y a todas sus aplicaciones, mientras Intel va comercializando, uno tras otro, procesadores nuevos 80386, 80486 y Pentium.

Pero Bill Gates estaba preparando su gran jugada: la sustitución del antiguo MS DOS por un sistema operativo de 32 bits con entorno totalmente gráfico.

Windows 95 fue su nombre, y el lanzamiento fue digno de los mejores montajes de Hollywood.

La informática abandonó las revistas técnicas o las secciones de ciencia para pasar a ser objeto de información general en cualquier noticiario.

Las expectativas creadas entre los que vivíamos de esto fueron muchas y en algunos casos se sufrieron decepciones. No era un sistema operativo enteramente de 32 bits; necesitaba "montañas" de memoria para poder trabajar "decentemente", se colgaba demasiadas veces (lo que los entendidos en esto llaman bugs), había que buscar urgentemente controladores nuevos para ciertas impresoras, tarjetas de red y otro hardware, en el mejor de los casos, porque en otras ocasiones había que tirar y comprar el componente nuevo.

Esto produjo una cadena de reacciones en contra, unas fundadas en el conocimiento y otras simplemente en el "odio" a su creador, que en algunos casos era comparado con el anticristo.

Ante el desconcierto inicial y al cabo de los meses, las aguas volvieron a su cauce y se estimó el nuevo avance en su justa medida: un gran paso adelante que necesitaba ajustes (más o menos grandes), pero sin vuelta atrás.

Al final, hasta muchos de sus más enfurecidos detractores lo han instalado en su ordenador personal.

En la primavera del 98, Bill Gates es conocido por cualquier niño de colegio y, entre denuncias de monopolio y juicios, se anuncia la salida de Windows 98. La historia continúa...

En el año 2000, previsto para septiembre, se anuncia a bombo y platillo Windows Millenium Edition (en adelante lo llamaremos Windows ME), la nueva versión del conocidísimo Windows y, según se prevé, la ultima versión antes de unirse con el hasta ahora hermano mayor Windows NT en el único sistema operativo que trabajará Microsoft, en sus versiones para puesto de trabajo y de servidor.

Pero, antes de pasar al futuro, veamos en qué consiste Windows ME y algunas de las ventajas que ofrece respecto a su predecesor Windows 98.

¿Qué es Windows Me?

Ésta es la pregunta del millón que tratan de responder miles de programadores y usuarios en general. Desde que se supo que Microsoft preparaba una versión posterior de Windows 98, todo el mundo preguntaba al informático más cercano las características del nuevo hijo de Bill Gates.

Tras el estudio de las diferentes betas que se han distribuido, parece que Windows ME no supone un cambio tan brusco como el que produjo al crearse Windows 95 como evolución del Windows 3.x; pero sí es cierto que introduce nuevas características que ayudaran al usuario normal.

> **Nota:** si bien a partir de Windows 95 todos los programas deberían de cumplir ciertas normas dadas por Microsoft para evitar problemas en la configuración y rendimiento de Windows cuando se instalaban las aplicaciones, la realidad ha sido que, en muchos casos, se ha hecho caso omiso a estas especificaciones y en otras Windows no se ha demostrado todo lo estable que se espera de un sistema operativo que, teniendo casi monopolizado el mercado, debería hacer un pequeño esfuerzo en ser realmente el mejor en todos los aspectos.

Si la versión Windows 98 se caracterizó por trabajar de forma más rápida, integrando Internet en nuestro ordenador como si se tratase de una unidad más, esta nueva versión tiene una nueva característica que, nada mas que por ella, será recomendable instalarla: es capaz de guardar una copia del estado del sistema en un momento dado y restaurarla sin problema.

◆ ¿Saben para quién está ideado principalmente esta característica? Para todos y, en especial, para los más jóvenes (o no tanto) que no dejan de instalar juegos y aplicaciones de prueba en el ordenador.

◆ Otra ventaja que anuncia esta nueva versión es que se facilita enormemente la instalación de cualquier dispositivo, como cámaras, escáneres, etc. Si el dispositivo es Plug & Play y el tipo de conector que utiliza es el USB, sólamente hay que enchufar y ponerse a trabajar (no hace falta ni apagar el ordenador para conectarlo ni para desconectarlo). De esta forma se evitan los tradicionales conflictos entre dispositivos que utilizaban interrupciones y zonas de memoria comunes.

◆ Por si aún y todo existen problemas, el llamado Soporte técnico automatizado te permite consultar posibles soluciones a los problemas que encuentres (se han recogido muchos problemas y sus soluciones por parte de las distintas empresas informáticas, estando éstos disponibles directamente, sin tener que conectarse a Internet en algunos casos).

◆ A la hora de apagar el ordenador se puede utilizar lo que se denomina la hibernación. Mediante ella, se puede apagar el ordenador con aplicaciones abiertas incluso y, al volverlo a encender, todo estará tal y como se dejó. De hecho, lo que hace es grabar en disco lo que hay en memoria, apagar los discos duros y al final el equipo. Al encenderlo, recupera la información de lo que tenía en memoria y abre las aplicaciones y archivos hasta quedar el sistema como estaba antes.

◆ Una nueva incorporación en lo que a aplicaciones se refiere es el Windows Movie Maker. Con este programa se pueden editar grabaciones digitales de vídeo como si de una mesa mezcladora se tratase.

◆ Alguna de las otras ventajas de Windows ME son internas, pero no menos importantes porque no se puedan ver. Son dignas de mencionarse: que se protegen mejor los archivos del sistema, el equipo arranca en mucho menos tiempo que antes, al gestionarse ciertos archivos de una nueva forma, es más fácil conectar en red varios equipos en tu propia casa, compartir dispositivos (espacio en disco, impresoras, escáner, la línea telefónica para Internet, etc) y ya no es necesario tener instalado el MS-DOS en el disco duro.

Cómo está organizado el libro

Intentando ser fieles al nombre de la colección en la que se engloba este libro, hemos pretendido darte una visión de Windows ME paso a paso, intentando ser directos en el tratamiento, pero no escatimando palabras para explicarlo.

El libro comienza con esta lección 1, que trata de ser una introducción en la que se nombran las novedades más relevantes para que tengas una visión de conjunto de Windows ME y de este libro.

En la lección 2 trataremos el primer paso que debes dar para trabajar con él, que es su instalación. Como podrás ver, se intenta dar soporte a casi todos los usuarios, aquellos que vienen de MS DOS, los más habituales que vienen del Windows 95 o 98 e incluso de los que compran un ordenador y no tienen nada en el disco duro. La intención es ambiciosa y complicada a la vez, ya que no hay dos ordenadores iguales y, por tanto, la instalación se comportará de forma diferente.

La lección 3 describe el Escritorio de Windows ME, que es la interfaz de comunicación con el usuario. Conocer todo lo que se explica en ella es fundamental para no perderte en posteriores lecciones.

La lección 4 en su idea, no en su contenido, es una continuación del anterior, pues pretende enseñarte el manejo de ventanas, cuadros de diálogo y menús con los que podrás comunicarte con él.

Decimos que es una continuación en su idea, ya que, si no conoces cómo funcionan, difícilmente podrás sacar partido a Windows ME.

La lección 5 te enseña cómo configurar la barra de tareas añadiendo iconos, cambiándola de lugar o incluso ocultándola cuando no la necesites.

La lección 6 trata sobre una de las herramientas que más utilizarás en tu trabajo diario: El Explorador de Windows. Con él podrás controlar y utilizar todos los objetos que están en el Escritorio, incluidos los archivos y carpetas de las unidades de disco, y hasta navegar por Internet.

La lección 7 se centra en los accesorios que proporciona Windows ME. Es posible que no tengas que utilizarlos, pero siempre es útil saber que existen y cómo funcionan y, sobre todo, que tengas este libro como un manual de consulta si alguna vez te hacen falta.

La lección 8 describe la carpeta Panel de Control, a través de la cual podrás configurar Windows ME y modificar su funcionamiento, instalar hardware y cualquier software nuevo.

La lección 9 se adentra en el mundo de las impresoras. Sabrás cómo instalar una, cómo utilizar varias al mismo tiempo y cómo controlar los trabajos que mandes por ellas.

La lección 10 te ofrece los conocimientos necesarios para configurar una red, ya sea en tu casa o en el trabajo, a través de la cual podrás compartir archivos e impresoras, con el evidente ahorro en gasto que esto supone.

La lección 11 profundiza en la gestión de Windows ME a través de las herramientas del sistema.

En esta lección verás temas tan variados como la detección y corrección de errores en las unidades de disco, cómo acelerar la ejecución de programas y la compresión de unidades de disco para aumentar su capacidad, entre otras.

La lección 12 describe los programas que incorpora para la gestión de las unidades multimedia y, en especial, el nuevo Reproductor de Windows Media.

La lección 13 es la primera de las dedicadas al mundo de Internet, fundamental en Windows ME.

En ella aprenderás a instalar tu módem, además de todo lo necesario para conectarte a Internet.

La lección 14 está dedicada al navegador que proporciona Windows ME: la última versión de Explorer, con el que podrás acceder a cualquier página Web.

La lección 15 se ocupa del gestor de correo electrónico Outlook Express. En ella verás cómo enviar y recibir correo, cómo gestionar el que te llegue, etc.

La lección 16 termina describiendo otras herramientas dedicadas al mundo Internet, como servicios de noticias, videoconferencia, chatas, etc.

La lección 17 está dedicada a los nostálgicos del DOS, ya que en ésta se trata la ventana que Windows ME proporciona para trabajar con su interfaz y los programas especialmente diseñados para él.

Por último, la lección 18 se ocupa de la tan necesaria **Ayuda** de Windows ME, herramienta con la que podrás complementar el contenido de este libro.

Qué se espera

Lo que pretendemos con este libro es que te "adentres" en el mundo de Windows ME sin sobresaltos, conociendo, poco a poco, todos los entresijos de lo último en sistemas operativos para ordenadores personales.

Describir todos los casos y situaciones es muy complicado, y es posible que alguna se nos escape, pero se pretende llegar a la gran mayoría de usuarios que acaban de comprar un ordenador y se encuentran con Windows ME instalado en él o pendiente de instalar, o vienen de actualizarse desde versiones anteriores y no conocen todas sus posibilidades.

Esperamos servirte de ayuda y de guía para convertirte en un usuario avanzado de Windows ME.

Instalación

El primer paso para trabajar con Windows ME en tu ordenador es tenerlo instalado en el disco duro.

Puede que hayas comprado el ordenador con Windows ME preinstalado o que adquieras este sistema operativo posteriormente y tengas que instalarlo sobre un ordenador que ya está trabajando con MS-DOS, Windows 3.11 o Windows 95/98. En cualquiera de estos últimos casos, deberás realizar unos pasos determinados que vamos a desarrollar en este capítulo.

En esta lección aprenderás a:

- Configurar el ordenador.
- Preparar la instalación.
- Instalar Windows ME.
- Desinstalar Windows ME.

El ordenador

Para instalar Windows ME debes disponer de un ordenador con unas características mínimas, si bien hay otras características superiores a las que vamos a citar que son las recomendables para obtener un funcionamiento ágil y eficaz.

No vamos a indicar lo mínimo ni lo máximo, vamos a basarnos en una configuración que estipulamos como mínima y que te permitirá trabajar con el ordenador si no "le pides demasiado".

Hardware

No debes utilizar un ordenador con un procesador inferior a un 486 a 66 Mhz, ya que el trabajo con dichos procesadores se te hará insoportable en cuanto el sistema operativo tenga necesidad de "tirar" de toda la potencia del ordenador. Los procesadores Pentium y AMD K-6 pueden utilizarse bastante bien y los modernos Pentium III y AMD K-7 sobre todo, especialmente en la carga del propio Windows ME y otros programas que cada vez requieren más procesador.

Respecto a la memoria RAM no debes utilizar menos de 32 Mb; pero, si pueden ser algunos megas más, mejor que mejor. Te recomendamos utilizar 64 Mb o más, sobre todo teniendo en cuenta que el precio actual de la memoria es muy bajo. Esta cantidad de memoria debería ser incluso mayor si vas a trabajar con imágenes gráficas, vídeos, etc., pues suelen aprovechar bastante bien toda la memoria de la que puedan disponer.

La placa base que soporte un procesador y la memoria que te hemos indicado es suficiente. Si has observado en los últimos años la evolución de las placas bases, habrás podido comprobar que cada vez tienen mejores características. Como comentario, debemos indicarte que están impuestas las placas con el bus de datos USB (Bus de Datos Universal), mediante el cual podrás conectar muchos dispositivos en un solo conector del ordenador sin tener incluso que apagar el ordenador.

En el caso hipotético de que no tengas unidad de CD-ROM necesitarás una para instalar Windows ME. Hoy en día, la unidad de CD-ROM es una herramienta de trabajo de más uso casi que los disquetes. Piensa en adquirir una que tenga bastante velocidad, ya que su precio no diferirá demasiado con otros antiguos de velocidades muy inferiores.

Si dispones ya de una no te preocupes ni la cambies, a menos que sea necesario para tu trabajo y/o aficiones, cualquiera vale; pero si la que tienes es de velocidades 8x o inferiores, ve pensando en cambiarla por otra más rápida cuando puedas.

Respecto al monitor, no hay unas necesidades que excluyan los que se utilizan en la actualidad. Obviamente, los monitores están mejorando mucho y cada vez cuidan más la vista de los usuarios, lo cual es un aspecto que hay que tener en cuenta si pasas muchas horas delante del ordenador.

La placa de vídeo que controla el monitor puede ser una cualquiera que funcione adecuadamente, pero cada vez se suelen fabricar con más memoria y mejores prestaciones. No debes tener una placa de vídeo mala y un gran ordenador y monitor, ya que pueden ralentizar mucho ciertos trabajos de entorno gráfico y no sacar el máximo provecho que tiene un buen monitor.

Del teclado y el ratón poco hay que decir. Los teclados actuales tienen alguna tecla más que se incorporó cuando apareció Windows 95 y que aún se sigue utilizando; pero si prefieres utilizar algún teclado antiguo también puedes hacerlo.

Los otros dispositivos, tales como tarjetas de sonido, módems, impresoras, escáneres, etc., siguen valiendo. Conserva los mismos controladores que se utilizan con Windows 95/98 y, cuando puedas, actualízalos a los nuevos que se diseñen para Windows ME.

Decíamos que el módem no es necesario, pero si vas a trabajar con Internet sí lo vas a necesitar. Mediante un módem y una conexión a Internet te podrás traer nuevos archivos que aparezcan para Windows ME y que Microsoft pone a disposición de todo el mundo, muchos de los cuales pueden merecer la pena. El precio de los módems ha bajado tanto como otros dispositivos y son bastantes asequibles.

Cuando te plantees comprar uno piensa que cuanto más rápido sea estarás menos tiempo conectado a la línea telefónica y que, por tanto, te puede suponer un ahorro a la larga. No obstante, si vas a conectarte a Internet poco tiempo, tampoco interesa comprarse el último grito.

Para la instalación de Windows ME has de tener espacio en el disco duro. El espacio necesario dependerá del tipo de instalación que desees realizar (veremos cuáles son más adelante) y del tipo de formato que tenga el disco duro, variando desde un mínimo de 300 Mb hasta un máximo de 650 Mb, si instalas muchas opciones. En cualquier caso, cuando se está realizando la instalación, Windows ME te indicará si tienes suficiente espacio en el disco.

> **Nota:** Windows ME permite grabar de forma comprimida la versión de Windows 95 o Windows 98 que tengas en tu ordenador, de modo que si deseas desinstalar Windows ME, vuelvas a tener el ordenador en las mismas condiciones anteriores a la instalación. Como puedes deducir, este proceso también requiere un espacio adicional en el disco duro.

Actualizar el equipo

También tienes la posibilidad, si dispones de un ordenador con algunos años que se aleja mucho de la potencia de los actuales, de actualizarlo (puedes cambiar la placa base y el procesador por una cantidad de dinero relativamente pequeña).

Si piensas en esta posibilidad, pregunta en la empresa que te lo haga si será necesario cambiar la memoria que tienes, la placa de vídeo o cualquier otro componente. A ser posible, que te lo den en un presupuesto por escrito para evitar futuras dudas.

En cualquier caso, al precio que están hoy en día los ordenadores normales, esta opción está cada vez más en desuso y se utiliza en ciertos elementos de los ordenadores como tarjetas de vídeo, discos duros, etc.

Software

Microsoft se ha comprometido a que los controladores de los dispositivos que funcionaban con Windows 95/98 también funcionen con Windows ME; sin embargo, será muy normal que algunos bastantes específicos no funcionen correctamente. De hecho, esto ya ocurrió al aparecer Windows 95 y Windows 98.

Por tanto, si estás pasando de Windows 95/98 a Windows ME en principio no debes preocuparte en exceso; si estás pasando de otros sistemas operativos y tus dispositivos son normales (no son marcas raras, dispositivos muy especiales, etc.), lo más normal es que en el propio CD-ROM de Windows ME vengan los controladores de los dispositivos. En cualquier caso, y para evitar problemas posteriores, conéctate por Internet a los servidores de los fabricantes de tus dispositivos y tráete los controladores actualizados para Windows ME en cuanto los tengan disponibles. O, si lo prefieres, al hacer la instalación, indica que deseas guardar una copia actual de tu sistema, como veremos más adelante.

> **Nota:** en el CD-ROM de Windows ME vienen controladores de dispositivos mucho más numerosos que los que venían con Windows 95/98. Quizás te encuentres con ese controlador que en su tiempo tanto te costó encontrar y que has "sustituido" por medio de otro controlador compatible.

Instalación de Windows Me

Vamos a tratar en este apartado cómo debes instalar Windows ME. Vamos a seguir las distintas fases de la instalación comentando los aspectos más importantes.
En primer lugar, vamos a especificar todo el proceso de instalación desde un disco duro que únicamente tiene la versión 6.22 de MS-DOS o una versión de Windows 3.x, pero que no tiene versión de Windows 95 ni Windows 98.
Esta explicación será muy detallada y servirá como base a las explicaciones posteriores para ordenadores que tienen instalado Windows 95/98.

Instalación desde MS-DOS

La instalación desde MS-DOS es la mas fiable, ya que el programa de instalación puede actuar de forma casi completamente libre. En el caso de que tengas instalado Windows 95/98 y optes por esta forma de instalación, tendrás que sopesar el riesgo de que el programa de instalación pueda no acceder a todas las configuraciones internas de algunos programas antiguos, lo que puede obligarte a configurar algunos de ellos nuevamente.
Para acceder al modo MS-DOS debes tener un disquete de arranque que te dé acceso al CD-ROM desde el que iniciar la instalación de Windows ME.
Este disquete puede ser el disquete de inicio que crea Windows 98 o si tienes uno de Windows ME también te vale. En cualquier caso, es necesario tener activos los controladores del CD-ROM y, si no los tienes, tendrás que instalarlos.
Introduce el CD-ROM de Windows ME en la unidad y, suponiendo que ésta es la unidad D, teclea:

```
d: instalar
```

En este momento se pone en marcha el CD-ROM y, al cabo de unos segundos, aparece un mensaje que indica que se va a realizar una comprobación del sistema. Podrás oír al disco duro mientras el programa de instalación accede a los distintos componentes del ordenador.

A los pocos segundos aparece la ventana **Instalación de Windows Millennuim Edition**, que muestra una ventana de bienvenida (figura 2.1).

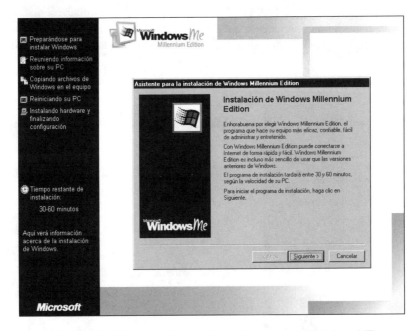

Figura 2.1. *Ventana de bienvenida a la instalación de Windows ME*

En la parte izquierda de la ventana puedes ver los distintos pasos de la instalación:

◆ **Preparándose para instalar Windows.**

◆ **Reuniendo información sobre su PC.**

◆ **Copiando archivos de Windows en el equipo.**

◆ **Reiniciando su PC.**

◆ **Instalando hardware y finalizando la configuración.**

Observa que se muestran en amarillo según se van realizando. Asimismo, en la parte inferior de esa parte izquierda puedes ver que el tiempo medio restante varía entre 30 y 60 minutos, lo cual depende en gran parte de la velocidad de tu ordenador y de los dispositivos que tenga conectados.

Nota: veremos que irán apareciendo ventanas constantemente con mensajes que informan sobre la potencia de Windows ME (que es más fácil de utilizar que Windows 98, que arranca antes el ordenador, que incorpora nuevos programas, etc.), así como información sobre el proceso de la instalación. Por razones de espacio no se muestran todas. Al realizar la acción que te indiquemos en cada una de ellas, deberás hacer clic con el botón izquierdo del ratón cuando el puntero del ratón esté sobre el botón **Siguiente**.

A continuación aparece el contrato de licencia de uso de Windows ME (figura 2.2). Utiliza la barra de desplazamiento vertical de la derecha para ver todo el contrato y, si estás de acuerdo, selecciona la opción **Acepto el contrato**.

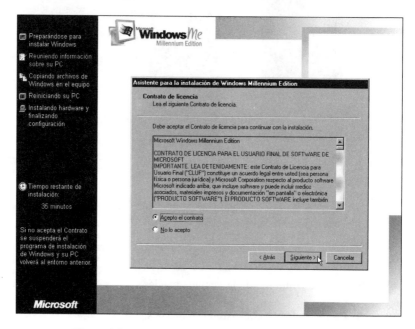

Figura 2.2. *Ventana que muestra el contrato de la licencia*

A continuación aparecerá otra ventana para que introduzcas el número que identifica al producto (figura 2.3). Esta información vendrá aneja al propio CD-ROM y consistirá en un conjunto de números agrupados que deberás teclear en las casillas de la ventana.

Posteriormente será necesario que indiques la unidad de disco y el directorio donde deseas instalar Windows ME (por omisión el disco C y el directorio Windows). Si no hay problema, acepta esta configuración; pero, si lo deseas, puedes utilizar el botón **Otro directorio** para indicar el lugar de su instalación.

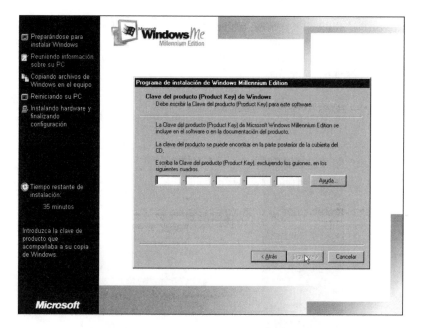

Figura 2.3. *Ventana de identificación del producto*

A continuación aparecerá la ventana **Preparando directorio**, que puedes ver en la figura 2.4.

En este paso se prepara el directorio, se buscan componentes instalados y se comprueba que hay espacio suficiente en el disco duro para poder instalar Windows ME. Observa que el tiempo pendiente va variando.

Nota: como te decíamos antes, prevé en principio que el espacio necesario en el disco duro deberá ser de unos 300 Mb, si bien la instalación típica utiliza algo menos.

Aparece a continuación la ventana **Opciones de instalación**. Observa las opciones que muestra:

◆ **Típica**: esta opción es la que se suele utilizar. Es en la que nos hemos basado para la confección de este libro, ya que instala los elementos más habituales de Windows ME.

◆ **Portátil**: se suele utilizar en ordenadores portátiles. Suele cargar elementos que permiten ahorro de energía del ordenador así como otros componentes usuales de los ordenadores portátiles.

◆ **Compacta**: permite instalar en el disco duro solamente una parte de Windows
ME. El resto del sistema operativo se leerá del CD-ROM directamente, lo cual
obliga a tenerlo disponible y hace que el funcionamiento normal del ordenador
sea bastante más lento.

◆ **Personalizada**: permite especificar los elementos que se instalarán en el ordenador. Esta opción sólo la deben utilizar personas que dominen este tema.

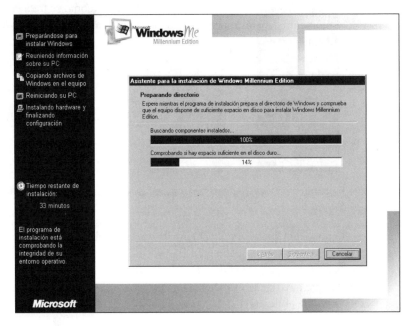

Figura 2.4. *Ventana que indica la preparación de los directorios*

Nota: por todo lo dicho anteriormente, debes usar la opción típica en los ordenadores de sobremesa y la portátil en los ordenadores portátiles. Veremos en la
lección 5 que puedes añadir y quitar elementos de Windows ME en cualquier
momento de una forma muy sencilla.

Posteriormente aparece otra ventana para que procedas a la identificación de tu ordenador. Deberás cumplimentar los datos de las casillas **Nombre** y **Organización**.
Otra ventana que aparece después, llamada **Componentes de Windows**, te permitirá
seleccionar los componentes que deseas instalar en tu ordenador. Por omisión tiene
activa la opción **Instale los componentes de uso más frecuente (recomendado)**,
que hemos seleccionado para confeccionar este libro. La opción **Muestre la lista de**

componentes para que pueda elegir te permite seleccionar los componentes "a la carta". Te sugerimos que utilices la opción recomendada por Windows ME, ya que si fuera necesario utilizar los otros componentes, e incluso eliminar alguno de los instalados, podrás hacerlo (como se explica en la lección 8).

Si el ordenador tiene configurada previamente una conexión a red o se detecta una tarjeta de red, deberás indicar los datos que permitan identificar al ordenador en la red. Estos datos se usarán principalmente cuando te conectes por una red Microsoft con otros ordenadores para identificar tu ordenador (como se trata en la lección 10). Por el momento deberás especificar en la primera casilla tu nombre y/o apellidos y en la segunda un nombre de grupo cualquiera.

A continuación aparece la ventana **País o región**, que muestra una lista de países en que has de seleccionar éste en el que resides. En la siguiente pantalla debes indicar la zona horaria en la que se encuentra tu país (la correspondiente a España es **GMT +01:00 Bruselas, Copenhague, Madrid, París**).

La normalización horaria internacional permite que Windows ME pueda controlar la fecha en que se cambia el horario de verano e invierno. Así, si seleccionas la casilla inferior **Cambiar la hora automáticamente según el horario de verano**, el día siguiente del cambio horario que enciendas tu ordenador, Windows ME te indicará que ha cambiado la hora. Después aparece una nueva ventana llamada **Disco de inicio** (figura 2.5).

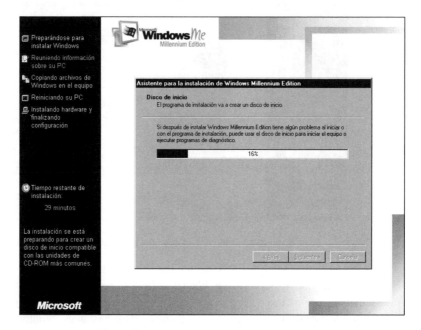

Figura 2.5. *Ventana para hacer un disco de inicio*

En esta ventana se indica que se va a crear un disquete de arranque, disquete que
será necesario para arrancar el ordenador si hay problemas al iniciar Windows ME o
el programa de instalación de Windows ME. Así, podrás reiniciar el ordenador o ejecutar programas de diagnósticos que te permitan detectar posibles problemas en tu
ordenador. Para ello introduce un disquete, cuyo contenido se borrará.

Antes de iniciarse la copia aparece otra ventana que te indica que debes anotar en
su pegatina "DISCO DE INICIO WINDOWS ME". Cuando acabe de grabarse el
arranque en el disquete, protégelo contra escritura y guárdalo con otros disquetes
que tengas de controladores del ordenador y programas originales.

A continuación aparece otra ventana que indica que se iniciará el proceso de copia
de archivos al disco duro (figura 2.6). Si hay alguna cosa que desees revisar o cambiar, mediante el botón **Atrás** podrás recorrer todas las ventanas que hemos citado
anteriormente. Cuando selecciones el botón **Finalizar** se comenzarán a copiar los
archivos al disco duro.

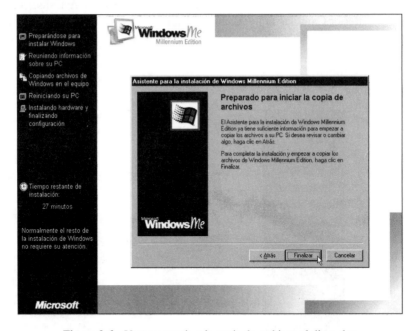

Figura 2.6. *Ventana previa a la copia de archivos al disco duro*

La ventana que aparece cuando comienza la instalación muestra, en la parte inferior
izquierda, el proceso de copia de los archivos. Además, las distintas pantallas aparecen para "amenizar" este proceso que puede durar bastantes minutos, indicando las
mejoras de Windows ME sobre las versiones anteriores.

La instalación va tocando a su fin. Aparece una nueva ventana que muestra que se van configurando los distintos elementos de Windows ME . Este proceso durará pocos minutos.

Cuando acaba la configuración de los elementos de Windows el sistema se reinicia y se arranca de nuevo automáticamente

El arranque tarda algún minuto mientras se actualizan los archivos de configuración del sistema. Una vez que lo haya hecho, podrás ver que el ordenador se pone a trabajar frenéticamente.

Observa en las variaciones que ves en la pantalla que, entre otras cosas, detecta el hardware instalado (sea Plug And Play o no).

> **Nota:** puede que haya algún elemento de hardware que tenga problemas al no existir su controlador en el CD-ROM de Windows ME. No te preocupes y, si es necesario, cancela su instalación o indica alguno del mismo tipo que sea estándar. Este asunto se trata con más detalle en la lección 8.

Posteriormente se vuelve a reiniciar el equipo y se repite en gran parte el proceso anterior de configuración de hardware; pero tranquilo que este proceso es normal que se repita.

A continuación aparece una nueva ventana que indica que se configurarán los elementos siguientes:

◆ **Panel de control**.

◆ **Programas** del menú **Inicio**.

◆ **Ayuda de Windows.**

◆ **Optimización de inicio de aplicaciones** (si tienes instalada alguna en el disco duro).

◆ **Configuración del sistema**, la cual muestra un cuadro de diálogo que indica el progreso de la configuración.

A continuación se vuelve a reiniciar el equipo (te pedirá el nombre de usuario y la contraseña para trabajar en la red Microsoft siempre que tengas una tarjeta). Si tienes la tarjeta pero no tienes una red configurada, no escribas nada y haz clic en el botón **Aceptar**.

Se produce a continuación la actualización definitiva de los elementos citados anteriormente. En la pantalla aparece un vídeo introductorio de las posibilidades que ofrece Windows ME (figura 2.7).

Por fin puedes utilizar Windows ME. En la pantalla aparece el escritorio, desde el que podrás comenzar a trabajar (figura 2.8).

Figura 2.7. *Vídeo de presentación de Windows ME*

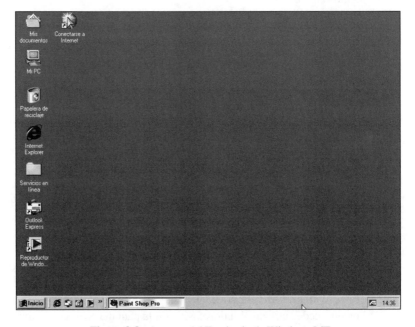

Figura 2.8. *Aspecto del Escritorio de Windows ME*

Instalación desde Windows 95 ó Windows 98

Instalar Windows ME en un sistema que tiene instalado Windows 95 ó Windows 98 es muy fácil.

El proceso es básicamente igual que el que hemos visto partiendo de un sistema con MS-DOS, pero con considerables ventajas (aunque veremos que también surge algún pequeño inconveniente).

La instalación desde un ordenador que ya tiene instalado Windows 95 o Windows 98 implica que ya tienes todo el sistema funcionando, lo cual hace que se cumplan dos premisas muy importantes para que la instalación sea correcta:

◆ El CD-ROM y los otros dispositivos ya se encuentran funcionando sin ningún problema.

◆ Dispones de los controladores para Windows 95 o Windows 98 de todos los dispositivos instalados.

Ahora viene el momento de ejecutar el programa de instalación de Windows ME. Puedes hacerlo de varias formas, pero te recomendamos cualquiera de las tres siguientes:

◆ Si al introducir el CD-ROM aparece en la pantalla de tu ordenador la ventana CD-ROM de Windows ME, deberás seleccionar la opción **Examinar este CD**. Aparecerá entonces otra ventana con iconos que representan las carpetas y archivos del CD-ROM, en la cual has de localizar el icono **Instalar** y hacer doble clic sobre él.

◆ Si no ocurre nada al introducir el CD-ROM, abre el Explorador de Windows, visualiza el contenido del CD-ROM de Windows ME y haz doble clic sobre el icono **Instalar** (figura 2.9).

◆ Ejecuta el comando **Inicio,Ejecutar** y, en la ventana que aparece, teclea: D:Instalar (suponiendo que la unidad de CD-ROM sea D).

En ese momento comienza la instalación. Este proceso podrá variar algo respecto al que hemos detallado al instalar Windows ME partiendo de un sistema con MS-DOS, pero básicamente es igual.

La mayor diferencia que puedes encontrar es que no te aparezcan tantas pantallas como antes.

Aparte de las dos premisas indicadas anteriormente, otra ventaja muy importante es que el sistema va a seguir con la configuración que tenías.

Esto quiere decir que si tenías cargado algún procesador de texto, hoja de cálculo o cualquier otro programa, la instalación de Windows ME no los altera para nada, con lo que podrás continuar trabajando con ellos desde el mismo momento de la

instalación de Windows ME (salvo algunos programas antiguos que sí pueden dar
problemas en su configuración, para lo cual puedes realizar la instalación guardando
los archivos del sistema como seguridad, del modo que se indica a continuación).

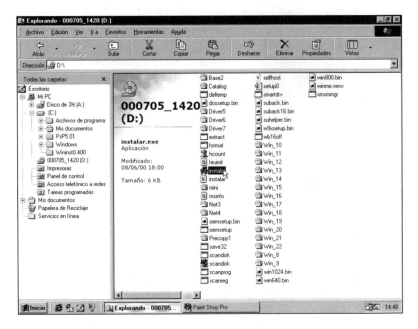

Figura 2.9. *Localización del archivo de instalación de Windows ME*

Durante la instalación, al hacer la comprobación del sistema, Windows ME detectará
que tienes instalado Windows 95 o Windows 98, y te permitirá hacer una copia completa del sistema tal y como lo tienes en ese mismo momento, de modo que puedas
desinstalarlo posteriormente si lo deseas (figura 2.10).
Si tienes espacio en el disco duro y aunque preveas que no desinstalarás Windows
ME, te recomendamos que guardes la configuración actual.
Los motivos son dos:

◆ Por si te falla algún programa que sea importante

◆ Por si existe algún problema con algún dispositivo del ordenador

Como te decíamos antes, esto no suele ocurrir, pero es una forma bastante cómoda de
tener las espaldas cubiertas ante estas situaciones tan desagradables.
Este proceso tarda algunos minutos, pudiendo seguirse mediante la ventana que se
muestra en la figura 2.11.

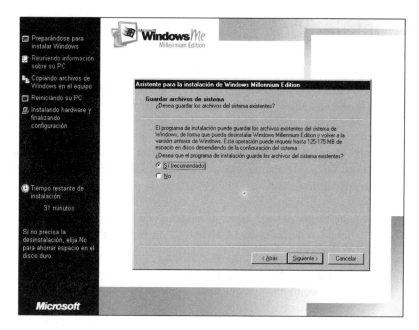

Figura 2.10. *Ventana para guardar archivos del sistema*

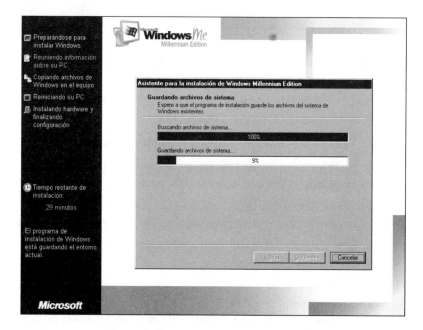

Figura 2.11. *Guardando archivos del sistema*

Desinstalación

Cuando hiciste la instalación de Windows ME en tu ordenador, según la configuración que tuviera, el propio programa de instalación te sugirió la posibilidad de guardar la configuración previa de tu ordenador.

Esta configuración se guardó en un archivo comprimido que solamente se puede descomprimir mediante el programa de desinstalación.

Antes de seguir con los pasos necesarios para desinstalar Windows ME conviene que tengas en cuenta algunas circunstancias, de las cuales te avisará el programa de desinstalación:

◆ Los programas que hayas instalado desde Windows ME se eliminarán todos del disco duro. Incluso si alguno de estos programas era de MS-DOS, también se borrarán.

◆ El programa de desinstalación está ideado para que el ordenador vuelva a tener la misma configuración que tenía antes de instalar Windows ME, por lo que los archivos de datos que hayas creado desde Windows ME deberás copiarlos previamente.

Nota: aunque estos archivos de datos puedan permanecer en el disco duro, es aconsejable que los copies previamente en otro dispositivo de almacenamiento.

Hechas las indicaciones previas, veamos cómo se puede acceder al programa de desinstalación de Windows ME y cómo debes actuar con las ventanas que aparecen:

1   Selecciona en el menú **Inicio** el comando **Configuración**.

2   Selecciona en el menú **Configuración** el comando **Panel de control**.

3   Selecciona el comando **Agregar o quitar programas**.

4   En la parte inferior de la ventana que aparece (figura 2.12), selecciona **Desinstalar Windows Millennium** y haz clic en el botón **Agregar o quitar**.

5   Lee la ventana que aparece (puedes observarla en la figura 2.13) y valora lo que ésta te indica. Si decides seguir adelante, sólamente debes hacer clic en el botón **Sí**.

6   En la ventana que aparece indicando que se van a comprobar los discos, selecciona el botón **Sí**.

7   Una vez que el programa **ScanDisk** termine de inspeccionar por completo el disco tendrás delante otra ventana, esta vez la última, en la que con sólo seleccionar el botón **Sí** comenzará el proceso de eliminación de Windows ME.

Nota: si deseas continuar trabajando con Windows ME y deseas eliminar el archivo del sistema grabado durante la instalación, desde la ventana que puedes ver en la pantalla de la figura 2.14, tienes la posibilidad de borrar el archivo de desinstalación de Windows ME que se creó al instalarlo. La forma de llevarlo a cabo es similar a la que ya hemos visto con anterioridad.

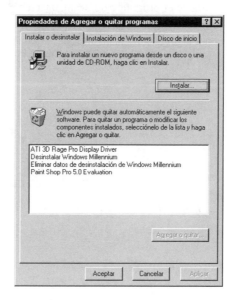

Figura 2.12. Ventana desde donde desinstalar Windows ME

Figura 2.13. Ventana que avisa sobre las posibles repercusiones de desinstalar Windows ME

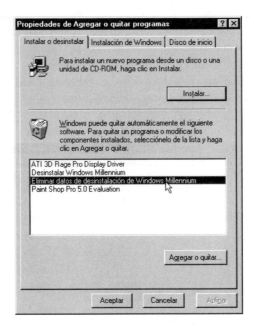

Figura 2.14. *Última ventana antes de desinstalar Windows ME*

El Escritorio

Para comenzar a trabajar con Windows ME lo primero que debes hacer es familiarizarte con su aspecto y con los distintos elementos que proporciona para acceder a los programas y herramientas. La principal interfaz de comunicación entre el ordenador y tú es el **Escritorio**. Por tanto, lo más lógico es comenzar por conocerlo.
Si utilizaste anteriormente Windows 98 o Windows 95, verás cómo en principio no cambia demasiado su aspecto. Si provienes de Windows 3.x, al principio te sentirás un poco perdido, pero, a medida que vayas conociéndolo, te darás cuentas de que es más sencillo de utilizar. Si queda alguien que viene de MS-DOS simplemente le diremos que entran en otro mundo, mucho más sencillo de utilizar.

En esta lección aprenderás a:

- Qué es el **Escritorio**.

- Identificar los iconos del **Escritorio**.

- Qué es la barra de tareas.

- El botón y el menú **Inicio**.

- El menú **Programas**.

- Cómo utilizar el ratón y el teclado.

- Crear accesos directos.

- Personalizar el **Escritorio**.

- Configurar **Active Desktop**.

- Apagar el sistema.

¿Qué es el Escritorio?

El **Escritorio** es el área de la pantalla donde podrás ver la mayor parte de los elementos que nos proporciona Windows ME en forma de iconos, ventanas y cuadros de diálogo.
Un icono es un dibujo con su nombre que representa un objeto que puede ser usado (ventanas, programas, documentos, etc.).

Para acceder a su contenido, deberás hacer doble clic sobre él. En la parte izquierda de la figura 3.1, puedes ver distintos ejemplos.

El contenido del **Escritorio** es totalmente configurable, desde el fondo hasta los iconos que puedes encontrar en él. Windows ME instala por omisión una serie de ellos que dan acceso a sus aplicaciones o ventanas, pero, como veremos más adelante, tú mismo puedes crear los que consideres oportunos para tener un acceso más rápido y sencillo a los programas y documentos.

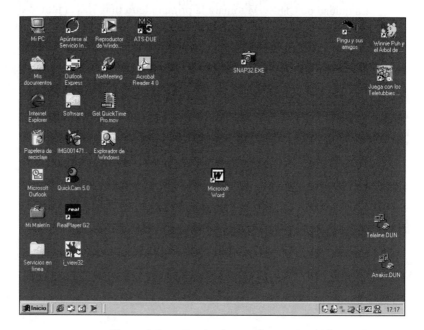

Figura 3.1. El Escritorio de Windows ME

Iconos del Escritorio

Los iconos que instala Windows ME por omisión aparecen en la parte izquierda del **Escritorio** y dan acceso a las distintas unidades que tienes en tu ordenador, a otros ordenadores si estuvieras en red, a la **Papelera de reciclaje** y a las principales aplicaciones de Explorer 5.

Prácticamente no hay dos escritorios iguales, bien porque se hayan incorporado nuevos accesos directos (posteriormente veremos qué son), o bien porque no se han instalado todas las características de Windows ME. De todas formas veremos una lista de los más comunes.

Mi Pc

El aspecto de este icono cambia respecto a Windows 98, aunque sigue estando en la parte superior del **Escritorio**. A través de la ventana que aparece al hacer doble clic sobre él, surgirán todas las unidades que tengas instaladas en tu disco duro (disqueteras, discos duros, CD ROM, etc.), cada una de ellas se conoce con una letra. Las disqueteras se nombran con las letras A, y B en el caso de que tengas más de una. Al primer disco duro se le asigna la letra C, D para el segundo y así sucesivamente.

La unidad de CD ROM tomará la primera letra libre tras el último disco duro. En el caso de que tengas un único disco duro, se le asigna la letra D; en caso de que tenga dos, se le asignará la letra E, y así sucesivamente. En la figura 3.2 puedes ver cómo el CD ROM tiene la letra E, ya que existen dos unidades de disco duro (C y D).

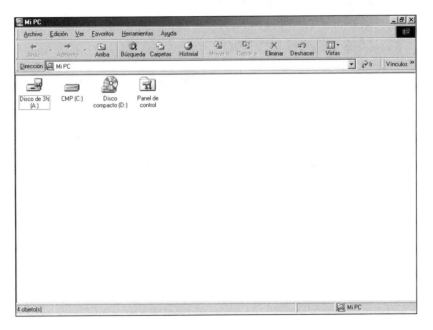

Figura 3.2. *Ventana **Mi PC***

Si haces doble clic en alguno de los iconos de unidades, aparecerá su contenido o, lo que es lo mismo, las carpetas y documentos que contenga. Las primeras están representadas por iconos de color amarillo con un aspecto muy similar a las carpetas de un clasificador.

Los documentos se representan por una especie de hojas con la esquina derecha doblada.

En definitiva, el icono de cada archivo indica de qué tipo es y, si haces doble clic sobre ellos, podrán suceder varias cosas:

◆ Si haces doble clic sobre el icono de una carpeta, aparecerá el contenido de ésta.

◆ Si haces doble clic sobre el icono de un documento, se ejecutará la aplicación con la que se creó dicho archivo y el documento seleccionado se abrirá en ella. Si no está disponible dicha aplicación o el documento no está asociado a ninguna, Windows ME mostrará un cuadro de diálogo donde deberás seleccionar la aplicación con la que quieres abrirlo, siempre que sea posible.

◆ Si haces doble clic en el icono de un programa, se ejecutará de forma inmediata.

En la ventana **Mi Pc** aparecerán otros iconos que representan carpetas y que dan acceso a otras ventanas con las que puedes configurar o visualizar los recursos del ordenador, como el **Panel de Control**, que lo veremos en una lección posterior.

Mis sitios de red

Es el icono que está debajo de **Mi Pc**. Cuando haces doble clic sobre él, se abre la ventana **Mis sitios de red** (figura 3.3), a través de la que puedes acceder a otros ordenadores si estuvieras en red.

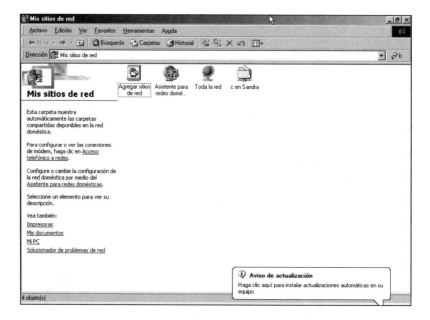

*Figura 3.3. Ventana **Mis sitios de red***

En una lección posterior se explica detenidamente su contenido.

Nota: es muy posible que este icono aparezca con el nombre heredado de Windows 98 de **Entorno de red**. A partir de ahora, en este libro, utilizaremos uno u otro nombre indistintamente.

Nota: es posible que no aparezca este icono en el **Escritorio**, eso es debido a que no tienes configurada una red en Windows ME. Si quieres más detalles, consulta la lección dedicada a las redes.

Mis documentos

Este icono proporciona un acceso sencillo y rápido a los archivos que tengas guardados en la carpeta **Mis documentos**. Windows ME te ofrece esta carpeta para que almacenes en ella los documentos que crees con las distintas aplicaciones que instales en tu ordenador.

Es una buena idea, aunque ten en cuenta que no es obligatorio su uso y puedes crear otra carpeta para tus documentos, si así lo deseas.

Internet Explorer

Este icono da acceso al navegador **Explorer**, uno de los dos más utilizados en Internet. Más adelante tienes una lección completa dedicada a su uso y configuración.

Nota: la primera vez que hagas doble clic sobre este icono, aparecerá el asistente para la configuración de **Explorer**. En la lección dedicada a él, se explica cómo hacerlo.

Papelera de reciclaje

Es el icono cuyo dibujo es una papelera y da acceso a una ventana donde puedes ver todos los archivos que has eliminado. A través de ella podrás recuperar alguno que hayas suprimido por error. Esto es una medida de seguridad bastante útil, ya que todos los archivos eliminados permanecerán en ella hasta que decidas vaciarla. En la figura 3.4 puedes ver la ventana de la **Papelera de reciclaje** abierta.

En la lección dedicada al **Explorador de Windows ME** se explica con detenimiento cómo utilizarla, recuperar archivos de ella o configurar su tamaño.

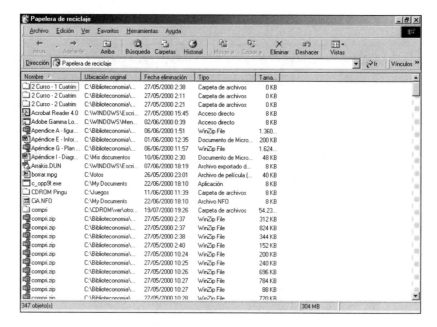

Figura 3.4. Papelera de reciclaje

Nota: no te obsesiones con el espacio que ocupan en el disco duro los archivos que estén en la **Papelera de reciclaje**, ya que no cuentan como espacio ocupado y, si Windows ME lo necesita alguna vez, te ofrecerá la posibilidad de vaciarla.

Mi maletín

Este icono da acceso a una herramienta que puede ser muy útil si trabajas con los mismos archivos en dos ordenadores distintos (en tu casa y en tu trabajo, por ejemplo). Utilizándolo no tendrás peligro de "machacar" una versión moderna con una antigua, ya que controla y gestiona las actualizaciones de los archivos.

Reproductor de Windows Media

Es programa es una auténtica novedad en Windows ME. Con la versión que se nos proporciona, podremos manejar y ver todos los archivos multimedia de nuestro ordenador, ya sean videos, CD de audio e incluso podremos escuchar radio en Internet. En la lección dedicada a multimedia se explica detenidamente.

Outlook Express

Se trata del gestor de correo que incorpora Windows ME y que pertenece a la suite de comunicaciones **Explorer 5**. En una lección posterior aprenderás a utilizarlo y configurarlo.

La barra de tareas

En la parte inferior del **Escritorio de Windows ME** puedes encontrar la barra de tareas. Es otro elemento fundamental para controlar y acceder a las herramientas de Windows ME y las aplicaciones que tengas instaladas en tu ordenador.

De izquierda a derecha podrás encontrar el botón **Inicio**, que da acceso a todos los menús del sistema, posteriormente nos ocuparemos de él. A continuación, puedes ver la barra de inicio rápido que consta de cuatro botones, de izquierda a derecha:

◆ El navegador **Internet Explorer**.

◆ El gestor de correo electrónico **Outlock Express**.

◆ **Mostrar escritorio**: si lo pulsas se minimizan todas las ventanas (después veremos qué es esto). Si lo vuelves a pulsar, el **Escritorio** recupera su anterior aspecto.

◆ **Reproductor de Windows Media**. En la lección dedicada a multimedia, se explica con detalle qué es y cómo utilizarlo.

Seguidamente hay un espacio vacío hasta el siguiente grupo de iconos, que se ocupará con un botón por cada carpeta o aplicación que tengas abierta en cada instante. De este modo, podrás pasar de una tarea a otra haciendo un simple clic sobre el botón de la tarea que quieras ver. Ten en cuenta que el botón de la carpeta o aplicación que estés utilizando en ese instante aparecerá pulsada en la barra de tareas. En la figura 3.5 puedes ver el botón de la aplicación **Reproductor de Windows Media**, que está ejecutando.

El tamaño de los botones dependerá del numero de tareas que tengas abiertas. Si hay suficiente espacio, en el botón aparecerá el nombre de la aplicación o carpeta abierta. De todos modos siempre puedes situar el puntero del ratón sobre cualquiera de ellos y al instante aparecerá un pequeño comentario que te proporcionará dicha información.

Figura 3.5. *La barra de tareas*

Por último, en la parte derecha de la barra de tareas aparece el reloj; si dejas un momento el puntero del ratón sobre él, puedes ver un breve comentario con la fecha del día. En la lección dedicada a la configuración de la barra de tareas podrás consultar cómo cambiar la fecha y hora.

Es posible que aparezcan otros iconos a la izquierda de la hora, como el **Control de volumen**, las **Propiedades del monitor**, de la **Tarjeta de video**, del escáner,etc; con los que podrás cambiar fácilmente distintas características.

También puedes ver un icono que da acceso a aquéllos que representan aplicaciones que se están ejecutando residentes en memoria, como un antivirus.

> **Nota**: algunas aplicaciones ofimáticas acostumbran a instalar por omisión, al lado de los iconos mencionados anteriormente, otros que dan acceso a sus principales aplicaciones.

La barra de tareas es totalmente configurable, ya que puede cambiarse de lugar, ocultarse o modificar los elementos que aparecen en ella. En una lección posterior veremos cómo hacerlo.

El botón Inicio

Este botón da acceso al menú **Inicio**, que podemos ver en la figura 3.6, en el que podemos encontrar todos los menús que contienen las herramientas instaladas en tu ordenador.

Para acceder a él, simplemente debes pulsar dicho botón. Su contenido también es totalmente configurable, aunque, por omisión, aparecen los siguientes comandos repartidos en dos grupos.

El primero, que está en la parte superior contiene:

◆ **Programas**: da acceso a otros submenús que contienen accesorios de Windows ME, herramientas del sistema, Internet y todas aquellas aplicaciones que tengas instaladas en tu ordenador.

◆ **Documentos**: muestra en un único menú los nombres de los archivos que has abierto más recientemente. Esto te proporciona una forma sencilla y rápida de acceder a ellos, ya que seleccionándolos en este menú, se ejecutará la aplicación con la que los creaste y se abrirá dicho documento.

◆ **Configuración**: al seleccionar este comando, aparecerá un menú en el que podrás acceder a distintas carpetas y cuadros de diálogo donde podrás modificar cualquier característica del ordenador, las impresoras, los accesos a Internet, la barra de tareas y el menú **Inicio**.

◆ **Buscar**: con este comando podrás buscar prácticamente cualquier cosa dentro y fuera de tu ordenador. En su menú dispones de opciones para buscar archivos y carpetas, ordenadores (si estuvieras en red) e incluso páginas Web en Internet. En la lección dedicada al **Explorador** se trata en profundidad esta herramienta.

◆ **Ayuda**: no podía faltar una opción que te proporcionase toda la ayuda posible para trabajar en Windows ME. Si ejecutas este comando, aparecerá una ventana en la que podrás buscar cualquier contenido o despejar dudas. Ésta es otra característica de Windows ME que ha cambiado profundamente. Si quieres tener más detalles, consulta la lección dedicada a ella.

◆ **Ejecutar**: con este comando, accederás a un cuadro de diálogo donde podrás ejecutar cualquier programa tecleando su nombre en el cuadro **Abrir**. Aunque no debes entender esto como el camino habitual para hacerlo, ya que cada programa instalado correctamente debe tener su propia opción en el menú **Programas**.

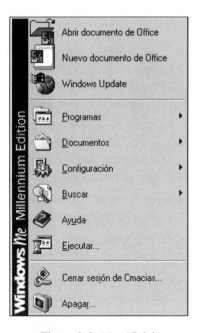

Figura 3.6. Menú Inicio

Nota: es posible que por encima de este grupo, aparezca otra opción, **Actualizar Windows**, que te llevará a una página en Internet de Microsoft, donde podrás actualizar componentes. También es posible que encuentres distintas opciones de los programas ofimáticos que tengas instalados en tu ordenador.

Por debajo de estos comandos, en otro grupo, podrás encontrar otras dos opciones:

◆ **Cerrar sesión de...**: si ejecutas este comando, podrás iniciar una nueva sesión de Windows ME con otro usuario. Esto es útil cuando trabajas en red o compartes el ordenador con otros usuarios.

◆ **Apagar ...**: ésta es la forma correcta de apagar tu ordenador. De cualquier otra forma, quedarán archivos abiertos que podrían perderse.

El menú Programas

En este menú aparecen organizados en submenús una gran cantidad de utilidades y herramientas de Windows ME, así como casi todos los programas comerciales que instales.

Aparece cuando sitúas el puntero del ratón sobre la opción **Programas** del menú **Inicio** y, entre otros, podrás encontrar los siguientes menús:

◆ **Accesorios**: contiene gran cantidad de las herramientas de Windows ME para comunicaciones, entretenimiento, Internet, manejo del sistema, un procesador de textos, e incluso una aplicación para "montar" películas. Puedes encontrar más detalles de todas ellas en la lección dedicada a los accesorios.

◆ **Inicio**: en él se incluyen todos los programas que deben ejecutarse cuando se arranca Windows ME. Lo más normal es que se encuentre vacío, pero, si instalas un antivirus, te ofrecerá la posibilidad de ejecutarlo de forma residente, para lo cual es posible que introduzca un programa en esta carpeta.

◆ **Internet Explorer**: contiene todas las aplicaciones disponibles en Windows ME de la suite de comunicaciones **Explorer 5**.

◆ **Explorador de Windows**: aplicación que gestiona el Escritorio (incluidos archivos y carpetas) de Windows ME. En una lección posterior se estudia en detalle.

◆ **Juegos**: Windows ME incorpora unos cuantos juegos, algunos de ellos nuevos y que pueden jugarse a través de Internet.

◆ **Microsoft NetShow**: para generar archivos con audio y video digital.

◆ **Microsoft NetMeeting**: con esta aplicación podrás mantener conversaciones o videoconferencias en Internet.

> **Nota:** si instalas Windows ME sobre Windows 98, se respetará la configuración de este menú, de tal forma que encontrarás las mismas carpetas y programas que ya tenías en la versión anterior.

El ratón y el teclado

Todos los comandos, menús, botones e iconos que hemos visto hasta ahora te ofrecen la posibilidad de acceder a los recursos de Windows ME y de tu ordenador, pero, para poder indicar qué es lo que quieres en cada instante, necesitas dos "armas" fundamentales: el ratón y el teclado.

Al ser Windows ME un sistema operativo con entorno visual, la mayor parte de él está construido para ser utilizado con un ratón, lo que no implica que no pueda utilizarse con el teclado, es más, algunas veces es imprescindible utilizarlo.

Uso del ratón

La expresión del ratón en la pantalla es el puntero, a través del ratón movemos dicho puntero para señalar, mover o seleccionar un objeto. Aunque son muy normales los ratones de tres botones, en realidad en Windows ME se utilizan dos: el izquierdo y el derecho.

> **Nota**: algunos ratones incorporan una pequeña rueda entre los dos botones, ésta normalmente sirve para mover el puntero en algunos programas de Windows ME.

La mayor parte del trabajo la realizarás con el botón izquierdo, aunque verás cómo el botón derecho te da acceso a unos menús (llamados contextuales) que te proporcionarán acceso a comandos relativos al objeto seleccionado en ese instante. En el siguiente apartado veremos cuál es su función.

> **Nota:** si eres zurdo, debes cambiar la configuración del ratón, para que las funciones que se hacen normalmente con el botón izquierdo, pasen al derecho y viceversa. De todas formas este libro no recoge ese cambio, por lo que tendrás que hacer un pequeño esfuerzo adicional para cambiar mentalmente izquierdo por derecho.

Pero aprender el uso del ratón no sólo implica situar el puntero en el lugar deseado en el momento que queremos, sino entender una serie de expresiones de uso común no sólo en este libro, sino en cualquiera que trate sobre Windows ME o una aplicación instalada en él. Si no entiendes estas expresiones, no sabrás qué hacer en determinados momentos. Estos términos son:

◆ **Apuntar**: mover el puntero del ratón hasta que la punta de la flecha esté situada sobre el objeto que quieras.

◆ **Pulsar un botón**: presionar con el dedo el botón del ratón, este movimiento debe ser rápido, ya que si lo mantienes pulsado, se producirá otra acción que no es la deseada.

◆ **Hacer clic sobre**: apuntar sobre un objeto y pulsar el botón izquierdo del ratón.

◆ **Seleccionar**: hacer clic con el botón izquierdo del ratón sobre un objeto. En el caso de un icono, lo habrás seleccionado correctamente si el dibujo aparece ensombrecido y su nombre en vídeo inverso.

◆ **Hacer clic derecho**: apuntar sobre un objeto y pulsar el botón derecho del ratón.

◆ **Hacer doble clic**: apuntar sobre un objeto y pulsar dos veces de forma muy seguida el botón izquierdo del ratón.

◆ **Arrastrar**: apuntar sobre el objeto que quieras mover, pulsar el botón izquierdo del ratón y mantenerlo pulsado mientras mueves el ratón. Cuando sitúes el objeto en el lugar que quieras, podrás soltar el botón.

Uso del teclado

Como ya dijimos antes, Windows ME está diseñado para ser utilizado con ratón, pero, aunque sea un poco más engorroso, también puedes hacerlo con el teclado. En la tabla 3.1 se enumeran algunas de las teclas y combinaciones de ellas que puedes utilizar, aunque debes tener en cuenta que la mayoría de los accesorios y, por supuesto, cada aplicación tiene sus propias combinaciones de teclas que deberás estudiar en cada caso.

Tabla 3.1. *Combinaciones de teclas de Windows ME*

Combinación de teclas	Acción
Alt+Intro	Cuando ejecutes un programa MS-DOS a pantalla completa, esta combinación hará que se vea en una ventana.
Alt+Esc	Activa sucesivamente cada una de las tareas activas.
Alt+F4	Cierra la ventana activa.
Alt+Impr Pant	Envía el contenido de la ventana activa al **Portapapeles**.
Alt+Barra espaciadora	Abre el menú de control de la ventana activa.

(continúa)

Tabla 3.1. *Combinaciones de teclas de Windows ME (continuación)*

Combinación de teclas	Acción
Alt+Tab	Cambia sucesivamente entre las distintas tareas abiertas.
Ctrl+E	Selecciona todos los objetos dentro de una ventana.
Ctrl+C	Copia los objetos seleccionados en el **Portapapeles**.
Ctrl+V	Pega el contenido del **Portapapeles** en el lugar donde tengas situado el punto de inserción.
Ctrl+X	Mueve los objetos seleccionados al **Portapapeles**. A esta operación también se le llama cortar.
Ctrl+Z	Deshace la última operación de copiar, mover, eliminar, pegar o renombrar que se realizó.
Ctrl+Esc	Abre el menú **Inicio**.
Supr	Mueve el objeto seleccionado a la **Papelera de reciclaje**.
Intro	Ejecuta un comando de menú o activa el objeto seleccionado.
Esc	Cierra el menú o el cuadro de diálogo activo.
F1	Ejecuta la **Ayuda**.
F2	Edita el nombre del archivo o la carpeta seleccionada.
F4	Abre la lista desplegable de la barra de direcciones en cualquier ventana de carpeta.
F5	Actualiza la ventana activa con información reciente.
Tab	Selecciona sucesivamente las áreas principales en una ventana, cuadro de diálogo o en el **Escritorio**.

(continúa)

Tabla 3.1. *Combinaciones de teclas de Windows ME (continuación)*

Combinación de teclas	Acción
Alt	Activa la barra de menús de la ventana activa.
Inicio	Mueve el cursor hasta el primer objeto.
Fin	Mueve el cursor hasta el último objeto.
Impr Pant	Envía una copia exacta de la pantalla al Portapapeles.
Mayús+F10	Abre el menú contextual del objeto seleccionado en cada instante.

De entre estas combinaciones de teclas, tal vez debes tener sobre todo en cuenta tres de ellas: Alt+Esc, Alt+Tab y Ctrl+Esc.

Las dos primeras te permiten activar sucesivamente las tareas abiertas en tu ordenador, aunque su funcionamiento es distinto.

Si mantienes pulsada la tecla Alt y pulsas Esc sucesivamente, verás cómo se activan una tras otra las tareas (carpetas o aplicaciones) abiertas en tu ordenador.

La segunda combinación realiza la misma función pero de diferente forma, ya que utiliza un cuadro de diálogo, en el que se representan con iconos dichas tareas y debajo de ellos aparece un mensaje describiéndola. En dicho cuadro de diálogo, aparecerá resaltada con un recuadro la tarea activa. Si mantienes pulsada la tecla Alt y pulsas sucesivamente la tecla Tab, pasarás de una a otra. Cuando sueltes ambas, Windows ME activará la última tarea seleccionada.

La tercera combinación es Ctrl+Esc con la que podrás abrir el menú **Inicio** en cualquier momento y desde cualquier aplicación. Esta misma función la realiza una tecla que ya se incorpora en la mayoría, por no decir en todos los teclados de ordenadores personales, con el logotipo de Windows.

Los menús contextuales

Aunque la mayor parte del trabajo tienes que realizarlo con el botón izquierdo del ratón, también es muy útil el derecho, ya que proporciona acceso a interesantes características, como, por ejemplo, los menús contextuales, que son aquéllos cuyo contenido depende del lugar donde hayas hecho clic.

En la figura 3.7 puedes ver el menú que aparecerá al hacer clic derecho sobre la barra de tareas y, en la figura 3.8, el menú que aparece al hacer clic derecho sobre cualquier punto del **Escritorio** que no sea un icono.

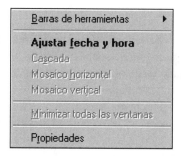

Figura 3.7. Menú contextual de la barra de tareas

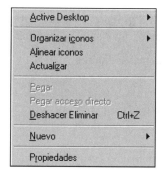

Figura 3.8. Menú contextual del Escritorio

Como puedes ver, te ofrecen comandos de uso muy normal con los objetos que seleccionaste. Fíjate cómo en los dos tienes el comando **Propiedades**, que te da acceso al cuadro de diálogo que configura el objeto seleccionado.

Crear accesos directos

Un acceso directo es un icono en el **Escritorio** que, al hacer doble clic sobre él, ejecuta la aplicación asociada. Estos iconos son muy útiles, ya que en lugar de tener que buscar un programa que utilizas frecuentemente, a través de los distintos submenús del menú **Programas**, puedes acceder a él directamente desde el **Escritorio**. Se reconocen porque en su esquina inferior izquierda hay un pequeño cuadrado con una flecha en su interior. Los pasos para crear un acceso directo son:

1 Haz clic derecho en el Escritorio, sobre cualquier punto que no sea un icono o la barra de tareas.

2 Sitúa el puntero del ratón en la opción **Nuevo**.

3   Al desplegarse su menú, haz clic sobre el comando **Acceso directo**.

4   En el cuadro de diálogo que aparece, **Crear acceso directo** (figura 3.9), debes indicar el programa que debe ejecutarse. Si no te acuerdas de la carpeta donde está guardado y su nombre, pulsa el botón **Examinar** y aparecerá el cuadro de diálogo del mismo nombre (figura 3.10). En él deberás moverte entre las carpetas para buscar el archivo. Para ello, debes hacer doble clic sobre el nombre de una carpeta si quieres abrirla o pulsar los botones que están a la derecha del cuadro de lista desplegable **Buscar en**, si quieres ver la última carpeta seleccionada o subir un nivel en la estructura. Cuando encuentres el archivo que abre la aplicación en cuestión, haz doble clic sobre él. En el cuadro **Línea de comandos** aparecerá la carpeta y el nombre de dicho archivo.

5   Pulsa el botón **Siguiente** y teclea en el cuadro de texto de la siguiente pantalla el nombre con el que quieras conocer dicho icono.

6   Para terminar, pulsa **Finalizar**.

Por ejemplo, vamos a crear un acceso directo para el **Explorador de Windows** en el **Escritorio**. En una lección posterior verás para qué sirve dicha herramienta, pero te darás cuenta de que es una de las más utilizadas.

1   Haz clic derecho en el **Escritorio**, sobre cualquier punto que no sea un icono o la barra de tareas.

2   Sitúa el puntero del ratón en la opción **Nuevo**.

3   Al desplegarse su menú, haz clic sobre el comando **Acceso directo**.

5   En el cuadro de diálogo que aparece, **Crear acceso directo** (figura 3.9), pulsa el botón **Examinar**. Aparecerá el cuadro de diálogo de la figura 3.10.

6   Haz doble clic sobre la carpeta **Windows** y busca el archivo **Explorer.exe**.

7   Haz doble clic sobre su nombre. En el cuadro **Línea de comandos** aparecerá C:\WINDOWS\EXPLORER.EXE.

> **Nota**: para ver todo el contenido del panel central del cuadro de diálogo **Examinar**, utiliza la barra de desplazamiento horizontal que tienes por debajo de ella (si no sabes cómo utilizarla, consulta la lección dedicada a las ventanas).

8   pulsa el botón **Siguiente**. Escribe el nombre por el que conocerás dicho icono. Teclea, por ejemplo, **Explorador de Windows** y pulsa **Finalizar**.

Desde ese momento, dispones de un acceso directo a esta aplicación desde el **Escritorio**. Si haces doble clic sobre él, podrás comprobarlo.

Figura 3.9. Cuadro de diálogo *Crear acceso directo*

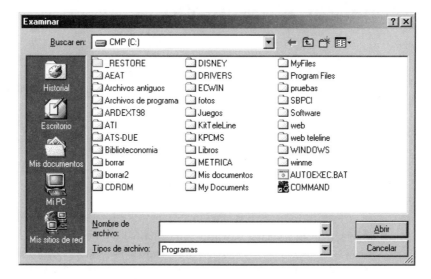

Figura 3.10. Cuadro de diálogo *Examinar*

Eliminar un acceso directo del Escritorio

Es muy normal encontrarse con ordenadores que tienen el **Escritorio** "inundado" de iconos y accesos directos. Esto, además de poco estético, hace perder la efectividad de característica, ya que nos costará encontrar el acceso directo que queremos usar.

Procura mantener en el **Escritorio** sólamente aquellos accesos directos que instale Windows ME y los que utilices frecuentemente.

Si en algún momento necesitas eliminar algún acceso directo utiliza esta sencilla secuencia de pasos para hacerlo.

1   Haz clic sobre el acceso directo que quieras eliminar. Podrás ver cómo aparece resaltado en video inverso.

2   Pulsa la tecla Supr.

3   En el cuadro de diálogo de confirmación que aparece, pulsa el botón **Sí**.

> **Nota**: Si haces esta operación sobre algún acceso directo o icono que sea necesario en Windows ME, no aparecerá dicho cuadro de diálogo o, lo que es lo mismo, no te dejará eliminarlo.

Personalizar el Escritorio

Prácticamente no hay dos escritorios iguales: por un lado, debido a los programas que cada usuario tenga instalados en su ordenador y, por otro, porque es totalmente configurable. Puedes cambiar su fondo, la forma en la que se encuentran los iconos, su organización, etc. En este apartado veremos algunas de dichas características.

Alinear y organizar los iconos en el Escritorio

En el **Escritorio** debes mantener una buena organización de los iconos para que no se superpongan y puedas buscarlos sin demasiados problemas. Para ello Windows ME te proporciona dos comandos en el menú contextual del **Escritorio** (figura 3.8). (Recuerda que para abrirlo, debes hacer clic derecho sobre cualquier punto que no sea un icono o la barra de tareas.) Veamos cuáles son.

El primero es el comando **Alinear iconos**. Si lo ejecutas se colocarán en la parte izquierda del **Escritorio** con una separación igual entre todos ellos. Si al ejecutar el comando ves que no cambia nada, es que ya tenías alineados los iconos.

También puedes cambiar su organización. Si sitúas el puntero en la opción **Organizar iconos** del menú contextual, se desplegará un submenú (figura 3.11) con las distintas posibilidades que tienes: por nombre, por tipo, por tamaño y por fecha. Escoge la que más te guste.

La última opción de este submenú es **Organización automática**. Si la seleccionas, cada vez que incorpores un nuevo icono al **Escritorio**, se situará en el lugar que le corresponde según la organización que hayas decidido.

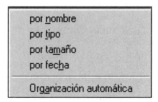

Figura 3.11. *Submenú para organizar los iconos en el* ***Escritorio***

Renombrar los iconos

En cualquier momento puedes cambiar el nombre de los iconos si así lo deseas. Para ello, deberás hacer clic derecho sobre dicho icono y ejecutar el comando **Cambiar nombre**; al instante se resaltará en vídeo inverso su nombre. Para escribir uno nuevo, simplemente deberás teclearlo. Si sólo quieres cambiar alguna letra, pulsa Flecha izquierda y sitúa el cursor a la izquierda del carácter que quieras cambiar, pulsa Supr y teclea el nuevo. Cuando termines pulsa Intro.

Active Desktop

Con este nombre se conoce la interfaz que incorpora Windows ME que permite situar en el **Escritorio** controles activos de páginas Web o incluso canales de Explorer. Los controles activos son aquéllos que pueden cambiar en la pantalla como un mapa, gráficos, cualquier elemento de la Galería de Active Desktop, tu página Web favorita, etc.

Activar la interfaz Active Desktop

Para utilizar esta nueva interfaz lo primero que debes hacer es activarla. Para ello, utiliza la siguiente secuencia de pasos:

1   Despliega el menú contextual del **Escritorio** o, lo que es lo mismo, haz clic derecho sobre cualquier punto del Escritorio que no sea un icono o la barra de tareas.

2   Selecciona la primera opción, **Active Desktop.**

3   Haz clic sobre el comando **Mostrar contenido Web**.

Agregar contenido al Active Desktop

Una vez activado el **Active Desktop**, podrás incorporar un control activo al **Escritorio** realizando los siguientes pasos:

1   Haz clic derecho sobre el **Escritorio**.

2   Selecciona la opción **Active Desktop**.

3   Ejecuta el comando **Personalizar mi escritorio**. De inmediato aparecerá el cuadro de diálogo **Propiedades de Pantalla** con la pestaña **Web** activada (figura 3.12).

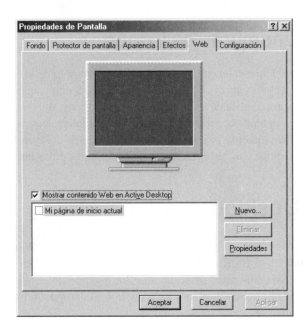

Figura 3.12. Cuadro de diálogo **Propiedades de Pantalla** con la pestaña **Web** activada

4   Antes de continuar, debes asegurarte de que la opción **Mostrar contenido Web**, en el submenú de la opción **Active Desktop**, está activada, ya que, en caso contrario, no aparecerán los controles que añadas.

5   Seguidamente pulsa el botón **Nuevo** y aparecerá el cuadro de diálogo **Nuevo elemento de Active Desktop**.

6   Teclea la dirección del elemento que quieras incorporar en el cuadro **Ubicación**. Si no recuerdas cuál es, puedes ayudarte del botón **Examinar** para buscarla.

Nota: Windows ME te ofrece la posibilidad de incorporar nuevos elementos al **Active Desktop** desde Internet. Si quieres hacerlo alguna vez, conéctate a Internet y pulsa el botón **Visitar galería**.

7 Cuando termines, pulsa **Aceptar**. De inmediato verás cómo se incorpora el elemento seleccionado al panel central de la pestaña **Web**, con una casilla marcada a su izquierda, lo que indica que aparecerá en el **Escritorio**.

8 Por último, debes pulsar **Aceptar** para que sean efectivos los cambios.

Nota: Puedes acceder más rápidamente al cuadro de diálogo **Nuevo elemento de Active Desktop**, usando la opción **Nuevo elemento del escritorio** del submenú **Active Desktop**.

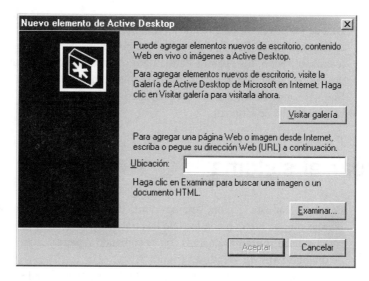

Figura 3.13. *Cuadro de diálogo **Nuevo elemento de Active Desktop***

Desactivar y eliminar elementos del Active Desktop

Cuando ya no quieras utilizar un elemento o control del **Active Desktop** tienes dos opciones: desactivarlo o eliminarlo para siempre de tu **Escritorio**. Si no quieres utilizarlo temporalmente, lo mejor es que lo desactives. Para ello ejecuta el comando

Active Desktop del menú contextual del **Escritorio** y desactívalo, haciendo clic sobre su nombre, en el último grupo de dicho submenú. Si, en cambio, no lo vas a volver a utilizar, lo más recomendable es que lo elimines permanentemente:

1   Ejecuta el comando **Active Desktop** del menú contextual del **Escritorio**.

2   Ejecuta la opción **Personalizar mi escritorio.**

3   Haz clic sobre su nombre en el panel central de la pestaña **Web**.

4   Pulsa el botón **Eliminar**.

5   Pulsa **Sí** cuando te pregunte si quieres eliminarlo y desaparecerá del panel central de la pestaña **Web**.

Temas del escritorio

Una de las novedades de Windows ME es la incorporación de esta herramienta de configuración del **Escritorio**, con la que podremos personalizar el aspecto de los iconos, el fondo, los cuadros de diálogo, el puntero, etc., utilizando "estéticas" que nos proporciona Windows ME o que tú mismo podrás inventar.

Si quieres más detalles, consulta el apartado del mismo nombre de la lección dedicada al **Panel de Control**.

Apagar el sistema

Para terminar esta lección, veremos cómo debes apagar el ordenador para que no pierdas ningún archivo con los que has trabajado durante la sesión.

En el menú **Programas** cuentas con el comando **Apagar...**, que te muestra el cuadro de diálogo **Salir de Windows** (figura 3.14).

En él puedes encontrar un cuadro de lista desplegable. Si pulsas la flecha que está a su derecha, puedes encontrar tres opciones:

◆ **Apagar el sistema**: ésta es la opción que tendrás que seleccionar para apagar el ordenador.

◆ **Reiniciar**: con esta opción provocas que el ordenador se apague y vuelva a encenderse de forma automática.

◆ **Suspender**: sirve para suspender temporalmente el funcionamiento del ordenador. Para volver a activarlo, mueve el ratón. Selecciónala cuando vayas a estar un rato sin trabajar.

Nota: No busques la opción **Reiniciar** en modo MS-DOS que incorporaba Windows 98. Ésta ha desaparecido, ya que Windows ME trata de desembarazarse del antiguo sistema operativo de Microsoft para siempre.

Después de seleccionar una opción, pulsa el botón **Aceptar** para que se produzca la operación que hayas escogido.

Figura 3.14. Cuadro de diálogo **Salir de Windows**

Ventanas, cuadros de diálogo y menús de Windows Me

Una vez que ya conoces el escritorio, daremos un paso adelante y trataremos los elementos fundamentales con los que podrás comunicarte con Windows ME: las ventanas, los cuadros de diálogo y los menús. En esta lección veremos cómo son, qué componentes tienen y cómo utilizarlos. No la pases por alto, porque aunque pueda ser un poco aburrida, es la base para poder avanzar.

En esta lección aprenderás a:

- ¿Qué es una ventana?
- Identificar los componentes de una ventana.
- Mover y cambiar el tamaño de las ventanas.
- Controles de los cuadros de diálogo.
- Componentes de los menús.

¿Qué es una ventana?

Una ventana es el elemento que utiliza Windows para mostrar todas las aplicaciones, utilidades, documentos o archivos que están en tu ordenador. Cualquier programa se ejecutará dentro de una ventana, un documento aparecerá también dentro de una de ellas, también una hoja de cálculo, y así sucesivamente.

Las ventanas de Windows ME son totalmente configurables en cuanto a tamaño y aspecto, incluso pueden parecerse a una página Web.

Componentes de una ventana

La gran ventaja del sistema de ventanas es que todas tienen elementos comunes que facilitan su uso, ya que, independientemente de lo que contengan, todas se manejan de la misma forma.

Una de las grandes novedades de Windows 98 fue la incorporación de elementos del navegador Explorer, de tal forma que pudieras utilizarlas como si fueran páginas Web. Windows ME conserva esta característica. Para trabajar con las ventanas, lo primero es saber distinguir cuáles son sus componentes. La figura 4.1 los muestra a todos señalados, y los describimos a continuación.

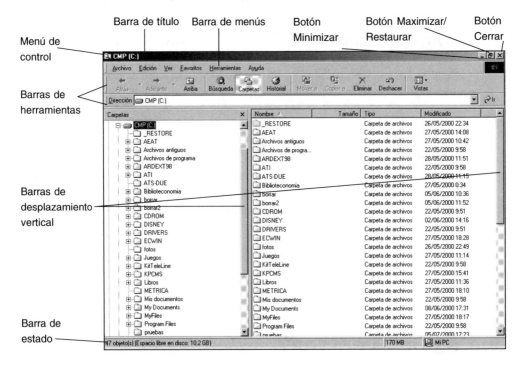

Figura 4.1. Componentes de una ventana

Barra de título

Como puedes ver en la figura 4.1, la Barra de título está en la parte superior de una ventana y muestra el nombre de la aplicación, documento o carpeta que tengas abierta en ella. Por ejemplo, si tienes abierto el procesador de textos Word, en la barra de título podrás leer Microsoft Word.

En su parte izquierda podrás ver un icono, llamado *del menú de control*, a través del cual puedes acceder a dicho menú. El dibujo del icono dependerá de la aplicación o utilidad que tengas abierta.

En la parte derecha de la barra de título, puedes ver tres botones: **Minimizar**, **Maximizar/Restaurar** y **Cerrar**. También nos ocuparemos de estos tres botones posteriormente.

Marco

El marco es el límite de la ventana y no sólo sirve para delimitar su contenido, sino que también podrás modificar su tamaño con él. Más adelante, en esta misma lección, veremos cómo.

Menú de control

Ya dijimos anteriormente que en la parte izquierda de la barra de título, hay un icono, cuyo dibujo dependerá del contenido de la ventana y que, al pulsarlo, aparece el menú de control (figura 4.2). Éste contiene una serie de comandos para facilitar el trabajo con la ventana (**Restaurar**, **Mover**, **Tamaño**, **Minimizar**, **Maximizar** y **Cerrar**). También puedes abrir dicho menú, haciendo clic derecho sobre la barra de título y con el teclado pulsando Alt+Barra espaciadora. Posteriormente, veremos para qué puedes utilizar los comandos de este menú.

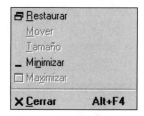

Figura 4.2. *Menú de control de una ventana*

Barra de menús

Puedes verla por debajo de la barra de título y aquí están los principales comandos que puedes usar en la ventana. El contenido de dicha barra dependerá, lógicamente, de la aplicación que estés ejecutando, aunque algunos los podrás encontrar en la mayor parte de ellas, como son: **Archivo**, **Edición** (o **Editar**) y **Ayuda** (o **?**).

La barra de herramientas estándar

No todas las ventanas disponen de ella. Por lo general podrás verla en todas aquéllas que contienen aplicaciones de Windows ME, archivos y carpetas.
Se sitúa inmediatamente por debajo de la barra de menús y consta de una serie de botones que para los usuarios de Internet Explorer serán muy conocidos.

De izquierda a derecha podrás encontrar los siguientes:

◆ **Atrás**: con este botón y con el siguiente te moverás en la ventana como si fuera una página Web. Recuerda que cuando trabajas de esta forma, un histórico va recogiendo las pantallas por las que vas pasando. Por tanto, este botón te sitúa en la pantalla que viste inmediatamente antes a la que estás situado en ese instante.

◆ **Adelante**: con la explicación dada en el botón anterior, puedes suponer que éste te situará en la pantalla siguiente que se encuentra registrada en el historial del que hablamos.

◆ **Arriba:** para situarte en la carpeta que se encuentra un nivel por encima de la que tengas seleccionada en ese instante.

◆ **Búsqueda**: para localizar archivos y carpetas en cualquier unidad de tu ordenador (figura 4.3).

◆ **Carpetas**: está seleccionada por omisión. Divide el área de trabajo en dos partes, la de la izquierda contiene las carpetas y las unidades de tu ordenador; a la derecha podrás ver el contenido de la carpeta o unidad que tengas seleccionada.

◆ **Historial**: al pulsar este botón, aparecerá en la parte izquierda un menú con enlaces de hipertexto con los que podrás consultar los recursos que hayas utilizado en las tres últimas semanas y los tres últimos días.

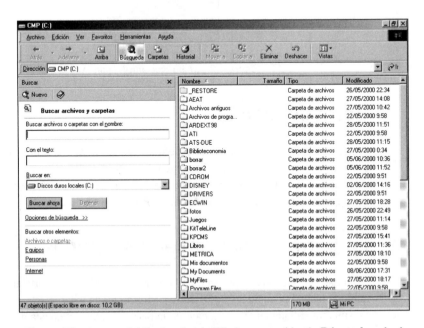

Figura 4.3. *Aspecto del Explorador de Windows con el botón* ***Búsqueda*** *pulsado*

◆ **Mover a**: permite cambiar de ubicación una carpeta, un archivo o grupo de ellos. Ten en cuenta que, al moverlo, desaparece de su ubicación actual.

◆ **Copiar a**: permite enviar una copia a otra unidad o carpeta de tu ordenador. A diferencia del botón **Mover a**, no lo elimina de su ubicación original.

◆ **Eliminar**: suprime el objeto u objetos seleccionados.

◆ **Deshacer**: deja sin efecto la última operación realizada. Es muy útil incluso cuando copias archivos, ya que, si te equivocas, invalidará la última operación.

◆ **Vistas**: cambia la forma de visualización de los iconos en la ventana. Al pulsarlo, aparecerá un menú, en el que podrás decidir la forma de visualización de los objetos (carpetas o archivos). Dispones de cinco formas diferentes de visualizar los iconos: **Iconos grandes**, **Iconos pequeños**, **Lista**, **Detalles** (figura 4.4) y **Vistas en miniatura** (figura 4.5), aunque esta última no está disponible en todas las pantallas de Windows ME.

Nota: los botones que se han explicado anteriormente son los que Windows ME ofrece por omisión. Más adelante, en esta misma lección, veremos cómo puedes cambiar el contenido de la barra de herramientas estándar incluyendo otros nuevos o eliminando los que consideres poco útiles.

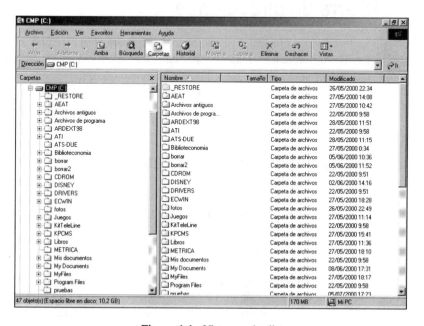

Figura 4.4. *Vista con detalles*

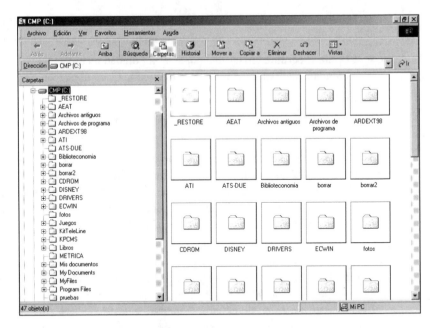

Figura 4.5. *Vistas en miniatura*

Barra de direcciones

Su misión es polivalente, ya que puede servir para abrir cualquier componente del Escritorio (figura 4.6). Para ello, haz clic en el botón que está a su derecha y, en el cuadro que se despliega, haz clic sobre el objeto que quieras abrir.

También es posible utilizar esta barra para su función originaria, que es la de introducir direcciones de páginas Web para conectarte a ellas. Posteriormente, en otra lección, se explicará cómo hacerlo.

Barras de herramientas

En muchas aplicaciones puedes encontrarte con otras barras que contienen botones que activan comandos y opciones. De esta forma se facilita el acceso a ellos, ya que tan sólo pulsándolos se ejecutarán.

Un ejemplo de este tipo de barras lo tienes en la aplicación WordPad (figura 4.7), que está en los accesorios. Como podrás ver, están por debajo de la barra de menús y contienen comandos de uso muy frecuente.

En una misma aplicación puede haber muchas barras; una para formato de texto, otra para crear y manejar tablas, otra para gráficos, etc. Para visualizar unas u otras, la aplicación suele disponer de un comando donde podrás seleccionarlas.

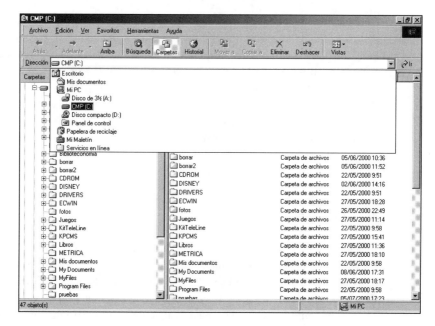

Figura 4.6. *Barra de direcciones desplegada*

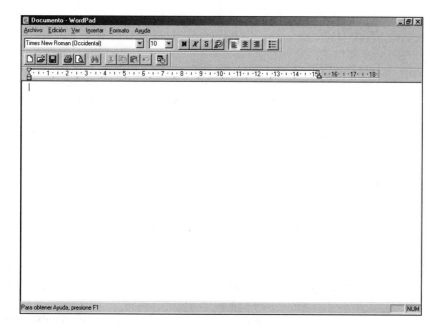

Figura 4.7. *WordPad*

Otra característica de las barras de herramientas es que se pueden desplazar dentro de la ventana de la aplicación. Así podrás situarla donde mejor te convenga.

Para desplazar una barra de herramientas, tienes que hacer clic sobre ella, mantener pulsado el botón izquierdo del ratón y arrastrar el ratón hasta el lugar donde quieras dejarla. Mientras la arrastras, un recuadro indicará el espacio que ocupa y dónde.

Por último, ya que los dibujos de los botones a veces no indican claramente qué comando ejecutan, todos ellos disponen de una pequeña ayuda que muestra su nombre o brevemente la tarea que realizan. Para poder ver dicha ayuda, debes situar el puntero del ratón sobre él y en unos segundos aparecerá, por debajo o por encima, un pequeño texto en fondo amarillo con su nombre o función.

Vínculos

Este elemento no puedes verlo por omisión, sino que tendrás que seleccionarlo, haciendo clic derecho sobre cualquier punto de las barras de botones estándar y, en el menú contextual que aparezca, haciendo clic sobre la opción **Vínculos**.

Esta barra contiene una serie de opciones que te llevarán a distintas páginas Web de Microsoft, como son Guía de canales, Inicio de Internet, Hotmail gratuito, Lo mejor del Web, entre otras. Para que funcionen es indispensable que tengas una conexión abierta en Internet.

Radio

Esta barra de herramientas nueva de Windows ME, proporciona una utilidad poco conocida hasta ahora, como es la escucha de emisoras de radio a través de Internet. Para seleccionarla deberás hacer clic derecho sobre cualquier punto de la barra de botones estándar y en el menú contextual que aparezca, haz clic en la opción**Radio**. De inmediato la verás aparecer por debajo de la barra de direcciones (figura 4.8). Consta de los siguientes elementos:

◆ **Detener**: detiene la reproducción de la emisora seleccionada.

◆ **Silencio**: se desactivan los altavoces.

◆ **Control de volumen**: para aumentar o disminuir el volumen de audio.

◆ **Emisoras de radio**: al pulsar este botón aparecerá un submenú de opciones para añadir una emisora de radio a **Favoritos**, conectarte a la Guía de emisoras de radio, página Web llamada *WindowsMedia.com*, desde la cual podrás conectarte a distintas emisoras de radio en Internet (figura 4.9). Cuando te hayas conectado a alguna, el último grupo del submenú que se despliega al pulsar este botón contendrá su nombre. A partir de ese momento será más rápido conectar con ella.

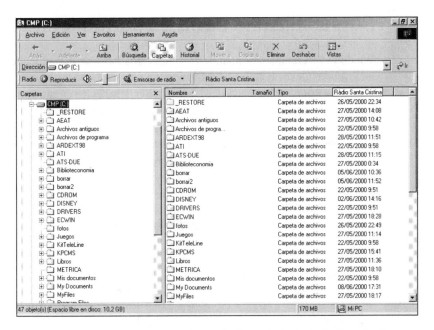

Figura 4.8. *Explorador de Windows ME con la barra de Radio activada*

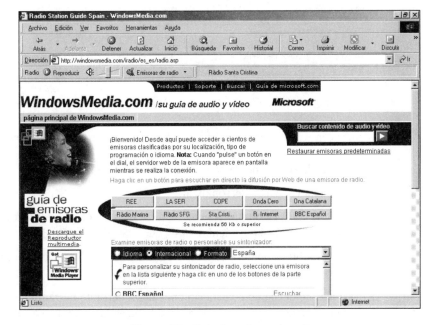

Figura 4.9. *Guía de emisoras de radio*

Personalizar la barra de herramientas

Windows ME también te permite personalizar la barra de herramientas estándar incluyendo nuevos botones o pudiendo eliminar otros que no consideres especialmente importantes. Para acceder a esta opción deberás hacer clic derecho sobre la barra de herramientas y, en el menú contextual que aparece, seleccionar la opción **Personalizar**.

En el cuadro de diálogo que aparece (figura 4.10) podrás ver dos cuadros de lista, el de la derecha contiene los botones que en ese instante tiene la barra de herramientas, en el de la izquierda, los que puedes incorporar.

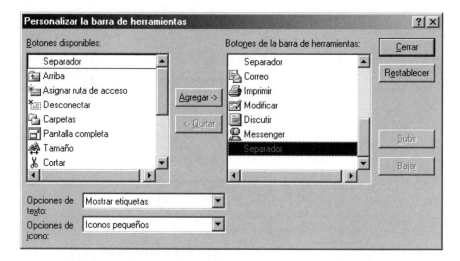

Figura 4.10. Cuadro de diálogo **Personalizar la barra de herramientas**

Veamos con un ejemplo cómo incorporar un botón, por ejemplo el botón **Copiar**.

1   Haz clic derecho sobre la barra de herramientas estándar.

2   Selecciona la opción **Personalizar**.

3   Mueve la barra de desplazamiento vertical del cuadro de lista **Botones disponibles** (el que está a la izquierda), hasta que veas el botón **Copiar**.

4   Haz clic sobre el nombre del botón **Copiar** en el cuadro de lista **Botones disponibles**, verás cómo se resalta en video inverso.

5   Haz clic, en el cuadro de lista **Botones de la barra de herramientas**, sobre el botón que quedará justo a la derecha del que estás incorporando. Por ejemplo, haz clic sobre **Eliminar**.

6 Pulsa el botón **Agregar** que está entre los dos cuadros de lista. Al instante el botón se incorpora al cuadro de lista **Botones de la barra de herramientas** y aparecerá entre los botones **Eliminar** y **Copiar a.**

7 Cuando termines no olvides pulsar el botón **Cerrar** para salir del cuadro de diálogo.

De forma similar, si quieres eliminar un botón de la barra de herramientas estándar deberás acceder al cuadro de diálogo **Personalizar la barra de herramientas**, hacer clic sobre su nombre en el cuadro de lista **Botones de la barra de herramientas** y pulsar el botón **Eliminar**. Así el botón pasará a formar parte del cuadro de lista **Botones disponibles.**

Para terminar, en el mismo cuadro de diálogo dispones de otros botones y cuadros de lista para realizar las siguientes tareas:

◆ **Desplazar a derecha o izquierda la posición de los botones.** Para ello haz clic en el nombre del botón que quieras desplazar en el cuadro de lista Botones de la barra de herramientas, y pulsa el botón **Subir**, si quieres desplazarlo a la izquierda, o el botón **Bajar**, si quieres desplazarlo a la derecha.

◆ **Hacer que aparezcan o no etiquetas en los botones.** A través del cuadro de lista desplegable **Opciones de texto**, podrás decidir que todos los botones tengan etiqueta (**Mostrar etiquetas**), que sólo algunos la tenga (**Texto selectivo a la derecha**) o que ninguno la tenga (**Sin etiquetas**).

◆ **Decidir el tamaño de los iconos.** A través del cuadro de lista desplegable **Opciones de icono**, podrás decidir entre iconos grandes o pequeños.

Área de trabajo

Es la zona situada por debajo de las barras explicadas anteriormente y la barra de estado (explicada posteriormente), donde aparecerán los iconos, documentos, etc., con los que estés trabajando en dicha ventana. Si el contenido excede su tamaño, aparecerán a izquierda y/o a derecha, una barras de desplazamiento que te ayudarán a visualizar el resto del área. Posteriormente veremos cómo utilizarlas.

Barra de estado

Situada por debajo del área de trabajo, ofrece información referente a la aplicación que se esté ejecutando en la ventana, como número de archivos seleccionados, espacio disponible en una unidad, etc.

Botones Minimizar, Maximizar y Restaurar

Ya los mencionamos anteriormente cuando hablamos de la barra de título. Son los primeros del grupo de tres que están a la derecha de dicha barra. ¿Porqué hablamos de tres botones, cuando sólo son dos?. Porque, dependiendo del estado de la ventana, el segundo botón (el que está en el medio) se llamará Maximizar o Restaurar. Lo aclararemos.

Una ventana puede aparecer de tres formas distintas:

◆ Ocupando parte de la pantalla o del área de trabajo que contenga dicha ventana, situación que llamaremos *restaurada*.

◆ Ocupando toda la pantalla, lo que se conoce como *maximizada*.

◆ Como un botón en la barra de tareas o *minimizada*.

Tienes la posibilidad de modificar el estado de la ventana a través de los tres botones que nos ocupan.

El primero por la izquierda es el botón **Minimizar**. Si lo pulsas la ventana desaparecerá y se representará como un botón en la barra de tareas.

Si la ventana ocupa toda la pantalla (maximizada), el segundo botón se llamará **Restaurar**. Si lo pulsas, la ventana pasará a ocupar parte de la pantalla. En ese instante dicho botón se llamará **Maximizar**. Por tanto, al pulsarlo, la ventana volverá a ocupar toda la pantalla.

Puede parecer un poco lioso, pero pulsando dichos botones te aclararás sobre la misión de cada uno.

Por último, para restaurar una ventana minimizada (recuerda que puedes verla como un botón en la barra de tareas), sólo debes hacer clic sobre su botón en la barra de tareas.

Botón Cerrar

Es el botón que está más a la derecha en la barra de título y tiene dibujado en su interior una equis (X).

Si lo pulsas, cerrarás la ventana; por tanto sirve de alternativa al comando **Cerrar** de la mayoría de las aplicaciones.

Si la ventana es similar al **Panel de Control** o al **Explorador**, se cerrará sin más; pero, si la ventana es la de una aplicación, es posible que aparezca un cuadro de diálogo para guardar las modificaciones de los archivos que tengas abiertos en ella.

Botón Ayuda

Algunas ventanas tienen un botón que lleva dibujado en su interior un signo de interrogación (**?**), es el botón **Ayuda**.

Cuando lo pulsas, se incorpora dicho signo de interrogación al puntero, de tal forma que cada vez que hagas clic en algún elemento de la ventana, Windows ofrecerá una pequeña ayuda de su función.

Barras de desplazamiento

Es muy posible que los objetos que tengan que representarse en el área de trabajo excedan su tamaño. Si sucede esto, aparecerán a la derecha y/o por debajo de ella unas barras llamadas de desplazamiento con las que podrás ver el resto del área de trabajo.

La barra que puedes ver a la derecha se llama de desplazamiento vertical y está formada por dos botones en sus extremos: si pulsas el de la parte superior, hará que aparezca una línea más por la parte superior del área de trabajo o, lo que es lo mismo, los objetos se desplazarán hacia abajo.

De forma similar, si haces clic en el botón que se encuentra en su extremo inferior, aparecerá una línea un poco más abajo; es decir, los objetos se desplazarán hacia arriba.

Si pulsas repetidamente estos botones, se producirá un movimiento continuo del área hacia arriba o hacia abajo, respectivamente.

En la parte central de la barra podrás ver un botón, que puede ser de distinto tamaño, según la cantidad de información u objetos que haya en el área de trabajo. Si arrastras dicho botón hacia arriba o hacia abajo, el contenido de dicha área también se desplazará.

Para arrastrar este botón, deberás hacer clic con el botón izquierdo del ratón sobre él y, sin soltarlo, mover el ratón arriba o abajo.

Para finalizar, también puedes hacer clic en cualquier parte de dicha barra que no sea el botón que hemos mencionado anteriormente y también se desplazará el contenido del área.

La barra que está por debajo del área de trabajo se llama de desplazamiento horizontal, y su funcionamiento es similar a la vertical, salvo que el movimiento que se produce es a la izquierda y/o a la derecha en lugar de arriba o abajo.

> **Nota:** en algunas ventanas, sobre todo en las que contienen algún documento, es posible desplazarse a través de ellas pulsando la teclas Av Pág (para avanzar) y Re Pág (para retroceder).

Mover ventanas

Cuando las ventanas están restauradas o no ocupan la totalidad del escritorio, es posible que oculten algún objeto que desees tener también visible.

Este problema puedes resolverlo moviéndola con el ratón o con el teclado. Veamos cómo.

Mover ventanas con el ratón

Tal vez sea la forma más sencilla de hacerlo. Para ello utilizaremos la barra de título. Sigue los pasos indicados a continuación:

1   Sitúa el puntero del ratón sobre la barra de título de la ventana que quieras mover.

2   Haz clic con el botón izquierdo y no lo sueltes.

3   Mueve el ratón hacía la posición donde quieras dejar la ventana. Verás cómo a medida que lo desplazas, también la ventana se mueve.

4   Cuando la tengas situada en el lugar que quieras, suelta el botón del ratón y la ventana quedará en su nueva ubicación.

Prueba a hacerlo, por ejemplo, con la ventana de la calculadora. Para abrirla, pulsa el botón **Inicio**, despliega el menú **Programas**, seguidamente el menú **Accesorios** y haz clic sobre el comando **Calculadora**.

Mover ventanas con el teclado

Con el teclado tal vez te resulte más complicado, pero todo es cuestión de gustos. El procedimiento que hay que seguir es el siguiente:

1   Activa la ventana que quieras mover. Si no recuerdas cómo hacerlo, en la lección dedicada al Escritorio, se indica cómo activar una.

2   Pulsa **Alt+Barra espaciadora** para abrir el menú de control.

3   Pulsa la tecla **M**. En ese instante el puntero del ratón se convertirá en una flecha de doble punta.

4   Con las teclas del cursor, mueve la ventana hasta situarla en el lugar escogido.

5   Pulsa **Intro** y la ventana quedará ubicada en el lugar seleccionado.

Cambiar el tamaño de una ventana

Anteriormente, en este mismo capítulo, vimos cómo cambiar el tamaño de una ventana para que ocupe toda la pantalla o parte de ella, pero también es posible ajustar su tamaño según nos convenga, y no de forma fija.

Debes tener en cuenta que no se puede cambiar el tamaño de una ventana que esté maximizada.

> **Nota:** es posible que encuentres ventanas a las que no se les puede cambiar su tamaño. Se distinguen porque en su menú de control, el comando **Tamaño** está inhibido o porque, al situar el puntero del ratón en su marco, éste no se convierte en una flecha de doble punta. Éste es el caso de la ventana de la Calculadora.

Cambiar el tamaño de una ventana con el ratón

Puedes modificar el tamaño de la ventana por cualquiera de sus lados. Cuando escojas uno, sitúa el puntero del ratón en él. En el momento en que éste se convierta en una flecha de doble punta, haz clic con el botón izquierdo y, sin soltarlo, arrastra el ratón hacia fuera (para agrandarla) o hacia dentro (para empequeñecerla). Cuando tenga el tamaño que quieras, suelta el botón.

También puedes cambiar el tamaño de una ventana modificando dos de sus lados a la vez. Para ello, sitúa el puntero del ratón en la esquina común a dichos lados y, cuando el puntero se convierta en una flecha de doble punta, haz clic, mantén pulsado el botón izquierdo del ratón y arrástralo hacia fuera o hacia dentro; verás cómo ambos lados se agrandan o empequeñecen, respectivamente.

Cambiar el tamaño de una ventana con el teclado

Despliega el menú de control de la ventana pulsando **Atl+Barra espaciadora**; seguidamente pulsa la tecla **T**, con la que ejecutarás el comando **Tamaño**. A continuación pulsa la tecla de flecha de cursor que indique el sentido del cambio que quieras hacer (flecha derecha para cambiar el lado derecho, flecha izquierda para cambiar el lado izquierdo, etc.). Cuando el puntero del ratón se convierta en una flecha de doble punta, pulsa la misma tecla de flecha de cursor para modificar el tamaño. Al alcanzar el tamaño deseado, pulsa **Intro**.

Ventanas dentro de ventanas

Este apartado ha quedado un poco desfasado, ya que cada vez más aplicaciones, como por ejemplo Word 2000, crean una ventana distinta por cada documento que tengamos abierto al mismo tiempo.

Antes la mayor parte de las aplicaciones que permitían tener más de un archivo abierto a la vez, los mostraban en una única ventana, pero todas ellas estaban dentro de la ventana de la aplicación.

Ventana activa y foco

Cuando tienes varias ventanas abiertas a la vez en el Escritorio o dentro de una aplicación, tienes que saber en cada momento cuál es la activa, ya que cualquier operación que realices, le afectará. Para distinguir la ventana activa del resto, simplemente debes fijarte en el color azul de su barra de título, que contrasta con el gris de las restantes.

Algunas aplicaciones de Windows ME, en lugar de llamarla ventana activa, dicen que tiene el foco.

Recuerda que tan sólo puede haber una a la vez en esta situación.

Los cuadros de diálogo

Todas las aplicaciones de Windows ME utilizan para comunicarse contigo, además de las ventanas, cuadros de diálogo. Con ellos podrás escoger distintas opciones, introducir texto, te avisarán de algún tipo de circunstancia, etc. Estos están llenos de componentes como cuadros de texto, botones de comando, de opción, casillas de verificación, etc.

El objetivo de este apartado es que aprendas a utilizarlos y sepas en cualquier momento cómo puedes escoger una opción.

Por principio existen dos tipos de cuadro de diálogo:

◆ Modales: son aquéllos que no permiten utilizar ningún otro elemento de la aplicación hasta que salgas de ellos. Se distinguen fácilmente, ya que, si haces clic fuera de ellos y dentro de la ventana de la aplicación a la que pertenecen, no recibirás respuesta. Un ejemplo es el cuadro de diálogo **Abrir** de WordPad, al que accedes ejecutando el comando **Archivo**, **Abrir**, en dicha aplicación.

◆ No modales: este tipo de cuadro de diálogo permite cambiarte a otra parte de la aplicación sin tener que cerrarlo. Un ejemplo es el que aparece al ejecutar el comando **Archivo**, **Propiedades** en el Explorador de Windows ME.

Moverse por un cuadro de diálogo

Cuando abres un cuadro de diálogo, siempre hay una de las opciones que es la que está activa o tiene el foco.

Para introducir datos en otra opción o situarte simplemente en ella, debes mover el foco hacia ella o, lo que es lo mismo, activarla.

Si utilizas el ratón, la forma más sencilla es haciendo clic sobre ella. En cambio, si utilizas el teclado, podrás cambiarte de una a otra, pulsando la tecla Tab (para avanzar) y Mayús+Tab (para retroceder).

Nota: cuando haces clic en una opción, puedes cambiar su valor; ten en cuenta esto, para no hacer ninguna modificación sin que te des cuenta.

La opción o control que está activa o tiene el foco, generalmente estará rodeada de puntos, como es el caso de la opción **Ajustar a la regla**, en la figura 4.11.

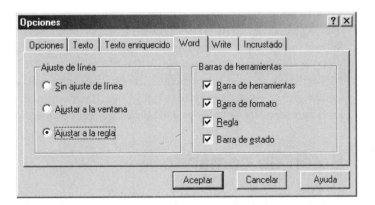

Figura 4.11. *Cuadro de diálogo* **Opciones**

Otras veces sabrás que está activa una determinada opción, porque su contenido está resaltado en vídeo inverso, como es el caso del cuadro **Fuente** (figura 4.12). Normalmente la etiqueta de la opción lleva una letra subrayada; si es así, puedes cambiar su valor o activarla pulsando directamente dicha tecla, a no ser que te encuentres en un cuadro de texto, en cuyo caso tendrás que mantener pulsada la tecla Alt y pulsar dicha letra.

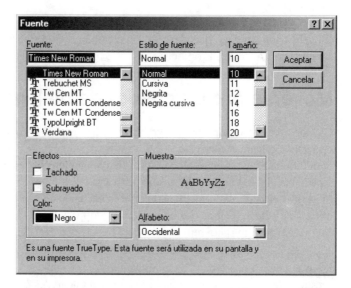

Figura 4.12. *Cuadro de diálogo* **Fuente**

Casillas de verificación

Están formadas por un pequeño cuadrado y una etiqueta a su lado que indica la opción que puedes activar o desactivar.

Si tiene una marca en su interior, indica que está activada; por el contrario, si está vacía, significa que está desactivada.

Para activarla, simplemente deberás hacer clic sobre ella o, si quieres hacerlo con el teclado, sitúate en ella con la tecla Tab y pulsa Barra espaciadora.

En la parte derecha de la figura 4.11, tienes ejemplos de este tipo de control.

Botón de comando

Representan funciones inmediatas, tales como cerrar un cuadro de diálogo, acceder a una ayuda, etc. Los que verás con mayor frecuencia son **Aceptar** y **Cancelar** (figura 4.11 ó 4.12).

Para activar un botón de este tipo, deberás hacer clic sobre él o pulsar Intro cuando tenga el foco. En el caso del botón **Cancelar**, puedes pulsar la tecla Esc.

En cualquiera de los dos casos se vuelve a la aplicación, con la diferencia de que en el caso del botón **Aceptar**, implica que das por buenas todas las modificaciones que realizaste en el cuadro de diálogo. Por el contrario, con el botón **Cancelar**, abandonas todos los cambios realizados.

Botón de opción o de radio

Este tipo de control aparece cuando debes escoger entre varias opciones que son excluyentes entre sí, como por ejemplo, en la figura 4.11, las opciones del grupo **Ajuste de línea**.

Si haces clic sobre otra opción, su botón se activará y dejará de estarlo el que estaba seleccionado hasta ese instante.

Si prefieres hacerlo con el teclado, pulsa la tecla Tab hasta situarte en el grupo de opciones y seguidamente utiliza las flechas de cursor para activar la que quieras.

Pestañas

Sirven para separar opciones clasificándolas en grupos en un mismo cuadro de diálogo. Tienes un ejemplo de ellas en la figura 4.11. Para activar una pestaña tienes que hacer clic sobre su nombre o, si utilizas el teclado, pulsa Tab hasta resaltar su nombre y seguidamente las flechas de cursor para moverte entre ellas.

Cuadro de texto

Son rectángulos en blanco que te permiten introducir cualquier clase de texto. Para hacerlo, debes situar el cursor haciendo clic sobre él. Lo más normal es que estén vacíos y seas tú el que debe introducir la información.

En la figura 4.12, el cuadro **Fuente** es de este tipo. En este caso ya tiene una cadena de texto, pero puedes teclear los caracteres que quieras.

Cuadro de lista

Este elemento está formado por un cuadro en el que aparecen distintos valores para la opción en cuestión. Si éstos exceden el tamaño que ocupa dicho cuadro, a su derecha podrás ver una barra de desplazamiento vertical, que podrás utilizar para ver el resto de valores. Para seleccionar uno, tendrás que hacer clic sobre él. Tienes un ejemplo de este tipo de control en la opción **Fuente** de la figura 4.12.

Cuadro combinado

Este control es una mezcla de cuadro de texto y cuadro de lista. En la figura 4.12, la opción **Fuente** dispone de un cuadro de este tipo. Combinados ambos sucede que, al seleccionar un valor, éste pasa al cuadro de texto.

Cuadro de lista desplegable

Es parecido a un cuadro de lista aunque se diferencia en que sólo se ve el valor seleccionado, el resto permanece oculto. Si necesitas verlos, deberás hacer clic sobre el botón que tiene a su derecha. Para seleccionar otro valor, debes mover el puntero del ratón por la lista y seleccionar el que quieras haciendo clic sobre él, cuando aparezca en vídeo inverso.

En la figura 4.12 puedes observar un ejemplo de este tipo de control en la opción **Color**.

Botones giratorios

Se suele utilizar para introducir valores dentro de un rango. Este control consta de un cuadro de texto y, a su derecha, dos pequeños botones: el de arriba incrementa el valor y el de abajo lo disminuye. Si los mantienes pulsados, el valor se incrementará o disminuirá de forma continuada. También puedes introducir directamente un valor en su cuadro.

Si ejecutas el comando **Archivo**, **Imprimir** en la aplicación WordPad (consulta en la lección dedicada a los accesorios cómo llegar hasta ella), verás cómo la opción **Número de copias** es un control de este tipo.

Barra deslizadora

Este control es adecuado cuando hay que elegir entre valores continuos. Para seleccionar un valor distinto, debes hacer clic sobre su botón y, sin soltar el botón del ratón, arrastrarlo hacia la derecha o izquierda.

Tienes un ejemplo de este control en la pestaña **Configuración** del cuadro de diálogo **Propiedades de Pantalla** (figura 4.13), al que puedes acceder haciendo clic derecho sobre el escritorio y haciendo clic sobre el comando **Propiedades**.

Cuadros de diálogo estándar

Windows ME proporciona dos cuadros de diálogo estándar: **Abrir** y **Guardar** (o **Guardar como**). Esto significa que, en la mayoría de las aplicaciones con las que trabajarás, dichos cuadros de diálogo son iguales o muy parecidos, lo que te facilitará bastante la labor. Incluso entre ellos dos las diferencias son muy pocas. Fíjate en las figuras 4.14 y 4.15: son los cuadros de diálogo **Abrir** y **Guardar como** de la aplicación WordPad.

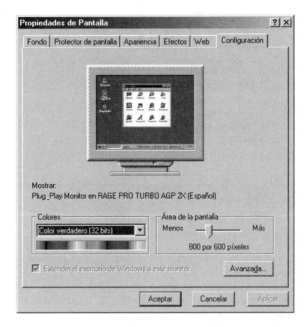

Figura 4.13. Cuadro de diálogo **Propiedades de Pantalla**

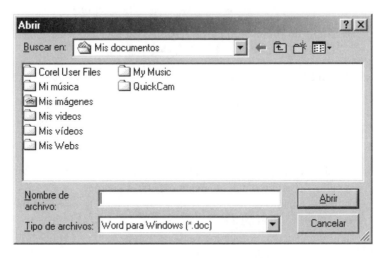

Figura 4.14. Cuadro de diálogo **Abrir**

El cuadro de lista que está en la parte superior se llama **Buscar en** (en el primero) y **Guardar en** (en el segundo). Así, los dos permiten seleccionar una carpeta, uno para buscar un archivo y otro para guardarlo.

Figura 4.15. *Cuadro de diálogo* **Guardar como**

Los botones que se encuentran situados a su derecha son los mismos. Los vemos a continuación:

◆ **Ir a última carpeta visitada**: te sitúa en la última carpeta que seleccionaste. Además si vuelves a pulsarlo, te situará en la anterior y así sucesivamente.

◆ **Subir un nivel**: si lo pulsas te situará en la carpeta que está un nivel por encima de la que tienes seleccionada en ese instante.

◆ **Crear nueva carpeta**: permite crear una carpeta nueva para organizar los archivos.

◆ **Menú Ver**: mediante éste, se puede modificar la forma de ver los iconos en el panel central.

Por debajo del panel central, ambos tienen un cuadro de texto para que teclees el nombre del archivo que quieres recuperar o guardar.

El último cuadro de lista desplegable sirve para seleccionar el tipo de archivo, que se recuperará o se guardará.

Tenlos en cuenta, porque los verás muy a menudo en algunas utilidades de Windows ME y en otras aplicaciones que instales.

Nota: es posible que en otras aplicaciones estos cuadros tengan más botones u opciones, pero éstas que hemos explicado anteriormente son básicas y las encontrarás en todos.

Los menús

Como habrás podido comprobar en el tiempo que llevas trabajando con Windows ME, otro de los elementos de los que te sirves para ejecutar aplicaciones, comandos o herramientas son los menús.

Ya hemos visto algún ejemplo de ellos, como los menús **Inicio**, **Programas**, el menú de control de las ventanas o los menús contextuales. Pero la misión de este apartado no es fijarnos en el contenido, sino en cómo funcionan y cuáles son sus elementos característicos. De forma general, los menús se abren pulsando un botón que los despliega. En el caso de **Inicio** (figura 4.16), sería el botón que lleva su mismo nombre en la barra de tareas.

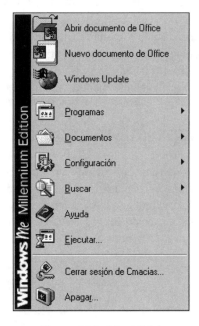

Figura 4.16. *Menú **Inicio***

Para moverte por un menú, debes mover el ratón sobre sus comandos y opciones. Cada vez que sitúes el puntero sobre uno de ellos, se resaltará en vídeo inverso. Como te habrás dado cuenta, a la derecha de los nombres de comandos puede haber o no otros símbolos que nos informan de la clase de comando que es.

Cuando no hay ningún símbolo, indica que es un comando de ejecución directa, lo que significa que si haces clic en él, se ejecutará una utilidad, herramienta u opción. A continuación veremos los que tienen algún símbolo a su derecha.

Comandos que abren submenús

Si un comando tiene una flecha a su derecha, como es el caso de **Programas** en el menú **Inicio**, indica que, al seleccionarlo (no olvides situar el puntero sobre él), se desplegará otro menú (o submenú).

Para seleccionar una opción o comando de dicho submenú tendrás que mover el puntero hasta resaltarlo en vídeo inverso.

Dentro de los submenús también puedes tener comandos que abren a su vez otros submenús y así sucesivamente, como es el caso del comando **Accesorios** del menú **Programas**.

Comandos que abren cuadros de diálogo

Cuando a la derecha de su nombre, un comando tenga tres puntos (o lo que también se conoce como puntos suspensivos o elipsis), indica que al hacer clic sobre él se abrirá un cuadro de diálogo.

Este es el caso del comando **Ejecutar** del menú **Inicio**.

Comandos interruptores

Son comandos que activan o desactivan una opción que, generalmente, afecta al comportamiento de la ventana o aplicación donde estén.

Un ejemplo de este tipo lo tienes haciendo clic derecho sobre la barra de herramientas de la ventana de cualquier carpeta (figura 4.17).

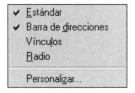

Figura 4.17. *Menú contextual de la barra de herramientas de una ventana*

Al hacerlo, se desplegará un menú contextual en el que podrás decidir qué barras de herramientas se visualicen.

Todas aquellas que se encuentran activas tienen una marca a la izquierda de su nombre. Si quieres inhibir alguna, haz clic sobre su nombre: la marca desaparecerá y se cerrará el menú.

Combinaciones de teclas de elementos de menús

También es posible ver a la derecha de un comando de menú una combinación de teclas. Ésta indica una forma de ejecutar dicho comando sin tener que acceder al menú. Por ejemplo, si haces clic sobre el menú **Edición** de la barra de menús de cualquier carpeta, podrás ver, por ejemplo, que para copiar puedes utilizar la combinación **Ctrl+C**.

La barra de menús

Todas las ventanas disponen de una barra de menús en la que se distribuyen todos los comandos de la aplicación o que se pueden utilizar en una carpeta.

Aunque dicha barra dependerá de la aplicación que tengamos abierta, hay algunos de los menús que se llamarán igual en casi todas y que incluso contendrán comandos muy parecidos. Éste es el caso de los menús **Archivo**, **Edición** (o **Editar**), **Ver** y **Ayuda** (o **?**), que incluso suelen estar en la misma posición de la barra de menús. Veamos qué suelen tener cada uno.

◆ **Archivo**: contiene comandos para abrir, guardar, cerrar e imprimir. También es normal que contenga un grupo, con los nombres de los archivos que se han abierto recientemente. En la figura 4.18 aparece el menú **Archivo** de WordPad.

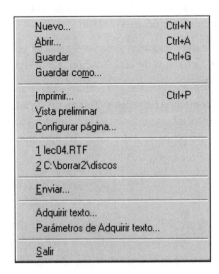

Figura 4.18. *Menú* **Archivo** *de WordPad*

Nota: cuando veas en un menú que un comando se escribe en gris en lugar de en negro, se dice que está inhibido, lo que significa que no puedes utilizarlo. En la figura 4.19 puedes ver, por ejemplo, el comando **Pegar**, que está inhibido.

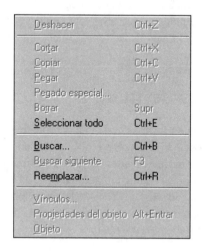

Figura 4.19. Menú **Edición** de WordPad

◆ **Edición**: contiene comandos como **Deshacer**, **Cortar**, **Copiar**, **Pegar**. Alguno de ellos también contiene comandos para buscar y sustituir. En la figura 4.17 puedes ver el menú **Edición** de WordPad.

◆ **Ver:** contiene comandos para configurar la visualización de los archivos y de distintos elementos de la aplicación. En la figura 4.20 puedes ver el menú **Ver** de WordPad.

◆ **Ayuda**: contiene el comando **Temas de Ayuda,** que lleva a la ayuda de la aplicación. También tiene un comando llamado **Acerca de ...,** a través del cual puedes saber los derechos de autor de dicha herramienta o aplicación.

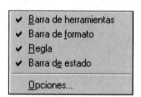

Figura 4.20. Menú **Ver** de WordPad

Nota: otro menú que aparece frecuentemente en las aplicaciones ofimáticas (procesadores de textos, hojas de cálculo, etc.) es el llamado **Ventana**. Fundamentalmente se utiliza para configurar la forma en la que aparecerán las ventanas hijas que contienen documentos, hojas, etc.

Trabajar con los menús

Todos los menús se manejan de la misma forma, independientemente de su contenido. Tanto si utilizas el ratón como el teclado, las tres operaciones básicas que debes aprender para saber trabajar con ellos son:

◆ Seleccionar un menú.

   ◆ Con el ratón: sitúa el puntero del ratón sobre el nombre del menú que quieras abrir y haz clic sobre él.

   ◆ Con el teclado: fíjate cómo todos los nombres de menús tienen una letra subrayada. Ésta nos servirá para seleccionarlo con el ratón. Para hacerlo, pulsa **Alt+letra subrayada**.

◆ Moverte de un menú a otro.

   ◆ Con el ratón: una vez que hayas abierto un menú de la barra, tienes más fácil moverte de uno a otro, ya que desde ese momento, si mueves el puntero hacia el nombre de otro menú, se desplegarán sus opciones sin necesidad de pulsar nada.

   ◆ Con el teclado: una vez que hayas seleccionado un menú, si quieres pasar a otro, utiliza las teclas de flecha del cursor.

◆ Seleccionar o ejecutar un comando.

   ◆ Con el ratón: una vez que tengas el menú desplegado, mueve el puntero hasta resaltar en vídeo inverso su nombre y haz clic.

   ◆ Con el teclado: una vez que tengas abierto el menú, utiliza las teclas de flecha del cursor, hasta resaltarlo en vídeo inverso y pulsa **Intro**, o bien, pulsa la tecla de la letra que tenga subrayada su nombre.

Configurar la barra de tareas y el menú Inicio

Para poder trabajar con Windows ME has de hacer uso de los elementos que puedes ver con la pantalla del ordenador. Además de los iconos que aparecen en el escritorio, puedes acceder a los programas mediante el menú **Inicio**, y a otros desde la propia barra de tareas.

Vamos a ver en detalle cómo puedes hacer que tanto la barra de tareas como el menú **Inicio** tengan el aspecto que tú deseas.

En esta lección aprenderás a:

■ Conocer los elementos de la barra de tareas y del menú **Inicio**.

■ Configurar la barra de tareas.

■ Configurar el menú **Inicio**.

La barra de tareas y el menú Inicio

La barra de tareas de Windows ME es la barra que aparece sobre la parte inferior del Escritorio (figura 5.1).

Figura 5.1. *La barra de tareas*

Esta barra tiene varias funciones, como vamos a ver con detalle:

◆ Permite acceder al menú **Inicio**.

◆ Permite ejecutar ciertos programas que aparecen representados en ella.

◆ Muestra los programas que tienes en ejecución.

◆ Permite acceder al reloj y a otros elementos del sistema en ciertos momentos, como impresora, módem o escáner, si los tuvieras, claro está.

El menú **Inicio** (figura 5.2) proporciona el acceso a las funciones principales del sistema. Se abre haciendo clic en el botón **Inicio**. Está dividido en tres partes principales, que veremos con detalle a lo largo de esta lección.

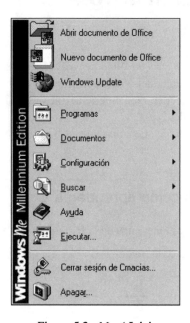

Figura 5.2. Menú Inicio

La barra de tareas

Hemos citado a grandes rasgos los elementos de la barra de tareas en la lección dedicada al Escritorio.

Ahora los veremos en profundidad y aprenderemos a configurarla.

Para que te quede más claro te diremos que la barra de tareas está dividida en tres zonas: a la izquierda, la zona donde se encuentra el botón **Inicio**; la parte central, donde verás un botón por cada uno de los programas que tengas ejecutados en cada instante y las distintas barras de herramientas que podemos utilizar (ya las explicaremos posteriormente); y a la derecha, otra zona donde aparecerán distintos programas que se están ejecutando en ese instante como antivirus, programas que gestionan periféricos (como impresoras, escáners, módems, entre otros) y el reloj del sistema.

Si en algún momento necesitas configurar la barra de tareas y sus componentes, puedes utilizar su menú contextual (figura 5.3).

En los siguientes apartados veremos con más detenimiento cada opción de dicho menú.

Nota: para ver el menú contextual de la barra de tareas has de pulsar con el botón derecho del ratón sobre una zona de la barra que no sea ningún elemento de la misma. Si haces clic sobre algún icono o botón, el menú contextual será de dicho elemento.

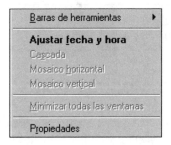

Figura 5.3. *Menú contextual de la barra de tareas*

Debes tener en cuenta que el contenido del menú contextual será diferente si haces clic en un lugar de la zona central de la barra de tareas, o en otro que sea de la barra de herramientas **Inicio rápido**, por ejemplo. Tú mismo puedes apreciar la diferencia comparando las figuras 5.3 y 5.4.

A continuación te indicamos las opciones tomando como referencia el menú de la figura 5.4.

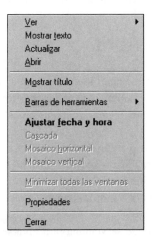

Figura 5.4. *Menú contextual de la barra de tareas al hacer clic sobre la barra de herramientas* **Inicio rápido**

Comando Ver

El comando **Ver** aparece cuando se hace clic derecho en una de las barras de herramientas, por ejemplo la barra **Inicio rápido,** y te permite indicar si deseas ver los iconos de dicha barra en un tamaño pequeño o grande. Prueba ambos modos y selecciona el que más te guste.

> **Nota:** en un apartado posterior veremos cómo activar otras barras de herramientas de la barra de tareas.

Comando Mostrar texto

Este comando, al igual que el anterior, también aparece en el menú contextual de una barra de herramientas y obliga a Windows ME a que en la barra de tareas aparezca el texto que puedes ver normalmente cuando sitúas el puntero del ratón sobre un icono de ésta. Esta opción no parece muy interesante, ya que el texto ocupa demasiado sitio y la manipulación de la barra se complica al tener que usar las flechas de desplazamiento.

Comando Actualizar

Este comando refresca el contenido de la barra de tareas, por si no se ha actualizado la información que debe suministrar de la forma adecuada.

Comando Abrir

Este comando aparece en el menú contextual de las barras de herramientas **Inicio rápido** y **Vínculos** y abre las ventanas **Inicio rápido** (figura 5.5) y **Vínculos** (figura 5.6), respectivamente. Dichas ventanas muestran los elementos que hay en cada una de ellas.

En el caso de la barra **Inicio rápido**, por omisión, contiene un acceso directo a **Internet Explorer**, a **Microsoft Outlook**, al comando **Mostrar el escritorio** y al **Reproductor de Windows Media**.

En el caso de la barra **Vínculos,** aparecen accesos a la **Guía de canales, HotMail gratuito**, entre otros.

En ambos casos desde su ventana pueden añadirse nuevos elementos mediante el comando **Archivo, Nuevo**. Estos elementos pueden ser de muchos tipos, desde un acceso directo a cualquier programa hasta archivos realizados con aplicaciones.

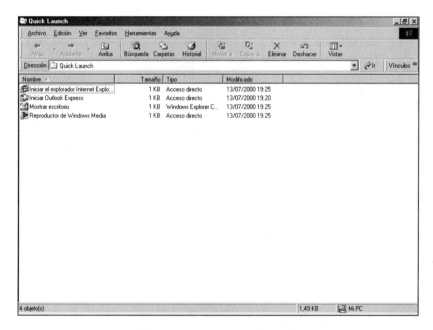

Figura 5.5. Ventana **Inicio rápido**

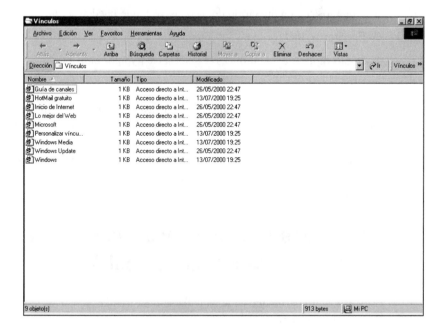

Figura 5.6. Ventana **Vínculos**

Por el contrario, si quieres eliminar algún elemento de dichas barras, debes hacer clic sobre su nombre en la ventana en cuestión y pulsar la tecla Supr.

Normalmente, la barra **Inicio Rápido** se utiliza para ejecutar programas de forma rápida, pero también puede incluir algún archivo con el que estés trabajando constantemente.

Comando Mostrar título

Este comando hace que en la barra de tareas aparezca el nombre de la barra de herramientas a la izquierda de los elementos de la misma.

Comando Barras de herramientas

Con este comando podrás activar las distintas barras de herramientas que puedes utilizar en la barra de tareas, que son:

◆ **Dirección**. Si la activas aparecerá la misma barra de direcciones que en las ventanas de carpetas o el Explorador de Windows ME. Desde ella podrás teclear la dirección de una página Web para conectarte a ella.

◆ **Vínculos**. Es un directorio de páginas Web que pueden ser útiles.

◆ **Escritorio**. Incluye todos los iconos que hay en el Escritorio.

◆ **Inicio rápido**. Esta última es la que está activa por omisión. Ya la hemos explicado anteriormente.

Si eres un usuario que tienes una conexión casi permanente con Internet y necesitas acceder a muchas páginas, puede que te interese activar la barra de herramientas **Dirección**.

De igual forma, si en **Vínculos** tienes direcciones a las que te conectas constantemente, activar esta barra de herramientas puede que te resulte cómodo a la hora de trabajar.

Comandos Cascada, Mosaico horizontal y Mosaico vertical

Estos comando hacen que en la pantalla se muestren las ventanas de los programas abiertos de esa forma.

Pruébalos y observa el efecto que consiguen.

Comandos Minimizar todas las ventanas y Deshacer Minimizar todo

Ejecutando el primer comando, todas las ventanas se minimizan y únicamente aparecerá el icono de ellas en la barra de tareas. Mediante el segundo comando se deshace la acción del anterior y se vuelven a mostrar las ventanas como las tenías anteriormente.

Estos comandos equivalen a hacer clic en el icono **Mostrar escritorio** de la barra **Inicio rápido**. La primera vez que haces clic se minimizan todas y con el siguiente clic aparecen como estaban antes.

Comando Propiedades

Este comando muestra una ventana que vamos a tratar ampliamente en el apartado **Configurar la barra de tareas** que veremos en esta misma lección.

Comando Cerrar

Este comando cierra la barra de herramientas desde la cual se ha desplegado el menú contextual. Aparecerá una ventana para que confirmes el cierre o no.

Si la cierras y la deseas volver a abrir, selecciona el comando **Barras de herramientas** de nuevo.

Mover la barra de tareas

Para mover la barra de tareas no hay un comando del menú contextual. Si quieres hacerlo, debes hacer clic en un lugar libre de la misma y arrastrarla al lado de la pantalla en el que desees ponerla (figura 5.7).

La posición de la barra puede ser en cualquier margen de la pantalla, pero su lugar habitual es la parte inferior.

Cambiar el tamaño de la barra

Si deseas ampliar su tamaño (figura 5.8) sin modificar el tamaño de los iconos, sitúa el puntero del ratón en la parte superior de la barra y, cuando el puntero cambie a la forma de doble flecha vertical, haz clic con el botón izquierdo del ratón y arrástralo hasta que tenga el tamaño que deseas (sin soltar el botón del ratón).

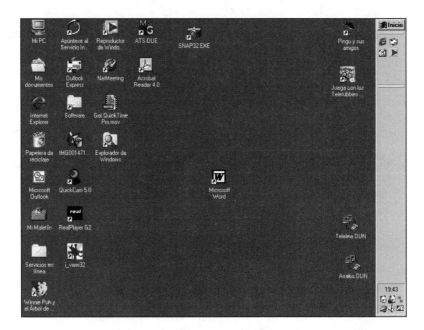

Figura 5.7. *Barra de tareas en otra posición*

Figura 5.8. *Barra de tareas con otro tamaño*

> **Nota:** la ampliación de la barra de tareas interesa hacerla cuando tienes varias barras de herramientas abiertas, de modo que tengan suficiente espacio para que se pueda trabajar cómodamente con ellas.

Indicadores en la barra de tareas

En el margen derecho de la barra de tareas están los indicadores y controles del sistema (figura 5.9).

En esta parte encontrarás un icono que representa al reloj. Si haces doble clic sobre su icono, aparecerá el cuadro de diálogo **Propiedades de Fecha y hora**, en el que podrás cambiar la hora y fecha.

Figura 5.9.   *Parte derecha de la Barra de tareas*

Es normal que aparezcan otros iconos, como por ejemplo un altavoz, si tienes una tarjeta de sonido, con el que podrás controlar el nivel de volumen, una impresora si estás imprimiendo, un ordenador unido a otro si estás conectado a Internet, etc. Alguno de estos iconos informan brevemente si sitúas el puntero sobre ellos; por ejemplo, si sitúas el puntero sobre el reloj, aparecerá la fecha del día.

Ten en cuenta que es posible no encontrar los mismos iconos en esta parte de la barra de tareas en ordenadores distintos, el de tu trabajo y el de tu casa por ejemplo. Principalmente debido a que pueden no tener los mismo componentes (módem, escáner, impresora, etc.)

Configurar la barra de tareas

La barra de tareas puedes configurarla para que en la pantalla se muestre de forma distinta a la que presenta Windows ME por omisión.

Selecciona el comando **Inicio**, **Configuración**, **Barra de tareas y menú Inicio** y observa el cuadro de diálogo que se muestra, **Propiedades de Barra de tareas y menú Inicio** en la cual aparece en primer plano la pestaña **General** (figura 5.10).

> **Nota:** a este cuadro de diálogo también es posible llegar a través de la opción Propiedades del menú contextual de la barra de tareas.

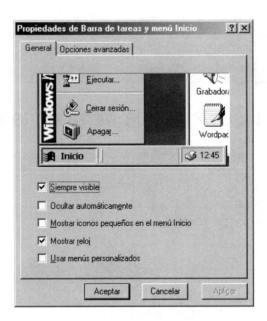

Figura 5.10. Cuadro de diálogo **Propiedades de Barra de tareas y menú Inicio**

En la parte superior se muestra una vista previa de la barra de tareas. Veremos cómo, según selecciones las opciones inferiores, el contenido de esta vista previa cambiará. Por omisión están activas las casillas de verificación **Siempre visible** y **Mostrar Reloj**. Estas casillas hacen que la barra de tareas siempre esté visible y, en la parte derecha de la misma, se muestre el reloj. Las dos primeras opciones permiten indicar cómo deseas que se muestre la barra de tareas. Dispones de las siguientes opciones:

◆ **Estando la primera seleccionada y no la segunda**: la barra se muestra siempre por omisión, ya que Windows ME reserva el espacio inferior para que lo ocupe. De esta forma, si alguna ventana intenta ocupar esta parte de la pantalla, ese trozo no se mostrará (se sitúa detrás de la barra de herramientas).

◆ **Si no están seleccionadas estas opciones**: la barra se muestra siempre, pero las ventanas se sobrepondrán sobre la barra, tapando el trozo de la barra que tengan en común.

◆ **Cuando la segunda opción está seleccionada**: la barra se oculta en la parte inferior dejando el máximo de la pantalla disponible para otras aplicaciones. Cuando se arrastra el puntero del ratón sobre la parte inferior de la pantalla, aparece de nuevo la barra de tareas. Según esté seleccionada la primera opción o no, al mostrarse la barra de tareas, ésta se visualizará sobre las ventanas que ocupen ese espacio o no se superpondrá, quedando en este último caso parte de ella oculta tras las ventanas.

La tercera opción hace que los iconos y los nombres que muestra el menú **Inicio** se muestren grandes o pequeños. Esta opción es cuestión de gustos y depende de lo cómodo que resulten para tu vista los dibujos y el texto.

A medida que selecciones las opciones podrás ver los cambios en el cuadro de **Vista previa** que está en la parte superior del cuadro de diálogo **Propiedades de Barra de tareas y menú Inicio**. Si quieres realizar algún cambio y continuar en el cuadro de diálogo, pulsa el botón **Aplicar**. Si, en cambio, quieres hacer permanente el cambio y salir a la vez, pulsa el botón **Aceptar**.

El menú Inicio

Cuando seleccionas el botón **Inicio** de la barra de tareas se despliega dicho menú. Desde las opciones que puedes ver en él accederás a las funciones principales que tiene tu ordenador y los elementos conectados a él.

En el menú **Inicio** hay tres partes diferenciadas por omisión, las cuales vamos a ver con detalle (figura 5.11).

En primer lugar vamos a ver en conjunto los comandos de la parte inferior, que hacen relación a todo lo referente a reiniciar el ordenador y a apagarlo.

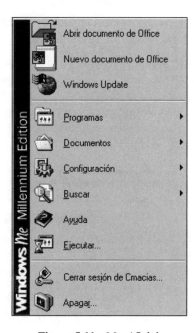

Figura 5.11. Menú Inicio

A continuación vamos a ver los comandos que permiten gestionar el sistema. Estos comandos los vamos a tratar uno a uno debido a su gran importancia.

Por último vamos a tratar los comandos que aparecen en la parte superior del menú **Inicio**. Estos comandos suelen ser programas muy específicos, que aparecen aquí porque los programas que los instalan así lo hacen.

Reiniciar y apagar el sistema

Aunque en la lección del escritorio también se trata, vamos a volver a ver una cosa tan importante como es apagar el ordenador de la forma adecuada mediante los comandos del menú **Inicio**. La parte inferior de este menú está dedicada a los comandos con los que puedes apagar el ordenador o reiniciarlo (figura 5.12). Vamos a verlos uno por uno, pero si observas que en tu monitor no aparecen todos los que indicamos no te inquietes, ya que algunos son exclusivos de ordenadores que están conectados a una red o que tienen configurados varios usuarios.

El comando **Apagar** muestra un cuadro de lista desplegable con varias opciones:

◆ **Apagar**: cierra todos los programas y apaga el ordenador. Dependiendo del ordenador que tengas, se apagará físicamente de forma automática la unidad central o, en otros casos, en la pantalla se indicará que ya puedes pulsar el botón de apagado de la citada unidad central.

◆ **Reiniciar**: cierra todos los programas y el ordenador vuelve a ponerse en funcionamiento como si acabara de encenderse.

◆ **Suspender**: este comando hace que el ordenador quede en situación de máximo ahorro de energía. Si le tienes conectado un módem para que actúe como fax o si tienes activa alguna tarea para que se realice mientras está en esta situación, el ordenador se volverá a activar normalmente y volverá a funcionar, como lo hace habitualmente para poder realizar el trabajo encomendado.

*Figura 5.12. Cuadro de diálogo **Salir de Windows***

Para seleccionar una u otra, deberás hacer clic sobre el botón de flecha que está a su derecha, situar el puntero en la opción que desees y hacer clic. Por último, para llevar a cabo la operación, simplemente deberás hacer clic sobre **Aceptar**.

> **Nota:** asegúrate de la opción seleccionada, ya que es bastante normal hacer clic directamente sobre el botón **Aceptar** cuando queremos apagar el ordenador sin mirar la opción seleccionada. En el caso de que tuvieras la opción **Reiniciar** seleccionada, volvería a iniciarse el ordenador. Este es la solución al "enigma" que plantean algunos usuarios cuando nos indican que su ordenador no se apaga nunca.

Por último, la opción **Cerrar sesión** sólo es necesaria cuando más de un usuario utiliza el mismo ordenador. Ésta es la forma de cerrar los programas abiertos, para que, a continuación, puedas indicar el nombre y la contraseña de otro usuario.

Cuando ejecutas el comando aparece un cuadro de diálogo para que lo confirmes.

Programas

Mediante el menú **Programas** (figura 5.13) puedes acceder a casi todas las aplicaciones instaladas en el ordenador.

*Figura 5.13. Menú **Programas***

En él podrás encontrar programas como Internet Explorer o carpetas en las que Windows ME guarda bastantes programas que permiten realizar un mantenimiento y una gestión adecuada del ordenador, como por ejemplo:

◆ Accesorios.

◆ Inicio.

◆ Servicios en línea.

◆ Internet Explorer.

Obviamente, en cualquier ordenador que veas el menú **Programas** podrá tener más o menos elementos que los citados anteriormente. Esto se debe a que todos los programas que instales en el ordenador aparecerán también en este menú, directamente en él o dentro de submenús.

Documentos

Este menú (figura 5.14) se divide en dos zonas: la superior tiene dos opciones para acceder al contenido de las carpetas **Mis documentos** y **Mis imágenes**.

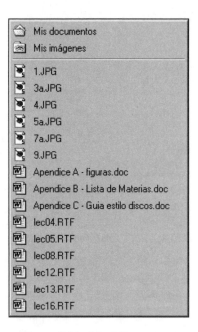

*Figura 5.14. Menú **Documentos***

Al seleccionar cada una de ellas aparecerá en pantalla una ventana con los archivos que guarda.

La segunda zona, la inferior muestra el nombre de los últimos documentos con los que has trabajado, de modo que, si lo seleccionas, haces que Windows ME ejecute la aplicación con la que lo has creado y que lo abra directamente.

Por ejemplo, al encender el ordenador esta tarde, hemos seleccionado en el menú **Documentos** un archivo realizado con Word 2000 llamado Configurar la barra de tareas y el menú Inicio (que es esta lección que estás leyendo). De esta forma, hemos conseguido que se ejecute Word 2000 y que en su ventana de trabajo aparezca el citado archivo.

Si no lo hubieramos hecho de esta forma, tendríamos que haber localizado Word 2000 en el menú **Programa** y posteriormente deberíamos haberle indicado a Word que lo abriese.

Configuración

El menú **Configuración** (figura 5.15) permite configurar todo el ordenador. Como este asunto es muy amplio, te vamos a indicar algunos aspectos generales de los comandos que hay en él y la referencia de la lección o apartado en el que se trata con profundidad.

◆ El comando **Panel de control** te permite acceder a la configuración general del ordenador, que se trata en la lección 8.

◆ El comando **Acceso telefónico a redes** con el que podrás configurar una conexión a Internet lo trataremos en la lección 13.

◆ El comando **Impresoras** te permite configurar todo lo concerniente a las impresoras que puedes utilizar desde tu ordenador, lo cual se trata con detalle en la lección 9.

◆ El comando **Barra de tareas y Menú Inicio** lo hemos tratado en un apartado anterior de esta misma lección.

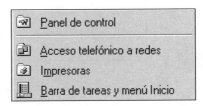

*Figura 5.15. Menú **Configuración***

Buscar

El menú **Buscar** (figura 5.16) surge ante la necesidad de poder localizar cierta información. Dispones de las siguientes opciones:

◆ **Archivos y carpetas**. En el capítulo dedicado al Explorador de Windows vemos cómo buscar archivos y carpetas en un disco duro, algo que deberías conocer.

◆ **Internet**. Abre una conexión y te permite buscar lo que quieras en la red de redes.

◆ Usando el **Indizador rápido**. Abre la ventana **Indizador rápido** para buscar información en tu ordenador.

◆ **Personas**. Te permite acceder a la **Libreta de direcciones** que se utiliza con el correo electrónico de Internet que tengas configurado e incluso utilizar los servicios que facilitan ciertos servidores de Internet. Para ello debes indicar, en la ventana que aparece (figura 5.17), alguno de los datos que conozcas de dicha persona y comenzar la búsqueda.

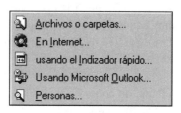

*Figura 5.16. Menú **Buscar***

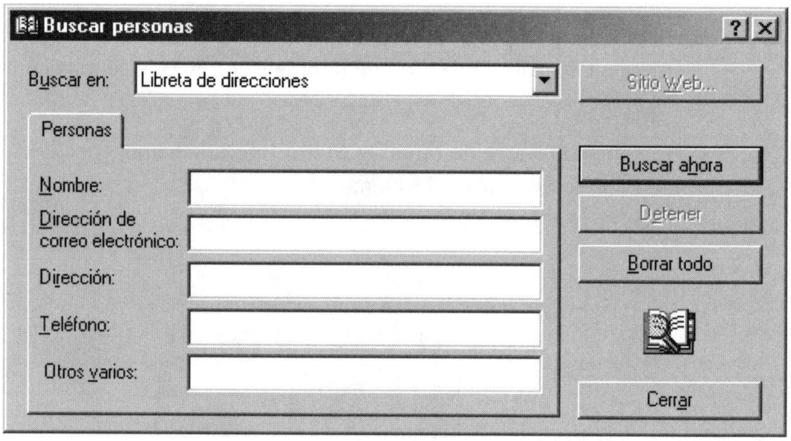

*Figura 5.17. Cuadro de diálogo **Buscar personas***

Ayuda

Este comando muestra la ayuda que proporciona Windows ME para su utilización y resolver dudas y problemas (figura 5.18).

Cuando tengas problemas que no sabes resolver debes usar este comando como se explica en la lección 17, ya que posiblemente puedas encontrar una solución para él.

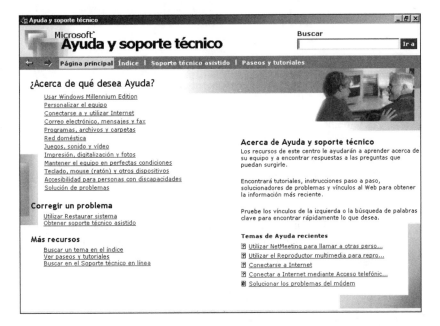

Figura 5.18.   *Ventana de ayuda de Windows ME*

Ejecutar

Este comando se utiliza para ejecutar programas; éstos suelen ser de instalación de controladores o nuevas aplicaciones que se incorporan al ordenador.

> **Nota:** este comando se debe utilizar si los manuales de los dispositivos o programas así lo indican. Consulta el contenido de los apartados **Agregar nuevo hardware** y **Agregar o quitar programas** en la lección 8.

El comando muestra una ventana muy simple (figura 5.19). En el cuadro de lista desplegable **Abrir** debes indicar la unidad y el nombre del programa que deseas ejecutar. Si no lo sabes, utiliza el botón **Examinar** para localizarlo.

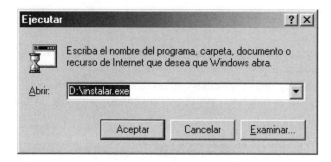

Figura 5.19. Ventana *Ejecutar*

Otros comandos

Ya te hemos indicado anteriormente que en la parte superior del menú **Inicio** aparecen ciertos programas; éstos se incluyen porque el programa de instalación de los mismos los inserta ahí.

Esta forma de acceso a los programas es útil cuando realmente se desea acceder a ellos con mucha frecuencia.

De todas formas, tú puedes decidir si deben seguir ahí o no, ya que con el contenido del apartado **Configurar el menú Inicio**, obtendrás conocimientos suficientes para modificar el contenido del citado menú e incluso eliminar los programas que no te guste que aparezcan en dicho menú.

Configurar el menú Inicio

Selecciona el comando **Inicio**, **Configuración**, **Barra de tareas** y **Menú Inicio** y observa que la ventana muestra en primer plano la pestaña **General**.

Selecciona la pestaña **Opciones avanzadas** para poder configurar el menú **Inicio** (figura 5.20).

Esta pestaña se divide en dos partes: en la parte superior de la ventana aparece el bloque **Menú Inicio** y en la parte inferior el cuadro de lista **Opciones del menú Inicio de la Barra de tareas**. Mediante los botones **Agregar**, **Quitar**, **Avanzadas** y **Reordenar** podrás hacer que el menú **Inicio** muestre ciertos programas que otros no aparezcan o que se muestren de una determinada forma que a ti te interese.

La opción inferior de dicho bloque muestra un texto y el botón **Borrar**. Este botón sirve para eliminar del menú **Inicio**,**Documentos**, los accesos directos que hay de los últimos documentos con los que has trabajado. Seleccionando este botón, el menú **Documentos** se vaciará.

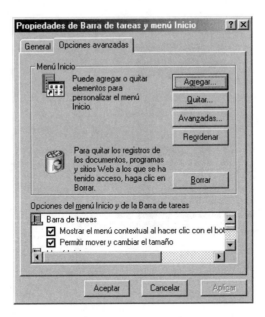

Figura 5.20. *Pestaña* **Opciones avanzadas** *del cuadro de diálogo*
Propiedades de Barra de tareas y el menú Inicio

Agregar accesos directos al Menú Inicio

Con esta opción podrás crear un acceso directo al programa e incorporarlo en el
lugar que tu quieras del menú **Inicio**.
Veamos seguidamente cómo realizar el proceso completo a través de una secuencia
de pasos.

1   Pulsa el botón **Agregar** de la pestaña **Opciones avanzadas**. Aparecerá el cuadro
    de diálogo **Crear acceso directo** (figura 5.21).

2   Si sabes la localización correcta del programa deberás indicarla en el cuadro de
    texto **Línea de comando**, pero, en caso contrario, selecciona el botón **Examinar**
    y localízalo en el cuadro que aparece (figura 5.22). Una vez que lo hayas encon-
    trado y selecciones el botón **Abrir**, el cuadro de diálogo **Examinar** desaparecerá
    y en el cuadro de diálogo **Crear acceso directo** se mostrará la línea de comandos
    correcta.

3   Pulsa ahora el botón **Siguiente**, aparecerá el cuadro de·diálogo **Seleccionar car-
    peta de programas**, que contiene una distribución que representa la estructura
    el menú **Inicio**, **Programas** (cada una de las carpetas que veas equivale a un
    submenú de **Programas**).

Figura 5.21. *Cuadro de diálogo* **Crear acceso directo**

Figura 5.22. *Cuadro de diálogo* **Examinar**

4   Indica en qué carpeta (submenú de **Programas**) deseas que aparezca el programa
    (figura 5.23). Ten en cuenta que si seleccionas **Programas** aparecerá al mismo
    nivel que los accesorios e Internet Explorer, o que si seleccionas una carpeta apa-
    recerá dentro de ese submenú. Si haces uso del botón **Nueva carpeta** crearás un
    submenú en la carpeta donde estés situado, en la cual podrás incluir el programa.

Figura 5.23. Cuadro de diálogo **Seleccionar carpeta de programas**

Nota: si seleccionas la carpeta **Menú Inicio**, el programa aparecerá en la parte superior del menú **Inicio**.

5 Modifica el nombre del acceso directo que proporciona por omisión Windows ME si lo deseas.

6 Pulsa el botón **Finalizar** y podrás observar en el menú **Inicio** el programa en el submenú que hayas especificado.

Quitar acceso directos del Menú Inicio

Si pulsas el botón **Quitar** aparecerá el cuadro de diálogo **Quitar accesos directos o carpetas** (figura 5.24). En él debes actuar como antes, sólo que has de localizar el programa o carpeta (submenú) que deseas eliminar. Cuando lo selecciones ypulses el botón **Quitar** ese programa o submenú habrá desaparecido del menú **Inicio**.

Opciones avanzadas

El botón **Opciones avanzadas** se utiliza para organizar los programas y los sub-menús del menú **Inicio**, ya que dicha estructura la crean automáticamente los programas de instalación de las aplicaciones que incorporas en tu disco duro, y esta distribución no tiene por qué ser la mejor para tus necesidades.

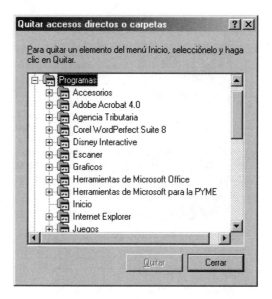

Figura 5.24. *Cuadro de diálogo **Quitar accesos directos o carpetas***

Este botón utiliza la ventana del Explorador de Windows (figura 5.25), pero muestra únicamente los iconos de los programas y submenús del menú **Inicio,** en lugar de todo el escritorio.

Abre las carpetas (submenús) que desees, utiliza el comando **Archivo**, **Nuevo**, **Carpeta** para crear submenús y arrastra los programas y submenús de un lugar a otro hasta que tengas la estructura del menú Inicio que deseas.

> **Nota:** si no sabes cómo mover los objetos, consulta la lección dedicada al Explorador de Windows.

Opciones del menú Inicio y de la Barra de tareas

Es el cuadro de lista que puedes ver en la parte inferior de la pestaña **Opciones avanzadas** del cuadro de diálogo **Propiedades de Barra de tareas y menú Inicio**, podrás cambiar distintas características, comportamientos e incluso hacer que aparezcan o no distintas opciones del menú **Inicio** y la barra de tareas.

Para seleccionar una opción dentro de dicho cuadro de lista deberás hacer clic sobre el cuadro que está a su izquierda, en ese instante aparecerá marcado con una equis.

Nota: en el menú **Inicio** de Windows 98 aparecía otra opción que era el menú **Favoritos**. No es que en Windows ME haya desaparecido, lo único que sucede es que no se muestra por omisión. Si quieres seguir utilizándola selecciona la opción **Mostrar Favoritos** en el cuadro de lista **Opciones del menú Inicio y de la Barra de tareas**.

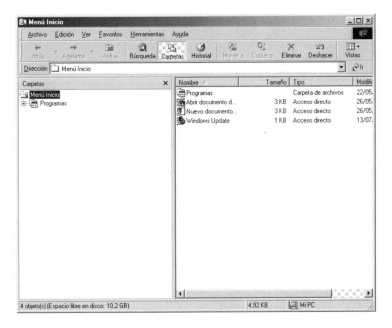

Figura 5.25. *Ventana **Menú Inicio***

El Explorador de Windows Me

Para los usuarios que vienen de Windows 3.x, esta herramienta sustituye al famoso Administrador de archivos.

Los usuarios de Windows 95 y 98 que ya lo conocen podrán aprender las modificaciones que se han realizado del programa así como las nuevas utilidades que se han incorporado.

En esta lección nos centraremos en el manejo de archivos y carpetas desde el **Explorador**, no sin dejar de nombrar las principales aportaciones con las que cuenta y que es posible que te animen a utilizarlo mucho más.

En esta lección aprenderás a:

- Archivos y carpetas.

- ¿Qué es el Explorador?

- ¿Para qué puedes utilizarlo?

- Reconocer sus componentes.

- Manejar archivos y carpetas.

- Trabajar con la carpeta **Favoritos**.

- Asociar archivos.

- Localizar archivos y carpetas.

- Manejar discos.

- La **Papelera de reciclaje**.

Archivos y carpetas

Antes de comenzar a conocer el **Explorador de Windows ME** es conveniente que sepas distinguir entre archivos y carpetas.

Si ya sabes lo que son y tienes claro cómo distinguirlos, puedes saltarte este apartado y continuar con el siguiente; si no, es conveniente que aprendas a distinguirlos, ya que son fundamentales para manejar el **Explorador.**

Archivos

Buscando una similitud con la vida real, podríamos decir que un archivo es una hoja de papel que tiene escrito algo (texto, números, dibujos, fotos, etc.) y las carpetas son como las carpetas normales que utilizamos para guardar los papeles de una forma ordenada. Un ejemplo: los papeles para realizar la declaración de la renta se guardan en una carpeta con el nombre de este año, la cual estará junto a las carpetas de los años anteriores y todas a su vez estarán en una carpeta general llamada Renta.

Por tanto, el concepto archivo lo puedes asociar con el documento de texto que cualquier usuario crea cuando utiliza aplicaciones como un procesador de texto.

Desde un punto de vista más técnico, conviene que tengas claro que cualquier aplicación (procesador de texto, hoja de cálculo, juegos, etc.) está formada también por un conjunto de archivos que se interrelacionan y se necesitan mutuamente para que ésta pueda funcionar. Estos archivos son distintos a un documento de texto escrito con un procesador, pero no dejan de tener una cosa en común con el documento de texto: lo han creado con otras aplicaciones y también están en el disco.

A modo de resumen, podemos decir que todo lo que se crea con una aplicación se guarda en el ordenador como un archivo, y que todas las aplicaciones que utilices están formadas por archivos que están, obviamente, en el ordenador.

Carpetas

Evidentemente, entre los archivos que utilizan las aplicaciones y los archivos que los usuarios crean al utilizarlas, el número de éstos es muy grande y se hace necesaria su organización para poder utilizarlos y localizarlos adecuadamente. Para ello se utilizan las carpetas.

Los documentos de texto que un usuario crea con un procesador se guardan en una carpeta que él elige, como veremos más adelante. En cambio, los archivos de las aplicaciones se guardan en carpetas prefijadas por la propia aplicación al instalarse, ya que son archivos que al usuario que la utiliza no le hace falta manipular.

A modo de resumen, podemos decir que una carpeta contiene un conjunto de archivos y/o otras subcarpetas que se agrupan bajo el mismo nombre, para facilitar su almacenamiento ordenado y posterior recuperación.

Nombres

Además de saber dónde los guardas, es importante que tengas unas directrices claras a la hora de nombrar archivos o carpetas. De nada sirve saber que los archivos de tu trabajo los tienes en una carpeta que has llamado Trabajo, si a estos archivos los llamas archivo1, archivo2, etc., pues no hace ninguna referencia al contenido de dichos archivos

Es fundamental que el nombre del archivo o carpeta indique su contenido y en esto Windows ME te permite casi todo. Una de las características que aportó Windows 95 y que, por supuesto, Windows ME mantiene, es la del uso de los nombres largos. Si vienes del entorno MS DOS sabrás que dichos nombres estaban limitados a ocho caracteres de nombre y tres de extensión.

Con Windows ME dispones de hasta 255 caracteres para el nombre, manteniendo tres para la extensión. Ya podrás imaginarte que los nombres del estilo de ficalt98 ahora no tienen sentido. Con esta nueva característica lo lógico es que se llame Fichero de altas del 98, tal y como lo estás leyendo. Tampoco es cuestión de que lo llames con el texto de los dos primeros párrafos del documento, siempre hay un término medio. Por supuesto, todo lo que estamos explicando también afecta a las carpetas.

Para asignar un nombre a una carpeta o a un archivo puedes incluir cualquiera de las siguientes combinaciones de caracteres:

◆ Números 0-9.

◆ Letras mayúsculas y minúsculas A-Z, pudiendo diferenciar entre ellas.

◆ Los caracteres especiales ¡,#,%,&,`,(,),-,@,^,_,-,´,{,},~,+,.,=,[,],,,;

Los siguientes caracteres no están permitidos; ", *, /, :, <, >, ¿, \, |.

En Windows ME los archivos siguen teniendo una extensión de tres caracteres, que sirve para identificar el tipo de archivo. Por ejemplo, los programas que se ejecutan suelen tener como extensión exe, los documentos doc, wpd o txt, dependiendo de la aplicación que los cree, y así sucesivamente.

> **Nota:** en la lección dedicada a la ventana de MS DOS dedicaremos un poco más de espacio a hablar de los nombres de archivo y a cómo se ven los de Windows ME en la ventana DOS.

¿Qué es el Explorador de Windows Me?

Para gestionar dichos archivos y carpetas, Windows nos proporciona el **Explorador**. Con este programa podrás saber en cada momento el contenido de una carpeta, crear una nueva, borrar una carpeta o archivo que ya no desees mantener, moverlos a otra carpeta, copiarlos a otro disco, localizar cualquier archivo, etc.. en resumen, es la herramienta que proporciona Windows ME para que puedas tener un control exacto de todo lo que tengas almacenado en tu disco duro. Buscando la similitud con el trabajo cotidiano, el **Explorador** es el programa por el cual le dices al ordenador cómo deseas organizar tu mesa de trabajo: las carpetas que deseas tener, dónde deseas tener cada uno de los archivos que creas, etc.

Todas estas operaciones las puedes hacer con los archivos y carpetas de los discos duros, disquetes, etc. De hecho, una de las características más importantes del **Explorador** es que permite hacer copias de archivos desde el disco duro a un disquete o viceversa, a fin de evitar la pérdida de los archivos que un usuario cree si alguna vez se le estropea el disco o disquete donde los tiene guardado.

Veremos también que el **Explorador** va mucho más allá, ya que puede utilizarse incluso para navegar por Internet.

> **Nota:** para los nostálgicos de Windows 3.x será una buena noticia saber que todavía puede usarse el "viejo" Administrador de archivos. Si quieres regresar al pasado, pulsa el botón **Inicio** de la barra de tareas, haz clic sobre **Ejecutar** y en el cuadro de diálogo que aparece, teclea **winfile**.

Para acceder al **Explorador de Windows** solo debes hacer lo siguiente: haz doble clic sobre el icono **Mi PC** del Escritorio. En la figura 6.1 puedes ver el aspecto que tendrá la ventana del **Explorador** una vez que lo ejecutes.

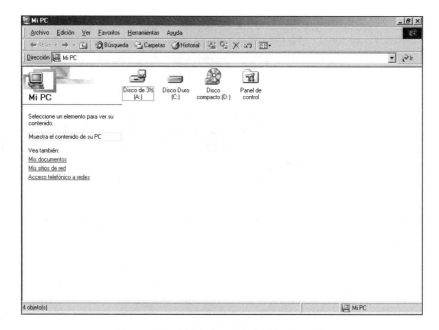

Figura 6.1. *El **Explorador** de Windows ME*

Otra forma de acceder al Explorador de Windows es seleccionando en el menú **Inicio** el comando **Programas, Accesorios, Explorador de Windows**, pero es más costosa de ejecutar.

¿Qué puedes hacer en el Explorador?

Esta pregunta la hemos contestado en parte, ya que, como hemos dicho anteriormente, el **Explorador** maneja fundamentalmente archivos y carpetas.

Pero la integración que se produce en Windows ME entre el **Explorador** y **Explorer** (el navegador de Microsoft) es tal, que muchas características y elementos de éste puedes utilizarlas desde aquel. Por ejemplo:

◆ Gestiona la lista de sitios Web favoritos.

◆ Gestiona la lista de los sitios Web visitados.

◆ Soporta la mayor parte de los estándares de Internet, como ActiveX y Java.

◆ Gestiona y accede a las suscripciones de Explorer. (Si no sabes lo que son, consulta la lección dedicada al Explorador de Internet.)

Pero no adelantemos acontecimientos y analicemos la ventana de **Explorer**. Puedes observar que la ventana tiene su título, las barras de herramientas habituales de las ventanas de Windows y que en la parte central aparecen una serie de iconos que identifican las unidades que tienes en tu ordenador (lo normal es tener una unidad A de disquetes, una unidad de disco duro y otra de CD-ROM). Si haces doble clic en cualquiera de estas unidades se mostrará el contenido de la unidad seleccionada, mostrando los archivos y/o carpetas que contiene. Si vuelves a seleccionar alguna de las carpetas se mostrará el contenido de ésta y así sucesivamente.

Esta forma de visualizar el contenido de las unidades de tu ordenador es válido pero no visualiza en que carpeta está contenida la carpeta que está visualizando. Para que lo entiendas mejor selecciona el botón **Carpetas** de la barra de herramientas y observa la nueva pantalla (figura 6.2).

Si haces doble clic en cualquier unidad de la parte izquierda, en la parte inferior se mostrarán las carpetas de dicha unidad y en la parte derecha aparecerán los archivos y las citadas carpetas que contiene. Si vuelves a hacer doble clic en una carpeta de la izquierda, en la parte izquierda verás desplegarse esa carpeta y a la derecha su contenido. De esta forma, siempre podrás saber el contenido de una carpeta y dentro de qué carpetas está dicha situada ella misma.

Como has podido comprobar, Windows ME permite que el contenido de la pantalla pueda mostrar información de distintas formas.

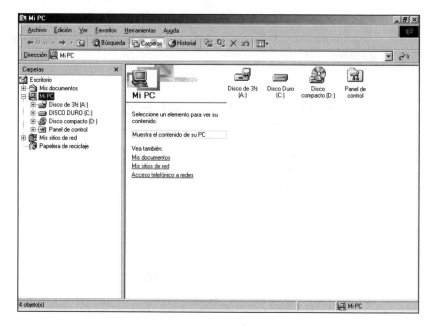

Figura 6.2. *Ventana del* **Explorador** *en el modo* **Carpetas**

Puedes ver otra información en la pantalla con los botones **Búsqueda** o **Historial** de la barra estándar o mediante los comandos de igual nombre que aparecen al seleccionar el comando **Ver, Barra del explorador**. A lo largo de la lección veremos en profundidad estos comandos; pero no está de más que veas la apariencia de la ventana seleccionando cada uno de ellos. Una breve descripción de lo que muestran cada uno es la siguiente:

◆ **Búsqueda**: si seleccionas este comando, aparecerá a la izquierda un panel para que indiques el nombre del archivo o carpeta que deseas localizar.

◆ **Favoritos**: muestra en el panel izquierdo del **Explorador** la lista de carpetas que tengas señaladas como favoritas.

◆ **Historial**: mantiene un histórico de los sitios Web visitados en un periodo de tiempo determinado para que resulte fácil y cómodo acceder nuevamente a una página Web visitada anteriormente.

◆ **Carpetas**: muestra en el panel izquierdo todos los objetos que contiene tu Escritorio, las unidades de tu ordenador y las carpetas que tiene la unidad o carpeta que selecciones.

◆ **Sugerencia del día**: aparece en un panel inferior cierta información que Windows te sugiere para que te sea más fácil trabajar con él.

◆ **Discusiones**: aparece en un panel inferior ciertos iconos que te permiten acceder y participar en los foros de discusión. Cuando seleccionas esta opción, Windows ME te indicará que debes conectarte a Internet para acceder al foro que desees.

Por tanto, podemos decir que las principales acciones que permite realizar el **Explorador de Windows ME** son la consulta del contenido de las unidades de tu ordenador y de Internet.

Elementos del Explorador de Windows

Como ya hemos dicho antes, la ventana tiene elementos comunes a las ventanas de Windows, como la barra de menús, la barra de botones estándar y la de direcciones. Además, la parte central de la ventana se puede dividir en varios paneles para mostrar con mayor claridad el contenido de las unidades.

En el panel de la izquierda aparecen todos los elementos del Escritorio (incluida la estructura de archivos y carpetas) y, en el de la derecha, los componentes del elemento seleccionado.

Vamos a explorar cada uno de los elementos de la ventana como paso previo al estudio de las operaciones que realizarás más frecuentemente.

Para ello, seleccionaremos el disco duro en el panel izquierdo y veremos las acciones que nos permiten realizar los comandos de los menús y los otros elementos de la ventana.

Barra de menús

Situada, como en todas las ventanas de Windows, por debajo de la barra de título, nos da acceso a los comandos que se pueden utilizar dentro del **Explorador**. Los menús de los que consta son:

◆ **Archivo**: tal vez el comando que más utilices en un futuro de este menú sea el primero: **Nuevo**. Si sitúas el puntero del ratón sobre él, se desplegará un menú en el que podrás crear una carpeta, un acceso directo o un archivo de cualquiera de las aplicaciones que tengas instaladas en tu ordenador. Si decides hacer esto último, se ejecutará la aplicación en cuestión. Además del comando **Nuevo**, en este menú también dispones de opciones para cambiar el nombre de algún archivo y ver sus propiedades. Otro comando importante es **Propiedades**: haz clic sobre el disco duro, sobre una carpeta y posteriormente sobre un archivo cualquiera y ejecuta en cada caso el comando **Propiedades**, observando la información que muestra la ventana que aparece.

◆ **Edición**: este menú contiene varios comandos útiles para trabajar con archivos y carpetas. El primero, **Deshacer**, te permite eliminar la última operación que realizaste. De este modo, si eliminaste el archivo equivocado o copiaste algo que no querías, podrás deshacerlo ejecutando este comando. También dispones de los comandos **Copiar**, **Cortar**, **Pegar** y **Pegar acceso directo**, con los que podrás copiar o mover cualquier objeto, incluidos archivos y carpetas.

◆ **Ver**: con este menú podrás configurar la forma de visualizar los elementos del Escritorio en los dos paneles de la parte central de la ventana. En el primer grupo de opciones podrás decidir qué barras de herramientas quieres utilizar, si quieres que aparezca la barra de estado o los comandos tratados en el apartado anterior. Con el segundo y tercer grupo puedes seleccionar la forma, así como el orden en que se mostrarán los iconos de los archivos y carpetas en la ventana (se trata en el siguiente apartado). Con el cuarto y último grupo, puedes moverte por los distintos elementos del Escritorio, subiendo y bajando niveles. También te permite buscar recursos en Internet y utilizar herramientas como el correo o la lista de direcciones, entre otras.

> **Nota:** Windows ME te permite personalizar el aspecto de una carpeta en particular para incorporarle un fondo determinado, darle aspecto de página Web y otras características. Más adelante veremos cómo hacerlo.

◆ **Favoritos**: en este menú puedes encontrar una opción por cada carpeta que hayas declarado como favorita, de esta forma podrás situarte en ella de forma rápida. También podrás controlar y gestionar una carpeta con las direcciones de páginas Web que utilices más frecuentemente. En esta misma lección se explica cómo utilizarla de forma detallada.

◆ **Herramientas**: este menú esta ideado para la conexión en red de varios ordenadores, al permitir compartir información entre las distintas unidades de distintos ordenadores.

Barra de botones estándar

Aunque ya vimos cada uno de los botones que forman esta barra en la lección que dedicamos a las ventanas de Windows, conviene recordar por encima para qué sirven en el **Explorador**.

Windows ME registra todos los movimientos que realices en el **Explorador**, anotando las carpetas o recursos que seleccionas en cada momento.

Con los dos primeros botones (los que tienen una flecha dibujada), podrás situarte en recursos o carpetas que hayas seleccionado anteriormente, siempre en el orden en el que lo hayas hecho.

Por ejemplo, si primero seleccionas la unidad de disco duro C:, después la carpeta Windows y seguidamente la carpeta de **Panel de control**, evidentemente tendrás seleccionada esta última.

Si ahora pulsas el botón **Atrás**, cuya flecha apunta a la izquierda, volverás a seleccionar la carpeta Windows. Pero si pulsas el botón **Adelante**, cuyo dibujo es una flecha apuntando a la derecha, volverás a seleccionar la carpeta **Panel de control**. Como verás el efecto es el mismo que cuando navegas por una página Web.

Seguidamente fíjate cómo los dos botones (**Atrás** y **Adelante**) tienen una pequeña flecha negra dibujada en su parte derecha; si la pulsas, aparecerá un menú con los últimos objetos que hayas seleccionado. Si quieres volver a escoger uno, simplemente debes hacer clic sobre su nombre.

Si quieres subir un nivel desde la carpeta o recurso seleccionado, puedes utilizar el tercer botón por la izquierda de la barra de botones, el que tiene dibujada una carpeta.

> **Nota:** no confundas los botones **Atrás** y **Adelante** con **Subir**, aunque en algún momento realicen la misma operación. Este último sube un nivel siempre, da igual lo que hayas seleccionado anteriormente.

Los tres botones siguientes ya los hemos tratado y te recuerdo que servían para visualizar distintos elementos en la pantalla del Explorador, aunque los trataremos más adelante.

El siguiente grupo de botones sirve para mover, copiar y eliminar objetos (carpetas, archivos, etc.).

A continuación dispones del comando **Deshacer**, el mismo que vimos antes en el menú **Edición**.

Seguidamente tienes el botón **Vistas**, que se corresponde con el segundo bloque de comandos del menú **Ver** y que te permite mostrar los elementos en la pantalla de distinta forma.

Por último, el botón **Vistas** te proporciona diferentes formas de ver los iconos en el panel derecho de la ventana del Explorador (se corresponde con el segundo grupo de opciones del menú **Ver**).

Dispones de cinco opciones diferentes:

◆ **Iconos grandes**: los archivos y carpetas aparecen como iconos de gran tamaño junto con su nombre.

◆ **Iconos pequeños**: es igual a la anterior, lo único que cambia es el tamaño de los iconos.

◆ **Lista**: los archivos y carpetas aparecen con sus iconos, pero en una lista en la que cada línea es uno de ellos.

◆ **Detalles**: es muy similar a la anterior opción, salvo que en este caso aparecen
también detalles de los archivos y carpetas, como su tamaño, tipo y fecha de
modificación.

◆ **Vistas en miniatura**: esta nueva forma de visualizar es muy útil para ver en
pequeño fotos e imágenes y posteriormente poder seleccionar cómodamente la
que se desee.

Selecciona la que te guste más o te resulte más cómoda. En la figura 6.3 puedes ver
el **Explorador** visualizando con el modo carpetas los archivos con detalle.

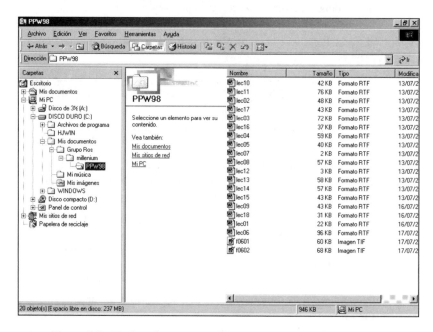

*Figura 6.3. **Explorador** en modo **Carpetas** con detalles de los archivos*

La barra de direcciones

En la lección dedicada a las ventanas se explicó detalladamente qué era este componente y para qué servía.
De todas formas te recordaremos que es un elemento incorporado a las ventanas
debido a la integración de Internet Explorer en el Escritorio de Windows 98.
La barra de direcciones es un cuadro de lista desplegable que puedes utilizar para
seleccionar distintos objetos en el Escritorio e incluso para introducir la dirección de
una página Web.

Otras barras de herramientas

En la parte derecha de la barra de direcciones aparece el icono **Ir a**. Si haces clic sobre él con el botón derecho del ratón, aparecerá un cuadro de diálogo que te muestra las barras de herramientas vistas anteriormente con una marca de verificación a su lado izquierdo, así como las barras **Vínculos** y **Radio** sin dicha marca. Si seleccionas alguna de estas dos, en la pantalla aparecerá la barra seleccionada y, si vuelves a seleccionar con el botón derecho el icono **Ir a**, verás que ya serán tres las barras con el signo de verificación a su lado (que no es otra cosa que las barras que se están mostrando. Para hacer que alguna no se muestre, sólo debes volver a seleccionarla).

La barra **Vínculos** se muestra como un icono que, si lo despliegas, mostrará su contenido. Lo veremos en las lecciones dedicadas a Internet, ya que se utiliza principalmente para establecer conexiones con páginas creadas en Internet.

La barra **Radio** te permite sintonizar cómodamente emisoras de radio desde Internet para poder escucharlas si tienes en tu ordenador una conexión activa.

Paneles del Explorador

Como el trabajo en el modo **Carpetas** es muy utilizado, vemos recomendable que profundicemos en el estudio de los dos paneles que se muestran a ambos lados de la ventana: el de la izquierda, como ya dijimos anteriormente, muestra todos los recursos del Escritorio, que puedes ver en la figura 6.4. Algunos de ellos disponen de un pequeño cuadrado con el signo más en su interior, lo que indica que disponen de más recursos en su interior. Si pulsas dicho cuadrado se desplegarán y, en lugar de tener un signo más, ahora será un signo menos, que indica que ya se muestra todo su contenido.

Esto mismo sirve si estás viendo una unidad de disco duro, CD ROM o un disquete. Si hay subcarpetas dentro de una carpeta podrás ver ese signo más y desplegar su contenido de la forma explicada anteriormente.

También debes escoger el modo en el que quieres que aparezcan los objetos en el panel derecho. Esto puedes hacerlo a través de los comandos del menú **Ver** o el botón **Vista**, tal y como se explicó en apartados anteriores.

En último lugar, debes saber que el tamaño de ambos paneles es configurable. Para modificarlo debes situar el puntero del ratón en la intersección de ambos y, cuando el puntero se convierta en una flecha de doble punta, deberás mantener pulsado el botón izquierdo del ratón y moverlo a izquierda o derecha, dependiendo del panel que quieras ampliar.

Por último, si no es posible ver el contenido completo en cualquiera de los dos paneles, aparecerán barras de desplazamiento vertical u horizontal para que puedas ver el resto.

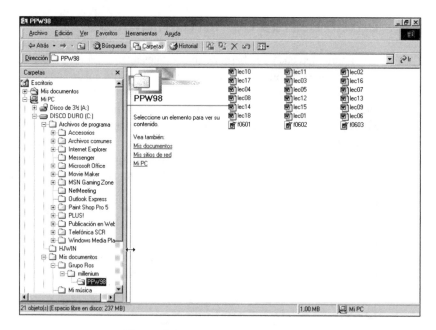

*Figura 6.4. Los paneles del **Explorador***

Barra de estado

Es la barra situada en la parte inferior de la ventana del **Explorador** y nos muestra información sobre la operación que estamos realizando, como por ejemplo, el número de objetos que tiene una carpeta, el espacio en disco que ocupan, el espacio libre del que dispones en una unidad de disco duro, etc.

Si no quieres que aparezca en la ventana, deberás desactivar el comando **Ver, Barra de estado**.

Manejo de archivos y carpetas

Al comienzo de esta lección te explicamos qué son, así como las diferencias que existen entre archivos y carpetas.

Incluso vimos la forma de darles nombre, cuestión fundamental para trabajar correctamente con ellos.

En este apartado nos centraremos en la descripción de las distintas operaciones que puedes realizar con ellos, para que puedas gestionar correctamente la información en tu disco duro.

Seleccionar archivos y carpetas

Antes de ocuparnos de dichas operaciones es necesario que conozcas las formas de seleccionar carpetas o archivos.

La forma más sencilla es haciendo clic sobre su nombre (sabrás que lo has hecho correctamente si su nombre aparece en vídeo inverso).

También puedes utilizar las teclas del cursor para moverte por la estructura de directorios. Así, cada vez que pulses una de dichas teclas te situarás en la carpeta o archivo que está por debajo (Flecha abajo), la que está por encima (Flecha arriba), la carpeta que está en un nivel superior (Flecha izquierda) o desplegarás el contenido de una carpeta (Flecha derecha).

La cuestión se complica un poco cuando quieras seleccionar más de una carpeta o archivo. En este caso deberás mantener pulsada la tecla Ctrl y hacer clic consecutivamente sobre los nombres de los archivos o carpetas que quieras. Cuando termines, podrás soltar la tecla Ctrl.

En el caso de que tengas que seleccionar muchos objetos, la forma explicada anteriormente puede resultar muy aburrida. En esta situación Windows ME te ofrece otras opciones.

Si los archivos y carpetas que tengas que seleccionar se encuentran juntos en la estructura de directorios, haz clic sobre el primer objeto que hay que seleccionar y con la tecla Mayús pulsada, haz clic sobre el último. Verás cómo aparecerán seleccionados todos los objetos que haya entre ellos dos.

> **Nota:** si quieres seleccionar todos los archivos y subcarpetas de una carpeta, resultará más sencillo que hagas clic sobre su nombre y ejecutes el comando **Edición, Seleccionar todo**.

Siempre puedes combinar cualquiera de las formas que se explicaron anteriormente. Por ejemplo, selecciona con la tecla Mayús aquellos objetos que estén contiguos y seguidamente con la tecla Ctrl aquéllos que estén separados.

Crear carpetas

Antes de crear archivos y guardarlos en el primer lugar que se te ocurra, debes dedicar unos minutos a pensar cómo quieres guardar la información en tu disco duro o, lo que es lo mismo, crear una estructura de carpetas para tener los archivos localizados y organizados.

No te cortes a la hora de crear carpetas, pero tampoco te pases, ya que mejorarán la forma de acceder a los archivos y te evitarán quebraderos de cabeza a la hora de buscarlos.

Para hacerlo sigue los siguientes pasos:

1 Sitúate en el lugar de donde quieres crearla. Por ejemplo, si quieres crearla en el directorio raíz del disco duro C:, haz clic sobre su nombre. Si quieres crear una subcarpeta dentro de la carpeta **Mis documentos**, deberás hacer clic sobre **Mis documentos.**

2 A continuación, selecciona el comando **Archivo, Nuevo** y luego haz clic sobre **Carpeta**.

3 En el panel derecho podrás ver que se ha creado una carpeta con el nombre **Nueva carpeta**; para asignarle otro distinto, tecléalo en este instante.

A partir de este momento ya puedes guardar archivos en ella a través de cualquier aplicación, o copiándolos o moviéndolos desde otras carpetas, posteriormente veremos cómo.

Cambiar el nombre de archivos y carpetas

Los nombres de las carpetas y archivos no son inmutables, pueden cambiarse de forma muy sencilla cada vez que quieras. Para ello deberás seleccionar la carpeta o archivos haciendo clic sobre su nombre y ejecutando el comando **Archivo, Cambiar nombre**. En ese instante se resaltará en vídeo inverso su nombre y podrás teclear el nuevo.

También puedes hacer clic derecho sobre su nombre y seleccionar el comando **Cambiar nombre** del menú contextual que aparece.

> **Nota:** ten mucho cuidado a la hora de cambiar las extensiones de los archivos, pues, como ya se indicó al comienzo de esta lección, identifican su tipo y es muy posible que la aplicación que los creó no los pueda identificar. Por ejemplo, si a un programa ejecutable le quitas la extensión exe, ya no podrá ejecutarse. Pero, de todas formas, Windows ME te avisará de esta circunstancia cuando suceda.

Eliminar archivos y carpetas

Si en algún momento ya no necesitas una carpeta o un archivo debes eliminarlos, ya que no tiene sentido conservarlos, por cuestión de espacio y claridad.

Para hacerlo, antes de nada deberás seleccionar los archivos o carpetas por cualquiera de los medios mencionados anteriormente.

A continuación utiliza cualquiera de las siguientes formas:

1   Pulsa la tecla Supr.

2   Ejecuta el comando **Archivo, Eliminar**.

3   Pulsa el botón **Eliminar** de la barra de botones estándar.

Seguidamente aparecerá un cuadro de advertencia, en el que te indicará que el archivo (o archivos) serán llevado a la **Papelera de Reciclaje**; en caso afirmativo, confirma haciendo clic sobre **Sí**.

> **Nota:** si inmediatamente después de eliminar una carpeta te das cuenta de que te equivocaste, pulsa el botón **Deshacer** de la barra de botones estándar o ejecuta el comando **Deshacer** del menú **Edición**.

Debes tener en cuenta que al eliminar una carpeta también desaparecerán todos los archivos y subcarpetas que están dentro de ella.

Copiar y mover archivos y carpetas

Una de las operaciones que realizarás con mayor frecuencia en el **Explorador de Windows** será copiar o mover archivos y carpetas. En la prehistoria quedan aquellos engorrosos comandos del DOS, difíciles de entender para todos los usuarios no iniciados en esto de la informática.

> **Nota:** si copias o mueves una carpeta, ésta llevará consigo todos los archivos y subcarpetas que contenga.

Windows ME proporciona esencialmente dos formas de copiar y mover:

1   Arrastrando.

2   Utilizando los comandos del menú **Edición**, **Copiar**, **Cortar** y **Pegar**.

Describiremos cada una de ellas y, como siempre, decide luego la que más cómoda te resulte.

Para copiar un archivo o carpeta arrastrando deberás llevar a cabo los pasos que aparecen a continuación:

1   Selecciona los archivos y carpetas que quieras copiar de cualquiera de las formas explicadas anteriormente en esta misma lección.

2 Mientras mantienes pulsada la tecla Ctrl, haz clic y mantén pulsado el botón izquierdo del ratón sobre el archivo o carpeta seleccionada.

3 Arrastra el puntero del ratón hasta la carpeta donde quieras copiarlos (figura 6.5). La carpeta seleccionada como destino de la copia aparecerá en vídeo inverso. Si no ves en el panel izquierdo dicha carpeta, sitúa la imagen del objeto que estás copiando (el contorno que los representa) en la parte superior o inferior de dicho panel, y éste se moverá hacia arriba o abajo,

4 Suelta el botón del ratón y la tecla Ctrl.

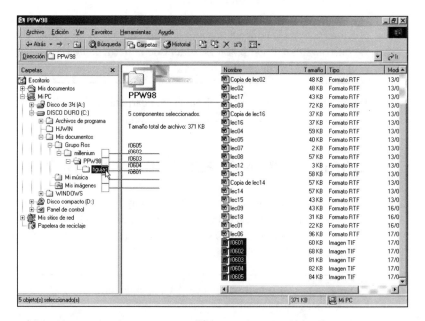

Figura 6.5. *Arrastrando archivos*

Si has seguido todos los pasos correctamente, podrás ver una copia de los archivos y carpetas seleccionados en la carpeta destino. Si en cambio quieres moverlos o quieres copiarlos a una unidad distinta, puedes seguir la misma secuencia de pasos explicada anteriormente, pero sin pulsar la tecla Ctrl. Si los mueves, recuerda que dichos archivos y carpetas desaparecerán de su posición original.

Nota: si ya existe el archivo o la carpeta que estés copiando en la carpeta destino, aparecerá un cuadro de diálogo indicándolo y pedirá confirmación para sobrescribir la copia que existe en el lugar de destino por la que estás copiando desde el lugar de origen.

La segunda forma que se indicó al comienzo del apartado es, tal vez, la más utilizada por aquellos que no dominan excesivamente bien los movimientos del ratón; aunque es recomendable, ya que es más difícil "dejar caer" los archivos sobre una carpeta equivocada. El procedimiento que hay que seguir es el siguiente:

1   Selecciona los objetos (archivos y carpetas) que quieras copiar o mover.

2   Ejecuta el comando **Edición, Copiar** o **Edición, Cortar** (para mover).

3   A continuación, selecciona la carpeta destino. Recuerda que debe verse en vídeo inverso.

4   Ejecuta el comando **Edición, Pegar**.

Para simplificar aún más el proceso, puedes utilizar las combinaciones de teclas Ctrl+C (para copiar), Ctrl+X (para mover) y Ctrl+V (para pegar), en lugar de seleccionar los comandos a través de la barra de menús.

Por último, recuerda que dispones del comando **Edición, Deshacer** (Ctrl+Z) por si copiaste o moviste de forma equivocada algún archivo y/o carpeta.

Personalizar una carpeta

Windows ME te permite personalizar el aspecto de una carpeta, esto es, configurarla como una página Web e incluso incorporarle una imagen de fondo.

Si quieres hacerlo, selecciona la carpeta y, a continuación, el comando **Ver, Personalizar esta carpeta**.

En unos instantes aparecerá la primera pantalla del asistente (figura 6.6), en la que podrás configurarla como una página Web (o, lo que es lo mismo, documento HTML), o elegir una imagen de fondo. Escoge la opción que más te guste y sigue las instrucciones que te aparecerán.

La carpeta Favoritos

Es muy normal que tengas carpetas que utilizas más que otras, que estés, incluso, seleccionándolas continuamente. Para facilitar el trabajo con ellas, Windows ME proporciona una carpeta a través de la que podrás acceder de forma más sencilla y rápida a ellas: es la carpeta **Favoritos** (figura 6.7). Físicamente la carpeta está dentro de la carpeta **Windows** (o de la carpeta donde hayas instalado Windows, si es que escogiste otro nombre), pero no tienes por qué acceder a ella para manejarla.

Figura 6.6. *Asistente para personalizar una carpeta*

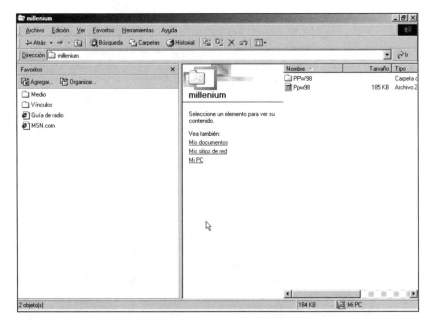

Figura 6.7. *Carpeta* **Favoritos**

La característica que la hace tan útil, es que la mayor parte de las aplicaciones de Windows incorporan en sus cuadros de diálogo **Abrir** y **Guardar** un botón que da acceso rápido a ella.

En el **Explorador** dispones incluso de un menú a través del cual podrás seleccionarla de forma rápida.

También puedes trabajar con la carpeta **Favoritos** seleccionando el comando **Ver**, **Barra del explorador, Favoritos**. En este caso el contenido de dicha carpeta aparecerá en el panel izquierdo, con el aspecto de una página Web, junto a otras carpetas con actualizaciones de software, marcadores, vínculos, etc.

Para acceder a una, simplemente deberás hacer clic sobre ella y podrás ver su contenido en el panel derecho del **Explorador**.

Si despliegas el menú **Favoritos** del **Explorador** (figura 6.8), podrás ver dos grupos de comandos. El primero contiene dos para crear y gestionar las carpetas favoritas y el segundo incluye una opción por cada una de las carpetas que tengas seleccionadas como favoritas, además de otras que proporciona Windows ME.

Para seleccionar una carpeta de este estilo, sólo debes abrir este menú y pulsar sobre su nombre; aparecerá su contenido en el panel derecho y en el izquierdo la verás seleccionada.

*Figura 6.8. Menú **Favoritos** del **Explorador***

Agregar una carpeta a Favoritos

Cuando utilices frecuentemente una carpeta o los archivos que están en ella, lo más útil es que la incorpores a **Favoritos**. Hacerlo es muy sencillo y ahorrarás tiempo. Para ello debes seguir los pasos que se describen a continuación.

1   Selecciona la carpeta que quieras añadir en el panel izquierdo del **Explorador**.

2   Selecciona el comando **Favoritos, Agregar a Favoritos**.

3   En el cuadro de diálogo que aparece (figura 6.9), pulsa **Aceptar**.

Figura 6.9. Cuadro de diálogo *Agregar a Favoritos*

En unos instantes dicha carpeta se incorpora a **Favoritos**. Si vuelves a abrir este menú, podrás verla en el segundo grupo. Recuerda que para seleccionarla simplemente debes hacer clic sobre su nombre.

Organizar Favoritos

Para gestionar el contenido de la carpeta **Favoritos**, debes usar el comando **Favoritos, Organizar favoritos**.

En el cuadro de diálogo que aparece (figura 6.10) podrás:

◆ Crear una carpeta tecleando simplemente su nombre.

◆ Mover una carpeta de lugar dentro de **Favoritos**. Esto no implica moverla en la estructura de carpetas del disco duro, sino cambiarla de situación dentro de **Favoritos**. Para ello deberás hacer clic sobre el nombre de la carpeta en cuestión, pulsar el botón **Mover** y seleccionar su nueva ubicación en el cuadro de diálogo que aparezca.

◆ Cambiar su nombre. No el de la carpeta, sino el del nombre que aparece en el menú **Favoritos**.

   Para ello, deberás hacer clic sobre su nombre, pulsar el botón **Cambiar nombre** y teclear el nuevo.

◆ Eliminarla. Esto no significa que vayas a quitarla del disco duro, sino de la carpeta **Favoritos**. Para hacerlo, deberás, en primer lugar, seleccionarla, pulsar el botón **Eliminar** y confirmar su eliminación en el cuadro de diálogo que aparecerá a continuación.

Como puedes observar por los comentarios realizados, las carpetas están en un lugar determinado del disco duro, pero al decirle a Windows ME que la carpeta es de tus favoritas, el tratamiento que le da es especial. Permite que todas las carpetas favoritas te aparezcan con la organización que tu desees y como tal lo has de entender.

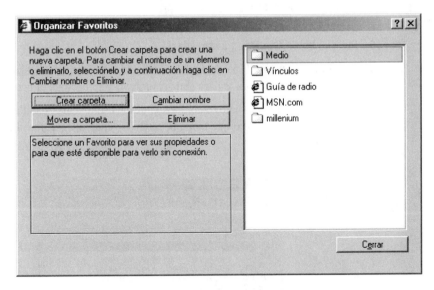

Figura 6.10. *Cuadro de diálogo* **Organizar Favoritos**

Asociar archivos

Otra de las grandes ventajas que puedes encontrar utilizando el **Explorador de Windows ME** es que puedes configurarlo para que se ejecuten las aplicaciones que tengas instaladas en tu ordenador haciendo doble clic sobre un archivo creado por ellas. Por ejemplo, si haces doble clic sobre el icono de un archivo con extensión DOC, se ejecutará **Microsoft Word**, ya que la extensión DOC está asociada con la aplicación citada.

Esta característica es configurable y ampliable, y puedes indicarle en cualquier momento que se abra una determinada aplicación al hacer doble clic sobre un tipo de archivo determinado. Para hacerlo sigue este procedimiento:

1   Ejecuta el comando **Herramientas, Opciones de carpeta**. En unos instantes aparecerá el cuadro de diálogo **Opciones de carpeta**.

2   Haz clic en la pestaña **Tipos de archivo** (figura 6.11). En el cuadro de lista **Tipos de archivos registrados** puedes observar todos los que tienes asociados en ese momento concreto. Si tomamos como ejemplo la figura 6.11, puedes ver que todos los archivos que tengan extensión MAD, se abrirán con la aplicación MSACCESS.

3   Pulsa el botón **Nuevo**. Tras lo cual aparecerá el cuadro de diálogo **Crear nueva extensión**.

4   Introduce la extensión de los archivos que utilice la aplicación.

5   Pulsa el botón **Opciones avanzadas**.

6   Despliega el cuadro **Tipo de archivo asociado** que aparece y selecciona la aplicación que debe utilizarse para abrir el archivo y selecciona el botón **Aceptar**.

7   Cierra los cuadros de diálogo abiertos y, desde ese instante, cada vez que hagas doble clic en un archivo que tenga la extensión indicada, se abrirá la aplicación que elegiste.

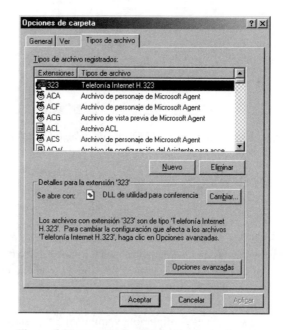

Figura 6.11. *Cuadro de diálogo* ***Opciones de carpeta***

Localizar archivos y carpetas

Si no tienes forma de encontrar un determinado archivo o carpeta a través del **Explorador**, Windows ME te proporciona el botón **Búsqueda** de la barra de herramientas estándar o el comando de igual nombre del menú **Ver, Barra del explorador**. Aparecerá así el **Explorador** con una apariencia similar a la de la figura 6.12.

En el panel izquierdo deberás indicar cierta información sobre el archivo y/o carpeta que deseas localizar.

Como lo normal es que no recuerdes todos los datos de dicho archivo o carpeta, el **Explorador** te pide que le suministres una mínima información.

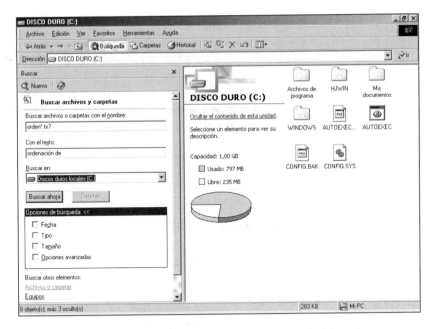

Figura 6.12. *El **Explorador** como herramienta de búsqueda*

En el primer cuadro teclea el nombre completo del archivo que quieras encontrar. Si no lo recuerdas, deberás darle "pistas" a Windows. Para ello puedes utilizar los comodines, que son el * (que sustituye a un grupo de caracteres) y ? (que sustituye a un carácter).

Por ejemplo, si quieres buscar todos los archivos que tengan de extensión txt, deberás indicar *.txt. Si, en cambio, quieres todos los archivos que comiencen por orden y cuya extensión sea txt, txr o txf, deberás indicar orden*.tx?.

Por otro lado, si estás totalmente perdido y no tienes la más remota idea de cómo se llama el archivo, puedes indicar en el siguiente cuadro algo del texto que puede contener.

Por último, deberás indicar a partir de qué disco o carpeta debe buscar, seleccionándola en el cuadro de lista desplegable **Buscar en** y ayudándote del botón **Examinar**, que abrirá un cuadro de diálogo donde podrás escoger la carpeta a partir de la cual quieres buscar.

Si seleccionas **Mi Pc**, el **Explorador** buscará en todas tus unidades, pero si seleccionar un disco o una carpeta de dicho disco, buscará en todo el disco o a partir de la carpeta seleccionada.

Para comenzar la búsqueda, deberás pulsar el botón **Buscar ahora** ,y en ese instante, se mostrarán los archivos y/o carpetas que cumplan las condiciones de búsqueda especificadas en el panel de la derecha.

Con el botón **Opciones de búsqueda** puedes especificar datos referidos al intervalo fechas en que lo creaste y/o modificaste la última vez, el tipo de archivo de que se trata, los límite de tamaño entre los cuales se puede encontrar, etc. Observa el ejemplo de la figura 6.13

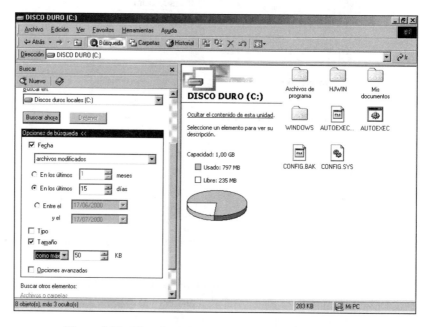

Figura 6.13. *Ejemplo de búsqueda avanzada con el **Explorador***

En la figura 6.14 puedes ver cómo se ha configurado una búsqueda de archivos que contengan la frase ventana **Buscar en** la carpeta **C:\Mis documentos**, del **Tipo** Word y el resultado de ella.

> **Nota: Buscar** también es accesible desde el menú **Inicio**. Basta con pulsar sobre el botón **Inicio** de la barra de tareas y la opción **Buscar** del menú que se despliega. Las otras opciones se tratarán en las lecciones dedicadas a Internet.

Formatear discos

Desde Windows ME puedes realizar operaciones de mantenimiento con los discos, tanto duros como flexibles, más conocidos estos últimos como disquetes, como se verá en la lección que trata de las herramientas que proporciona Windows.

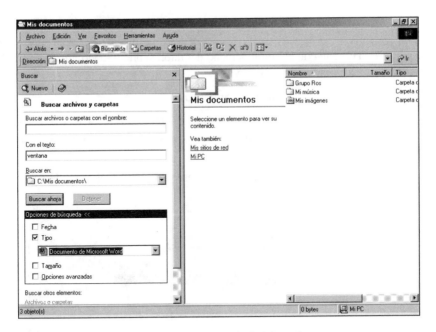

Figura 6.14. *Ejemplo de búsqueda*

Pero hay una acción que se realiza con los discos, y que no se incluye como una herramienta de mantenimiento, ya que lo que hace realmente es borrar el disco o disquete.

Este comando se llama **Formatear**, y puedes acceder a él haciendo clic con el botón derecho del ratón sobre el icono del disco que deseas borrar en el propio **Explorador de Windows**.

> **Nota**: ten en cuenta que cuando formateas un disco, borras todo el contenido del mismo y es imposible su recuperación (salvo por parte de personal técnico muy especializado, y no siempre lo consiguen). Por tanto, antes de formatear nada has de ser muy consciente de las posibles repercusiones que tendrá la acción que vas a realizar.

Las unidades que se suelen borrar completamente son los disquetes. Esta acción la puedes hacer seleccionando para ello todos los archivos y carpetas que haya en el disquete, pulsando a continuación el botón Supr o seleccionando el comando **Edición/Cortar**.

También puedes borrar el contenido de un disquete formateándolo, pero ésta no es la opción que se le recomienda a los usuarios noveles de la informática.

Si así y todo deseas formatear un disquete, realiza los siguientes pasos:

1 Haz clic con el botón derecho del ratón sobre el icono **Disco de 31/2 (A:)** en el **Explorador de Windows.**

2 Selecciona el comando **Formatear.**

3 En el cuadro de diálogo **Formatear – Disco de** 3 ½ (A:) que aparece (figura 6.15), selecciona el tipo de formato que deseas realizar y, a continuación, el botón **Iniciar.**

4 Haz clic sobre el icono del disquete y observa en el panel derecho que, tras darle formato, tiene todo el espacio del mismo libre.

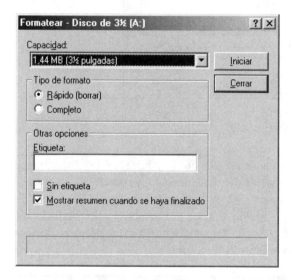

Figura 6.15. Cuadro de diálogo *Formatear*

Los tipos de formato que le puedes dar a un disquete son los siguientes:

◆ **Rápido**: tarda menos tiempo, pero no arregla sectores posiblemente dañados.

◆ **Completo**: tarda más tiempo, pero realiza todas las operaciones precisas para que el disquete quede en buen estado.

Por tanto, no utilices el comando **Formatear** si no estás seguro de lo que haces y ni mucho menos lo uses para borrar el contenido de algún disco duro ya que la información que suelen contener es muy grande y su pérdida supone, en la mayoría de los casos, un gran trastorno, cuando no un gran coste.

Copiar disquetes

Un comando específico para la unidad de disquete que aparecerá en el menú contextual es el de **Copiar disco**. Con él podrás copiar el contenido exacto de un disquete a otro.

Si la ejecutas aparecerá un cuadro de diálogo (figura 6.16) que controlará la copia. Introduce el disco original, haz clic en el botón **Iniciar** y, cuando el **Explorador** acabe de copiar temporalmente el contenido del disco en el disco duro, te pedirá que introduzcas el disco destino para copiar sobre él esa copia temporal (la copia temporal la borra en cuanto acaba se realiza la copia definitiva o se cancela la misma).

Nota: si haces clic derecho en una unidad de CD ROM, también aparecerá un menú contextual con algunas de las opciones descritas anteriormente. Otras, en cambio, como la de copiar el disco, no estarán disponibles ya para duplicar un CD-ROM se necesita un unidad grabadora de CD-ROM y un programa especial.

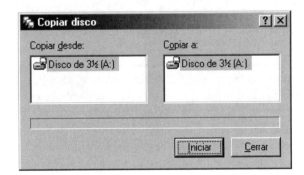

Figura 6.16. *Cuadro de diálogo* ***Copiar disco***

La Papelera de Reciclaje

Si has echado un vistazo al panel izquierdo del **Explorador**, habrás visto un objeto un poco extraño, pues parece una carpeta pero no tiene a la izquierda de su nombre el icono representativo de ellas, sino una papelera: es la **Papelera de Reciclaje** (figura 6.17).

Como puedes suponer por su nombre, es una carpeta de Windows ME en la que se almacenan todos aquellos archivos y carpetas que eliminas. De hecho, si haces clic sobre su nombre, podrás ver en el panel derecho el nombre de todos aquellos que borraste, junto con su ubicación original, fecha de eliminación, tipo y tamaño.

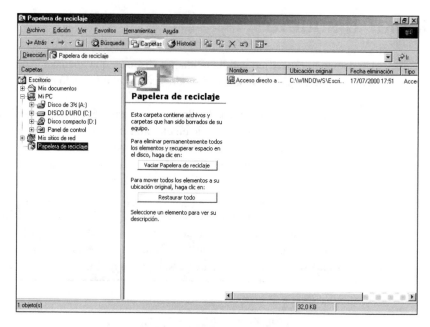

Figura 6.17. La *Papelera de reciclaje*

Nota: también puedes acceder al contenido de la **Papelera de Reciclaje** haciendo doble clic sobre el icono que lleva su nombre en el Escritorio.

Siempre que quieras, puedes recuperar un archivo de esta carpeta, moviéndolo a otra distinta de cualquiera de las formas explicadas anteriormente. Aunque, si quieres que vuelva a aparecer en la carpeta que estaba antes de ser eliminado, es más fácil que hagas clic derecho sobre su nombre y selecciones **Restaurar**.

Si no quieres conservar ninguno de los archivos que tienes en la **Papelera de Reciclaje**, puedes vaciarla haciendo clic derecho sobre su nombre y ejecutando el comando **Vaciar Papelera de Reciclaje** de su menú contextual.

En ese instante aparecerá un cuadro de diálogo indicándote el número de objetos que tienes guardados en ella y pidiéndote confirmación para la operación. En caso afirmativo pulsa **Sí**.

Aunque Windows ME registre como ocupado el espacio de los archivos que se encuentran en esta carpeta, no te preocupes, ya que en el instante en el que necesite espacio libre, aparecerá un cuadro de diálogo "invitándote" a que la vacíes.

Puedes configurar algunas de las características de funcionamiento de la **Papelera**. Para ello deberás hacer clic derecho sobre su nombre y ejecutar el comando **Propiedades** de su menú contextual; aparecerá entonces un cuadro de diálogo similar al de la figura 6.18.

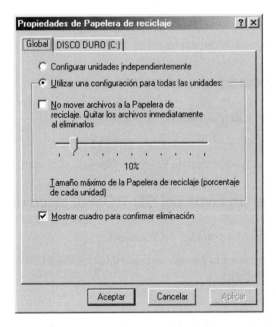

Figura 6.18. Propiedades de la **Papelera de reciclaje**

En dicho cuadro de diálogo podrás indicar si quieres la misma configuración para todas las unidades de disco duro (si tuvieras varias), el porcentaje que quieres para la papelera y si debe aparecer el cuadro de diálogo para confirmar la eliminación.

> **Nota:** como se dijo anteriormente, la **Papelera de Reciclaje** también es accesible desde el Escritorio, a través del icono que lleva el mismo nombre. Si haces clic derecho sobre él, aparecerá un menú contextual con las opciones que se han comentado anteriormente.

Ejercicios prácticos

A continuación, para afianzar los conocimientos adquiridos en esta lección te proponemos una serie de ejercicios.

Crear una carpeta

1   Abre el **Explorador de Windows**.

2   Selecciona el disco C para ver su contenido.

3   Selecciona el comando **Archivo, Nuevo, Carpeta**.

4   Asigna a la carpeta nueva el nombre **Prueba**.

Renombrar una carpeta

1   Abre el **Explorador de Windows**.

2   Selecciona el disco C para ver su contenido.

3   Selecciona la carpeta Prueba y cámbiale el nombre por **Ejercicios**.

Copiar archivos del CD-ROM al disco duro

1   Abre el **Explorador de Windows**.

2   Muestra en la pantalla el contenido del CD-ROM (debe ser la unidad D o una posterior).

3   Abre la carpeta **Archivos**.

4   Arrastra el archivo llamado Informe a la carpeta Ejercicios del disco C.

5   Abre la carpeta Ejercicios del disco C y comprueba que el archivo Informe se ha copiado.

Copiar archivo del disco duro a un disquete

1   Abre el **Explorador de Windows**.

2   Muestra en la pantalla el contenido de la carpeta Ejercicios.

3   Introduce un disquete en la unidad A.

4   Arrastra el archivo Informe de la carpeta Ejercicios de la unidad C sobre el icono del disquete.

Borrar un archivo del disco duro

1   Abre el **Explorador de Windows**.

2   Muestra en la pantalla el contenido de la carpeta Ejercicios.

3   Selecciona el archivo Informe y pulsa la tecla Supr.

Accesorios

Aunque Windows es un sistema operativo, nos tiene acostumbrados, por versiones anteriores, a ofrecernos otras herramientas que no tienen nada que ver con la idea preconcebida que se tiene de un sistema operativo.

A todas estas utilidades se les llama *accesorios* y engloban aplicaciones tan dispares como un procesador de textos, retoque fotográfico o una calculadora.

En esta lección se pretende que tengas conocimiento de todas ellas, aunque algunas te resultarán más útiles que otras.

En esta lección aprenderás a:

■ Usar la calculadora.

■ Escribir en el **Bloc de notas.**

■ Trabajar con **Paint**.

■ Manejar **Imaging**.

■ Utilizar el **Marcador de teléfono**.

■ Crear documentos con **WordPad**.

■ Trasladar archivos con **Mi maletín**.

La calculadora

En realidad, Windows Me nos proporciona dos calculadoras: una estándar y otra científica.

Para trabajar con cualquiera de las dos deberás ejecutar el comando **Calculadora**, al que puedes acceder dando los siguientes pasos:

1   Hacer clic sobre el botón **Inicio** de la barra de tareas.

2   Situar el puntero del ratón sobre la opción **Programas**.

3   Situar el puntero del ratón sobre la opción **Accesorios**.

4   Hacer clic sobre el comando **Calculadora**.

Introducir números

Para introducir números, simplemente deberás teclearlos o bien hacer clic con el ratón sobre las "teclas" numéricas de la ventana (el efecto es el mismo). Los números o resultados de las operaciones se mostrarán en la pantalla que tienes en la parte superior de su ventana.

Barra de menús

Un poco más arriba de la pantalla, puedes ver la barra de menús formada por tres botones:

◆ **Edición**: contiene los comandos **Copiar** (Ctrl+C) y **Pegar** (Ctrl+V), con los que podrás llevar cualquier resultado a otras aplicaciones de Windows.

◆ **Ver**: en este menú dispones de los comandos **Estándar** y **Científica**, para que puedas intercambiar entre los dos modos o tipos de calculadora que te ofrece Windows.

Para seleccionar uno u otro, simplemente debes hacer clic sobre su nombre. Sabrás la que tienes seleccionada en cada instante, ya que a la derecha de su nombre aparece un circulo negro.

El comando **Separador de miles** te permite que en pantalla se muestre un punto cada tres cifras, de modo que la lectura de cifras muy grandes sea cómoda y se eviten errores por la falta de algún dígito.

◆ **Ayuda**: a través de este comando podrás acceder a la ayuda específica de la calculadora. Si no sabes cómo utilizarla, te remitimos a la lección dedicada a la **Ayuda de Windows ME**, más adelante.

Realizar cálculos

Para realizar cualquier operación, deberás actuar como lo haces normalmente con una calculadora de mano:

1 Introduce el primer operando, bien tecleándolo o haciendo clic sucesivamente sobre los botones de los dígitos que quieras.

2 Teclea o haz clic sobre el botón de la operación que desees realizar.

3 Introduce el siguiente operando.

4 Cuando termines, pulsa Intro o haz clic sobre el botón igual (=).

5 El resultado aparecerá en la pantalla de la ventana.

La calculadora estándar

La primera vez que ejecutes el comando **Calculadora**, aparecerá la calculadora estándar, seleccionada por omisión. Tiene el aspecto que puedes ver en la figura 7.1. Ésta es como una calculadora de bolsillo con sus funciones típicas: sumar, restar, multiplicar, raíz cuadrada, tanto por ciento e inverso (además dispone de memoria).

Figura 7.1. *La calculadora estándar*

Los dibujos de cada uno de los botones indican su función. Tan sólo te aclararemos algunos con los que puedes tener alguna confusión.

Por ejemplo, la tecla **sqrt** calcula la raíz cuadrada del número que hayas tecleado.

El botón **Retroceso** borra el dígito que esté más a la derecha del número que hayas tecleado.

El botón **Borrar** elimina todos los dígitos tecleados y el botón **Borrar todo**, elimina incluso los que tengas almacenados en la memoria.

Por último, el botón **+/-** cambia el signo del número tecleado.

Uso de la memoria

Tanto en la calculadora estándar como en la científica dispones de memoria, por lo que las explicaciones de este apartado servirán para las dos.

Si usas la primera, en la parte izquierda de su ventana dispones de cuatro botones para trabajar con la memoria.

En la calculadora científica dichos botones se encuentran en el centro, y son los siguientes:

◆ **MC**: elimina el contenido de la memoria.

◆ **MR**: muestra el número almacenado en la memoria.

◆ **MS**: almacena el número tecleado en la memoria.

◆ **M+**: suma el valor tecleado y el guardado en la memoria, almacenando el resultado de nuevo en la memoria y sin mostrarlo en pantalla.

Nota: cuando haya un valor en memoria, aparecerá la letra M en el cuadro que está por encima de dichos botones.

La calculadora científica

Para utilizarla, deberás seleccionar la opción **Científica** en el menú **Ver**. En ese instante la ventana que podrás ver será igual a la de la figura 7.2. Veamos qué características la diferencian de la estándar.

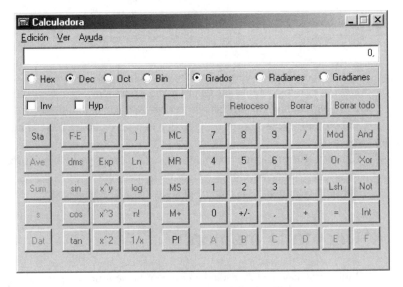

Figura 7.2. *La calculadora científica*

Sistemas de numeración

Debajo de la pantalla de la ventana, podrás ver dos cuadros, el de la izquierda reúne cuatro opciones con las que podrás decidir el sistema numérico que quieres utilizar: hexadecimal, decimal, octal y binario. A su derecha podrás configurar cómo deben aparecer los números en pantalla.

Si seleccionas el sistema numérico decimal, podrás escoger entre grados, radianes y gradianes. Con cualquier otro sistema las opciones serán Dword, que mostrará el valor completo de la palabra; Word, que mostrará el valor representado por los dieciséis bits de menor peso; y Byte que muestra el valor representado por los ocho bits de menor peso.

Funciones estadísticas

Como no podía ser menos, la calculadora científica acepta funciones estadísticas. Para trabajar con ellas, nos proporciona un cuadro de diálogo llamado **Cuadro de estadísticas** (figura 7.3), en el que introduciremos los operandos.

Para acceder a dicho cuadro de diálogo, pulsa el botón **Sta**, que está situado en la parte izquierda de la ventana, y fíjate cómo se habilitan los botones que están por debajo de él.

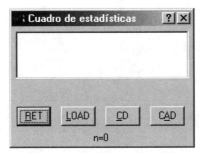

Figura 7.3. Cuadro de estadísticas

> **Nota:** mueve el **Cuadro de estadísticas** hacia un lado de la pantalla, ya que necesitarás ver la mayor parte de la ventana de la calculadora para poder trabajar. Recuerda que puedes hacerlo arrastrando la barra de título de la ventana.

Para introducir un dato en el **Cuadro de estadísticas**, tecléalo en la ventana **Calculadora** y pulsa el botón **Dat**, que está en la parte inferior izquierda de su ventana. Todos los que teclees aparecen en líneas distintas y, en la parte inferior de dicho cuadro, aparecerá la leyenda **n=x**, en donde x es el número de operandos que has introducido.

Una vez introducidos los datos, pulsa el botón de la operación que quieras realizar y el resultado aparecerá en la pantalla de la ventana **Calculadora**.

Como puedes ver en la figura 7.4, el **Cuadro de estadísticas** tiene cuatro botones, que sirven para:

◆ **RET**: te permite volver a la ventana de la **Calculadora**.

◆ **LOAD**: si pulsas este botón, aparecerá en la pantalla de la ventana **Calculadora** el valor que tengas seleccionado (en vídeo inverso) en el **Cuadro de estadísticas**.

◆ **CD**: elimina el valor seleccionado en el **Cuadro de estadísticas**.

◆ **CAD**: elimina todos los valores del **Cuadro de estadísticas**.

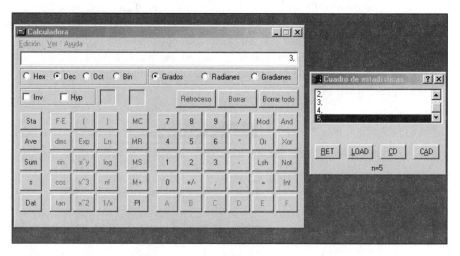

Figura 7.4. *Aspecto de la* **Calculadora** *y el* **Cuadro de estadísticas** *tras realizar el ejemplo*

Para aclarar un poco más el funcionamiento del **Cuadro de estadísticas**, realizaremos algún ejemplo.

Vamos a calcular la media aritmética de los valores 1,2,3,4,5, que, como ya sabrás, es 3. Utiliza el siguiente procedimiento:

1   Si no tienes el **Cuadro de estadísticas** abierto, pulsa el botón **Sta**.

2   Pulsa el botón **RET** de dicho cuadro.

3   Teclea 1 y pulsa el botón **Dat**.

4 Repite el paso 3 con cada uno de los operandos. Cuando termines, si haces clic en cualquier parte del **Cuadro de estadísticas**, podrás ver todos los números, cada uno en una línea diferente.

5 Por último, para calcular la media aritmética, pulsa el botón **Ave**. El resultado aparece en la pantalla de la ventana **Calculadora** (figura 7.4).

Operaciones lógicas

La calculadora científica te permite usar los operadores booleanos normales como AND, OR, XOR y NOT. Todos ellos los encontrarás en la parte derecha de su ventana.

Funciones matemáticas

Por debajo del cuadro del sistema numérico, aparece otro con las opciones **Inv** e **Hyp**. Si activas la primera casilla de selección, la calculadora devolverá el inverso de ciertas operaciones, como el seno, coseno, tangente, etc.
Si activas la segunda casilla de selección, devolverá la función hiperbólica de la operación seleccionada. Esto será posible con operaciones como seno, coseno, etc. En la tabla 7.1 se listan algunas funciones matemáticas y los botones que hay que utilizar; también se indica si las casillas de verificación **Inv** y **Hyp** deben o no estar activadas.

Tabla 7.1. *Funciones matemáticas*

Botón	Inv	Hyp	Descripción
cos			Coseno.
	x		Arco coseno.
		x	Coseno hiperbólico.
Exp			Permite entrada en notación científica.
Ln			Logaritmo neperiano.
	x		e^ número en la pantalla.
Log			Logaritmo en base 10.

(continúa)

Tabla 7.1. *Funciones matemáticas (continuación)*

Botón	Inv	Hyp	Descripción
		x	10^número en la pantalla.
N!			Factorial.
PI			Número PI.
Sin			Seno.
	x		Arco seno.
Tan			Tangente.
X^Y			X^Y
	x		Raíz y de x.
X^2			Cuadrado.
X^3			Cubo.

Nota: recuerda que si quieres llevar un resultado de la calculadora a otra aplicación de Windows ME, debes copiarla o cortarla para enviarla al **Portapapeles** y, de ahí a cualquier otra aplicación a través de su comando **Pegar**, que estará en el menú **Edición** o **Editar**. De todas formas también puedes utilizar las combinaciones Ctrl+C (copiar), Ctrl+X (cortar) y Ctrl+V (pegar).

El Bloc de notas

Windows ME incorpora un editor de textos útil para escribir notas breves o editar pequeños archivos de configuración o información, como los famosos leeme.txt, que habrás visto más de una vez. La versión que incorpora Windows ME es prácticamente igual a la que aparecía en Windows 95 y Windows 98, ya que ni su ventana ha sufrido transformación (figura 7.5).

Los menús

Como puedes ver en la figura 7.5, dispone de cuatro menús que te permiten acceder a todas sus características.

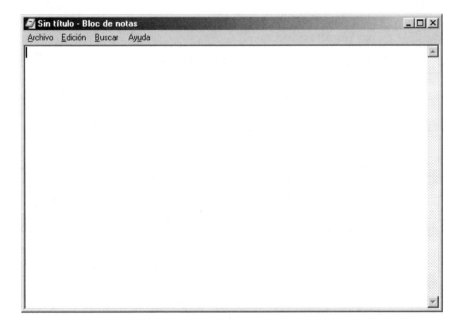

Figura 7.5. *Ventana del **Bloc de notas***

En el menú **Archivo** podrás encontrar una serie de comandos, los cuales detallamos a continuación:

◆ **Nuevo**: si lo ejecutas, crearás un documento nuevo en su ventana.

◆ **Abrir**: accederás al cuadro de diálogo **Abrir**, en donde podrás seleccionar un archivo (por omisión con extensión txt) para trabajar con él.

◆ **Guardar**: almacena el archivo de la ventana en el disco duro. Si ésta es la primera vez que ejecutas este comando, aparecerá el cuadro de diálogo **Guardar como**, para que selecciones la carpeta donde quieras guardarlo e indiques su nombre.

◆ **Guardar como**: utiliza este comando cuando quieras crear una copia del documento con otro nombre en el disco duro.

Nota: en la lección dedicada a los menús, se explica el contenido de los cuadros de diálogo **Abrir** y **Guardar**, ya que son estándar.

◆ **Configurar página**: aparece el cuadro de diálogo del mismo nombre, donde podrás seleccionar el tamaño de página, el origen, la orientación, los márgenes, el encabezado y el pie de página.

◆ **Imprimir**: envía el documento a la impresora seleccionada como predeterminada en Windows ME.

◆ **Salir**: cierra la ventana del **Bloc de notas**.

En el menú **Edición**, además de los comandos habituales para poder copiar, cortar y pegar texto, dispones de otros para seleccionar todo el texto, insertar fecha y hora en el lugar donde tengas el cursor en ese instante, ajustar la línea y establecer la fuente con la que quieres que aparezca el texto.

> **Nota:** si tecleas .LOG en el margen izquierdo de la primera línea de un archivo, la siguiente vez que abras dicho archivo, aparecerá la hora y fecha actuales, lo que puede resultar útil para hacer una especie de dietario.

En el menú **Buscar**, dispones de dos opciones para encontrar cadenas de caracteres en un archivo o documento. Posteriormente, en esta misma lección, veremos cómo utilizarlos.

Por último, el comando **Temas de Ayuda** del menú **Ayuda** te mostrará la ayuda que Windows ME proporciona sobre el **Bloc de notas**.

Introducir texto

Para teclear texto, simplemente deberás situar el cursor dentro de la ventana y luego hacer clic.

A partir de ese momento ya podrás teclear lo que quieras.

Lo único que debes tener en cuenta es que para crear un nuevo párrafo debes pulsar la tecla Intro.

> **Nota:** con la opción **Ajuste de línea** del menú **Edición**, puedes hacer que todo el texto se ajuste al margen derecho de la ventana; de esta forma estará siempre a la vista. Por omisión este comando está desactivado.

Moverse por el texto

Para mover el cursor por un texto del **Bloc de notas** puedes usar el teclado y el ratón. Con este último, sólo debes hacer clic para situar el cursor en un lugar determinado del texto.

Con el teclado tienes una serie de combinaciones de teclas, que se detallan en la tabla 7.2.

Tabla 7.2. *Teclas y combinaciones para mover el cursor en el* **Bloc de notas**

Combinación de teclas	Movimiento
Flecha arriba	Sube una línea.
Flecha abajo	Baja una línea.
Flecha derecha	Mueve el cursor un carácter a la derecha.
Flecha izquierda	Mueve el cursor un carácter a la izquierda.
Inicio	Mueve el cursor hasta el comienzo de una línea.
Fin	Mueve el cursor hasta el final de una línea.
Ctrl+Flecha derecha	Mueve el cursor hasta una palabra a la derecha.
Ctrl+Flecha izquierda	Mueve el cursor hasta una palabra a la izquierda.
RePág	Sitúa el cursor en la pantalla anterior.
AvPág	Sitúa el cursor en la pantalla siguiente.
Ctrl+Inicio	Sitúa el cursor al comienzo del archivo.
Ctrl+Fin	Sitúa el cursor al final del archivo.

Seleccionar texto

Si necesitas copiar y cortar texto o eliminar un trozo relativamente grande de él, lo primero que debes hacer es seleccionarlo mediante el ratón o el teclado:

◆ Con el ratón: haz clic a la izquierda del primer carácter del trozo de texto que quieras seleccionar y, con el botón pulsado, arrastra el ratón hasta que todo el texto quede marcado en vídeo inverso.

◆ Con el teclado: sitúa el cursor a la izquierda del primer carácter que quieras seleccionar, pulsa la tecla Mayús y, sin soltarla, utiliza cualquiera de las combinaciones de teclas de la tabla 7.2, hasta que el trozo de texto quede marcado en vídeo inverso.

Si quieres seleccionar todo el texto, es más sencillo que ejecutes el comando **Seleccionar todo** del menú **Edición**.

Para dejar de seleccionar un trozo de texto, simplemente debes hacer clic en cualquier sitio del área de trabajo o pulsar una tecla de cursor.

Eliminar texto

Para borrar pocos caracteres dispones de dos métodos:

1   Sitúa el cursor a la izquierda del carácter que quieras eliminar y pulsa Supr.

2   Sitúa el cursor a la derecha del carácter que quieras eliminar y pulsa Retroceso.

Si quieres eliminar un trozo relativamente grande de texto, es mejor que primero lo selecciones, con cualquiera de los métodos explicados en el apartado anterior y seguidamente pulses Supr o Retroceso (da igual una tecla que otra).

Copiar, cortar y pegar

Ya hemos hablado de estas operaciones muchas veces a lo largo del libro, pero no las hemos aplicado para un trozo de texto, aunque no hay muchas diferencias. El proceso es el siguiente:

1   Selecciona el texto que quieras copiar o cortar.

2   Ejecuta el comando **Copiar** o **Cortar** del menú **Edición** o pulsa las combinaciones de teclas Ctrl+C o Ctrl+X, respectivamente.

3   Sitúa el cursor en el lugar donde quieres que aparezca el texto.

4   Ejecuta el comando **Pegar** del menú **Edición** o pulsa Ctrl+V.

Recuerda que si lo copias, el trozo de texto no desaparece de su ubicación original; todo lo contrario de lo que sucede si lo cortas.

Buscar en un archivo

El **Bloc de notas** te ofrece un comando con el que podrás buscar una cadena de texto en un archivo o documento y que puedes encontrarlo en el menú **Buscar**. Al ejecutarlo, aparecerá un cuadro de diálogo del mismo nombre, que puedes observar en la figura 7.6.

Figura 7.6. Cuadro de diálogo **Buscar**

El procedimiento que debes seguir para buscar un trozo de texto es el siguiente:

1   Ejecuta el comando **Buscar**, **Buscar**.

2   En el cuadro de diálogo que aparece, teclea el texto que quieras encontrar en el cuadro **Buscar**.

3   Si quieres que la búsqueda se realice hacia abajo, haz clic sobre el botón de opción **Abajo**; pero en el caso contrario, haz clic sobre **Arriba** en el cuadro **Dirección**.

4   Si quieres distinguir entre mayúsculas y minúsculas, activa la casilla de verificación **Mayúsculas y minúsculas**.

5   Para comenzar la búsqueda, pulsa el botón **Buscar siguiente**.

Cuando el **Bloc de notas** encuentre una coincidencia, se parará y resaltará en vídeo inverso la cadena encontrada. Por el contrario, si no encuentra en el documento ninguna cadena igual, mostrará un mensaje de error.

Si quieres seguir buscando coincidencias, deberás ejecutar el comando **Buscar**, **Buscar siguiente,** aunque más cómodo es que pulses la tecla F3 para realizar la misma búsqueda anterior sin tener que desplegar el menú.

Imprimir

Otra de las operaciones que es posible que necesites hacer con el **Bloc de notas** es la de imprimir un documento. En el menú **Archivo** dispones de los dos comandos necesarios para hacerlo. Con el comando **Archivo**, **Configurar página** podrás diseñar el formato de la página en la que quieres imprimir el documento. Podrás indicar el tamaño, origen, orientación y márgenes.

También puedes especificar un encabezado y pie de página. Por omisión, el encabezado consta de un control que ajustará el texto a la derecha y el pie de página imprimirá la palabra página y el número.

> **Nota:** si quieres saber qué controles puedes utilizar, despliega la ayuda de dichos cuadros haciendo clic sobre el icono interrogación de la barra de título y, a continuación, sobre el elemento de la pantalla que desees consultar.

Cuando hayas terminado el diseño de la página, puedes ejecutar el comando **Archivo, Imprimir**.

En breves segundos comenzará a imprimirse el documento por la impresora que tengas configurada como predeterminada en Windows ME.

Paint

Se trata ésta de una aplicación de composición gráfica, mediante la cual podrás crear imágenes para utilizar posteriormente con otra aplicación o simplemente para imprimirlas.

Paint está preparado para poder guardar dichas imágenes solamente en el formato BMP. Esto deben tenerlo en cuenta los usuarios que trabajaron con las versiones anteriores, ya que en ellas se permitía guardar los archivos en otros formatos más extendidos hoy en día, como son JPEG y GIF, muy utilizados en Internet.

Por lo tanto, puedes crear imágenes para incorporarlas a tu página Web, a un documento de un procesador de textos o cualquier otro programa.

Ejecutar Paint

Para ejecutar **Paint** debes seguir los siguientes pasos:

1   Haz clic sobre el botón **Inicio** de la barra de tareas.

2   Sitúa el puntero del ratón sobre el menú **Programas**.

3   De nuevo sitúa el puntero del ratón sobre el menú **Accesorios**.

4   Haz clic sobre el comando **Paint**. Si no aparece en un primer momento, espera dos segundos a que se despliegue totalmente el menú.

La pantalla que aparece debe ser como la que muestra la figura 7.7.

> **Nota:** también se ejecutará **Paint** haciendo doble clic sobre un archivo gráfico con extensión BMP de cualquier carpeta.

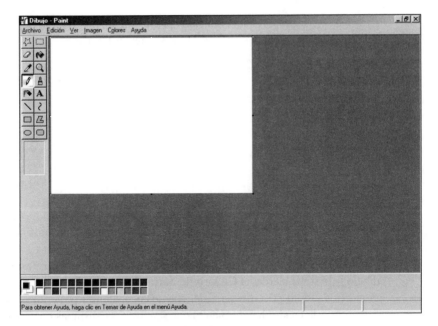

Figura 7.7. Ventana de **Paint**

Elementos de la ventana de Paint

El aspecto de la ventana de **Paint** se parece, cómo no, a otras ventanas de Windows ME; sin embargo, tiene algunos elementos propios, que no encontrarás en otras aplicaciones.

En cuanto a los menús, destacaremos algunos que tienen opciones que hasta ahora no hemos visto:

◆ En el menú **Archivo**, además de los comandos propios para guardar los archivos, dispones de otro llamado **Vista preliminar**, que te mostrará cómo quedará la imagen en una hoja.

◆ El comando **Archivo, Enviar** te permite adjuntar el archivo que tienes en pantalla a un correo electrónico.

◆ En el menú **Ver**, dispones de comandos para visualizar o no las principales ayudas que proporciona **Paint**: **Cuadro de herramientas**, **Cuadro de colores** y **Barra de estado**. Posteriormente trataremos cada una de ellas.

◆ También, en este mismo menú, tienes el comando **Zoom**, con el que podrás configurar el tamaño de visualización de la imagen en pantalla.

Otro menú que proporciona comandos propios de una aplicación de composición gráfica es **Imagen**. En él dispones de las siguientes utilidades:

◆ Voltear o rotar.

◆ Expandir o contraer.

◆ Invertir colores.

◆ Atributos.

◆ Borrar imagen.

◆ Dibujar figuras opacas.

Por último, en el menú **Colores**, podrás ejecutar el comando **Modificar colores** para ajustar los colores a tus necesidades.

Por debajo de la barra de menús se encuentra el área de trabajo, en este caso de dibujo, y, a su izquierda, el **Cuadro de herramientas** con todas las utilidades que proporciona **Paint** para dibujar y del que nos ocuparemos posteriormente. Justo por debajo de este cuadro hay otro en el que se mostrarán distintas opciones de selección de la herramienta con la que estás trabajando en cada instante.

En la parte inferior está el **Cuadro de colores**, que te ofrece la paleta de colores para poder dibujar (figura 7.8).

Por último, en la parte inferior de la ventana de **Paint** está la **Barra de estado**, donde podrás leer mensajes y otras informaciones.

Figura 7.8. Cuadro de colores

Cuadro de colores

El Cuadro de colores que está en la parte inferior de la ventana de **Paint**, te permite seleccionar colores de dibujo y fondo.

Para seleccionar un color de dibujo o primer plano, debes hacer clic sobre su casilla en dicho cuadro.

En cambio, para seleccionar un color de fondo o segundo plano, tendrás que hacer clic con el botón derecho sobre la casilla del color que prefieras. En cualquier momento puedes saber qué colores estás utilizando a través del cuadro que está a la izquierda.

Cuadro de herramientas

El Cuadro de herramientas contiene botones con los que podrás seleccionar las distintas herramientas de dibujo que proporciona **Paint** (figura 7.9).

Situando el puntero del ratón sobre cada una de ellas, aparecerá un bocadillo que indica lo que realiza y, en la barra de estado, una descripción mas detallada.

Cada vez que selecciones una pulsando su botón, el puntero del ratón cambiará de forma, para que sepas exactamente cuál estás usando. Seguidamente las vemos:

◆ **Forma libre**: con ella podrás seleccionar regiones del área de dibujo, para poder moverlas, cortarlas o modificarlas sin alterar el resto del dibujo. Para utilizarla debes hacer clic sobre su botón, hacer clic sobre el punto de partida y, sin soltar el botón, arrastrar el ratón hasta dibujar la región o área que deseas seleccionar.

◆ **Selección**: es igual que la anterior herramienta, la única diferencia es que el dibujo del área que hay que seleccionar será un cuadrado o rectángulo.

> **Nota:** con cualquiera de las dos opciones anteriores aparecerán en el cuadro de opciones de selección (el que está por debajo del Cuadro de herramientas), dos opciones con las que dicha selección será opaca o transparente.

Figura 7.9. *Cuadro de herramientas de* ***Paint***

◆ **Borrador/Borrador de color**: elimina partes del dibujo del área y las sustituye por el color de fondo que tengas seleccionado en ese instante. En el cuadro de opciones de selección dispones de cuatro tamaños diferentes de borrador. Haz clic sobre el que más te guste.

◆ **Relleno con color**: con esta herramienta podrás colorear un área completa de una sola vez. Una vez que hayas pulsado su botón, escoge el color que necesites en el Cuadro de colores y haz clic sobre cualquier punto de dicha área.

> **Nota:** recuerda que si te equivocas o no te gusta alguno de los retoques que hagas, puedes pulsar Ctrl+Z o ejecutar el comando **Edición,Deshacer**, inmediatamente después de hacerlo.

◆ **Selección de color**: esta herramienta es muy útil cuando quieres utilizar un color de la imagen que no está en la paleta. Normalmente esto sucede cuando abres una imagen creada con otra aplicación o una fotografía. Para utilizarla, pulsa su botón, haz clic sobre el área donde se encuentre el color que quieres usar y finalmente sobre el área que quieras colorear.

◆ **Ampliación**: utilízala cuando quieras aumentar una determinada área de la imagen. Cuando lo pulses, el puntero del ratón se convertirá en una lupa con un rectángulo que delimita el área que se aumentará. En el cuadro de opciones de selección puedes decidir el grado de aumento.

◆ **Lápiz**: puedes utilizarla para dibujar a mano alzada. No olvides seleccionar el color que quieras utilizar en el Cuadro de colores.

◆ **Pincel**: su función es la misma que la del **Lápiz**, la diferencia es que con ésta puedes escoger entre distintos tamaños de pincel en el cuadro de opciones de selección.

◆ **Aerógrafo**: es una herramienta que rocía un color a medida que arrastras el puntero del ratón por el área de dibujo, de modo que puedas ajustar la densidad del color según tus necesidades. En el cuadro de opciones de selección puedes escoger, de entre varias formas, la que más te guste.

◆ **Texto**: permite crear un cuadro de texto. Para utilizarla, pulsa su botón, haz clic sobre el punto que será su esquina superior izquierda y, sin soltar el ratón, arrástralo hasta su esquina inferior derecha. En ese mismo instante aparece el cuadro dibujado y se abre un nuevo cuadro de diálogo, **Fuentes**, y el cursor se sitúa dentro del cuadro dibujado (figura 7.10).

Selecciona en dicho cuadro de diálogo el tipo de letra, el tamaño y, si quieres, algunos atributos como negrita, cursiva o subrayada. Por último, haz clic de nuevo sobre el cuadro de texto, escribe lo que quieras y, cuando termines, haz clic en cualquier parte de la ventana que no sea el cuadro.

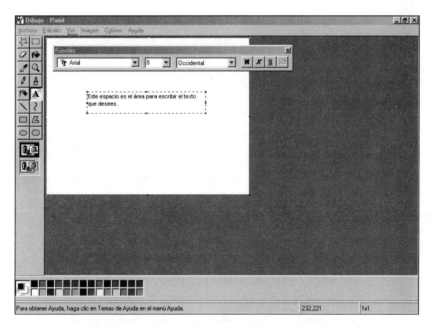

Figura 7.10. *Aspecto de la ventana al pulsar el botón* **Texto**

Nota: si el texto no cabe en el cuadro de texto, amplíalo. Para ello, sitúa el puntero del ratón en cualquiera de los ocho puntos que tienen sus lados, haz clic y, sin soltar el botón, arrastra el ratón hasta que tenga la dimensión adecuada.

◆ **Línea**: esta herramienta dibuja líneas rectas. Para hacerlo, haz clic sobre el punto donde estará uno de sus extremos y, sin soltar el botón, arrastra el ratón hacia el segundo y suéltalo.

◆ **Curva**: con ella podrás dibujar cualquier tipo de curva. Para ello, dibuja una línea recta y después arrastra el puntero del ratón hasta darle la curvatura que necesites.

◆ **Rectángulo**: como su propio nombre indica dibuja un rectángulo. Para hacerlo, sitúa el puntero en la que será su esquina superior izquierda y, sin soltarlo, arrastra el ratón hasta su esquina inferior derecha.

◆ **Polígono**: con ella podrás dibujar formas con el número de lados que tú quieras. Para hacerlo, dibuja una línea recta y seguidamente, mueve el puntero del ratón a otro punto y haz clic en él. Repite la operación por cada lado que quieras dibujar. Para cerrar correctamente la forma que dibujes, haz doble clic al finalizar el penúltimo lado el propio **Paint** se encarga de trazar la última recta que une ese penúltimo lado con el primero que dibujaste.

◆ **Elipse**: para dibujar una elipse debes hacer clic sobre cualquier punto del área de dibujo y, sin soltar el botón, arrastrar el ratón hasta que tenga las dimensiones que quieras.

◆ **Rectángulo redondeado**: la única diferencia con respecto a un rectángulo normal es que tiene las esquinas redondeadas. La forma de dibujarlo es exactamente la misma que se explicó anteriormente.

Nota: con cualquiera de las herramientas para dibujar líneas, curvas, elipses o rectángulos, podrás escoger el trazo en el cuadro de opciones de selección.

El marcador de teléfono

Es una utilidad que proporciona Windows 98 para marcar teléfonos en tu lugar. Para usarla deberás tener un módem instalado y un teléfono conectado a la misma línea de teléfono a la que se encuentra conectado el módem.

Nota: si todavía no tienes instalado un módem, consulta cómo hacerlo en la lección Conectar con el mundo.

Para ejecutarlo, deberás seguir los siguientes pasos:

1   Pulsa el botón **Inicio** de la barra de tareas.

2   Sitúa el puntero del ratón en el menú **Programas**.

3   Sitúa el puntero del ratón en el menú **Accesorios**.

4   Sitúa el puntero del ratón sobre el menú **Comunicaciones**.

5   Haz clic sobre el comando **Marcador de teléfono**. En breves instantes aparecerá su ventana (figura 7.11).

Marcar un teléfono

Para marcar un número de teléfono dispones de varias posibilidades:

◆ Teclearlo directamente o pulsar las "teclas" del marcador.

◆ Desplegar el cuadro de lista desplegable **Número para marcar** y seleccionar el número, si es que has llamado a él recientemente.

◆ Pulsar alguno de los botones del cuadro **Marcado rápido**.

Figura 7.11. Marcador de teléfono

De la primera forma, a medida que vayas tecleando el número, los dígitos aparecerán en el cuadro de lista desplegable **Número para marcar**. Cuando termines, pulsa el botón **Marcar** y se iniciará el proceso de marcado.

Para marcar un teléfono de la segunda forma, haz clic en el botón del cuadro de diálogo **Número para marcar**, selecciona el número que quieras y pulsa **Marcar**.

De inmediato aparece el cuadro de diálogo **Marcando**, donde tienes los botones **Colgar** (para cuando termines de hablar) y **Cambiar opciones** (para modificar, entre otras, la configuración del marcado).

Añadir un teléfono al Marcado rápido

El cuadro **Marcado rápido** es como la memoria de nuestro teléfono: en él puedes guardar hasta ocho números distintos, para acceder a ellos más rápidamente.

Para asignar un número a un botón debes seguir los siguientes pasos:

1   Ejecuta el comando **Edición, Marcado rápido**.

2   En el cuadro de diálogo que aparece, **Edición del Marcado rápido** (figura 7.12), pulsa un botón vacío.

3   Teclea el nombre en el cuadro de texto **Nombre**.

4   Teclea el número de teléfono en el cuadro de texto **Número para marcar**.

5   Pulsa **Guardar**.

Para marcarlo, simplemente debes pulsar su botón y se iniciará el proceso.

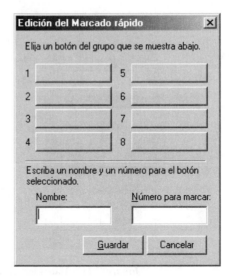

Figura 7.12. Cuadro de diálogo **Edición del Marcado rápido**

Imaging

Windows 98 incorporó como novedad esta herramienta básica de retoque fotográfico, que te proporciona la posibilidad de mejorar o incorporar elementos a cualquier imagen. La versión de Windows ME no difiere de su predecesora.

Otra de las utilidades de **Imaging** es poder escanear cualquier clase de imagen, como posteriormente veremos.

Imaging puede abrir prácticamente todos los formatos más extendidos hoy en día (incluido JPEG y GIF), aunque sólamente podrás utilizarlo con toda su potencia con los formatos BMP y TIFF (de hecho sólamente puede guardar imágenes en estos formatos).

Para trabajar con él, deberás ejecutar el comando **Imaging** que está en el menú **Accesorios**.

Recuerda que para llegar hasta él, debes pulsar el botón **Inicio** de la barra de tareas, desplegar el menú **Programas** y **Accesorios**.

Componentes de la ventana de Imaging

El aspecto de su ventana no difiere en exceso de otras aplicaciones de Windows ME. En ella hay una barra de menús, por debajo, en la parte inferior las barras de herramientas, y en el centro, el área de trabajo (figura 7.13).

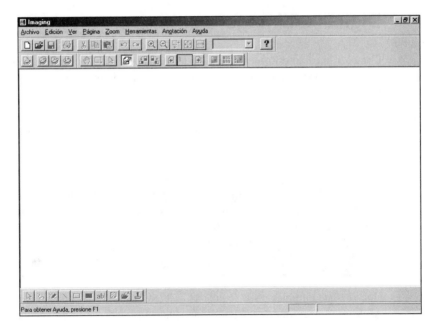

Figura 7.13. *Ventana de* **Imaging**

En los distintos menús puedes encontrar comandos comunes a otras aplicaciones y otros específicos para esta clase de programas. Los resumiremos a continuación:

◆ **Archivo**: además de poder abrir, guardar e imprimir archivos, dispones de dos opciones para seleccionar un escáner y digitalizar cualquier imagen con él.

◆ **Edición**: los típicos comandos para copiar, cortar, pegar y seleccionar.

◆ **Ver**: contiene comandos para configurar distintas formas de visualización; así como la activación o desactivación de las barras de herramientas.

◆ **Página**: para configurar la página en la que se encuentra la imagen.

◆ **Zoom**: diversas formas de ampliación o reducción de la imagen.

◆ **Herramientas**: opciones generales y de digitalización.

◆ **Anotación**: diversos comandos para añadir formas y otros elementos.

Imaging proporciona cuatro barra de herramientas, todas ellas visibles por omisión y son: **Estándar**, **Imaging**, **Anotación**, **Digitalización**. Para activar o desactivar cualquiera de ellas, utiliza el comando **Ver, Barras de herramientas**.
En el cuadro de diálogo que aparezca, activa o desactiva la casilla de verificación de la barra que quieras.

Digitalizar imágenes

Como dijimos anteriormente, una de las utilidades que aporta **Imaging** es la posibilidad de escanear desde su ventana cualquier tipo de imagen.
Para ello será necesario que:

◆ Tengas instalado un escáner y esté en funcionamiento en Windows ME.

◆ Tengas instalado el software propio del escáner.

> **Nota:** si tienes problemas para instalar el escáner, comprueba en los apartados dedicados a agregar programas o hardware de la lección del **Panel de control** si lo has hecho correctamente. Si a pesar de todo no lo solucionas, contacta con tu distribuidor o busca al fabricante en Internet, es posible que necesites un controlador actualizado para tu escáner.

Una vez que cumples estos requisitos, deberás seleccionar a través del comando **Archivo**, **Seleccionar escáner** el que tengas instalado en tu ordenador.
A partir de ese momento ya podrás digitalizar lo que quieras ejecutando el comando **Archivo**, **Digitalizar**. El resultado lo verás en el área de trabajo de **Imaging**.
Ten en cuenta que puedes utilizar distintas calidades con el comando **Herramientas**, **Opciones de digitalización** para que el archivo digitalizado ocupe más o menos espacio en el disco, teniendo también más o menos calidad de imagen (observa la figura 7.14).

Figura 7.14. Opciones de digitalización

WordPad

Es un procesador de textos de características limitadas, pero muy útil para crear documentos simples con buena calidad. Mantiene una gran compatibilidad con el procesador de textos profesional Word de Microsoft, de hecho los documentos que crees en él pueden leerse con Word y viceversa. Puedes leer archivos editados con Word 97 y Word 2000, pero **WordPad** los grabará con el formato de Word versión 6.

Nota: todos los archivos que tengan extensión doc, se abrirán por omisión con WordPad si no dispones de Word.

Crear un documento

Una de las limitaciones de **WordPad** es que sólo puede tener abierto un documento a la vez; aunque esto no es un inconveniente para hacer un documento de calidad. Para acceder a WordPad, debes ejecutar el comando del mismo nombre que está en el menú **Programas**, **Accesorios**. Cada vez que abres WordPad (figura 7.15) ya dispones en el área de trabajo de un documento vacío listo para trabajar con él.

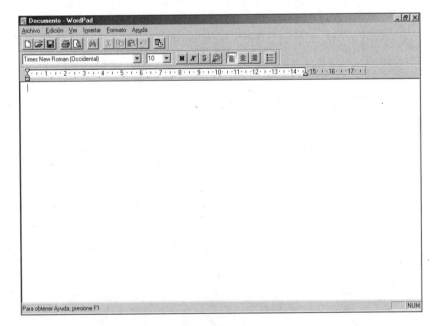

Figura 7.15. *Ventana de WordPad*

Si estando dentro de él necesitas crear uno nuevo, selecciona el comando **Archivo**, **Nuevo**. De inmediato aparecerá el cuadro de diálogo **Nuevo** (figura 7.16), en el que puedes decidir el tipo de documento que quieres crear.

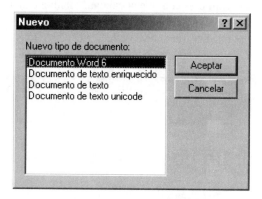

Figura 7.16. Cuadro de diálogo **Nuevo**

Comenzar a escribir

Si no has utilizado nunca un procesador de textos, debes saber que puedes escribir en el lugar donde se encuentra el cursor, que es esa línea vertical parpadeante que aparece en la esquina superior izquierda del área de trabajo en un documento nuevo. A partir de ese momento, podrás teclear el texto que quieras.

Los márgenes

Es fundamental que lo que escribas con un procesador sea el texto que deseas y que éste tenga el aspecto que realmente desees. Para facilitártelo, **WordPad** te permite cuidar los márgenes de presentación del texto en pantalla, ya que es posible que no se corresponda con lo que realmente quieres ver. Para ajustar esta característica, dispones de tres opciones:

◆ Que se produzca el salto de línea cuando se termine la regla.

◆ Que se produzca el salto de línea cuando se termine la ventana.

◆ Que todo el texto esté en la misma línea.

> **Nota:** la regla es el elemento que está entre la barra de herramientas y el área de trabajo.

Por omisión, el salto de línea se produce cuando se termina la regla, pero, si quieres cambiar esta característica, ejecuta el comando **Ver, Opciones**. En el cuadro de diálogo que aparece (figura 7.17), dispones de tres casillas de verificación en el cuadro **Ajuste de línea**, con las que podrás modificar dicha característica.

Si decides utilizar el ajuste de línea a la regla, puedes modificar el margen derecho moviendo el botón (pequeño) que está por debajo de ella y en su extremo izquierdo.

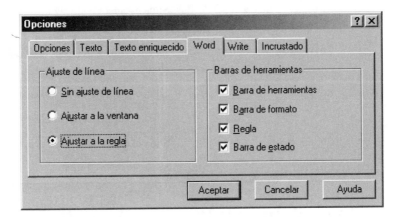

Figura 7.17. *Cuadro de diálogo* **Opciones**

Moverse por el documento

A medida que vayas introduciendo texto en el documento, necesitarás moverte por él para modificar, eliminar o insertar cualquier carácter. En la tabla 7.3, que se introduce a continuación, se indican las principales combinaciones de teclas para mover el cursor por el documento.

Tabla 7.3. *Combinaciones de teclas para moverse por* **WordPad**

Combinación de teclas	Movimiento
Flecha arriba	Sube una línea.
Flecha abajo	Baja una línea.
Flecha derecha	Mueve el cursor un carácter a la derecha.
Flecha izquierda	Mueve el cursor un carácter a la izquierda.

(continúa)

Tabla 7.3. *Combinaciones de teclas para moverse por* **WordPad** *(continuación)*

Combinación de teclas	Movimiento
Inicio	Mueve el cursor hasta el comienzo de una línea.
Fin	Mueve el cursor hasta el final de una línea.
Ctrl+Flecha derecha	Sitúa el cursor en la siguiente palabra de la derecha.
Ctrl+Flecha izquierda	Sitúa el cursor en la siguiente palabra de la izquierda.
RePág	Sitúa el cursor en la pantalla anterior.
AvPág	Sitúa el cursor en la pantalla siguiente.
Ctrl+Inicio	Sitúa el cursor al comienzo del archivo.
Ctrl+Fin	Sitúa el cursor al final del archivo.

Seleccionar texto

Muchos de los comandos de **WordPad** se aplican sobre partes del texto más o menos grandes; por tanto, deberás saber cómo seleccionarlas antes de utilizarlos. La forma es sencilla y es igual a la que se utilizó en el **Bloc de notas**: haz clic a la izquierda del primer carácter que quieras seleccionar y, sin soltar el botón, arrastra el ratón hasta la derecha del último carácter. La cadena seleccionada aparecerá en vídeo inverso. Existen diversos trucos para seleccionar partes muy determinadas de un documento, por ejemplo:

◆ Para seleccionar una palabra, haz doble clic sobre ella.

◆ Para seleccionar una línea, haz un solo clic a su izquierda.

◆ Para seleccionar varias líneas adyacentes, pulsa a la izquierda de la primera y sin soltar el botón, arrastra el ratón hasta que aparezcan las líneas en vídeo inverso.

◆ Para seleccionar un párrafo, haz triple clic sobre él.

Cambiar el tipo y tamaño de letra

En cualquier procesador de textos es fundamental poder cambiar el tipo y el tamaño de la fuente utilizada; **WordPad** no es una excepción.

Para hacerlo, debes situar el cursor en el punto a partir del cual deseas cambiarlas y ejecutar a continuación el comando **Formato**, **Fuente**. En el cuadro de diálogo que aparece (figura 7.18), dispones de las siguientes opciones:

◆ Cambiar el tipo de letra en el cuadro **Fuente**.

◆ Cambiar el estilo de letra en el cuadro **Estilo de fuente**.

◆ Cambiar el tamaño en el cuadro **Tamaño**.

◆ Aplicar algunos atributos especiales al texto mediante las casillas de verificación del grupo **Efectos**.

En el mismo cuadro de diálogo podrás ver cómo quedará el texto en el cuadro **Muestra**.

Nota: todo lo que se indique que se puede hacer con el texto, puedes hacerlo posteriormente a haberlo escrito. Selecciona el texto al que desees cambiar algún atributo y selecciona el comando según se indique en cada caso.

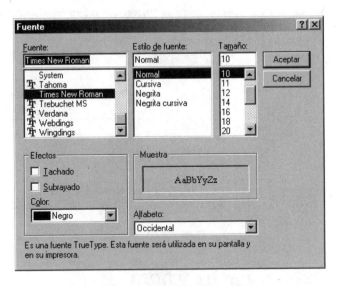

Figura 7.18. Cuadro de diálogo *Fuente*

Viñetas

También es posible incluir texto como una viñeta para incorporar cualquier clase de lista al documento. Para hacerlo, sitúa el cursor en la línea donde vayas a comenzar a introducir la lista y seguidamente selecciona la opción **Estilo de viñeta** del menú **Formato**.

Inmediatamente la línea donde está el cursor se desplazará a la derecha y aparecerá un pequeño círculo negro a su izquierda. Desde este momento, cada vez que pulses Intro se creará un nuevo párrafo, que en realidad es una nueva viñeta de la lista. Cuando termines la lista, vuelve a seleccionar el comando **Formato, Estilo de viñeta** para desactivarla y continuar escribiendo normalmente.

Cambiar sangría y alineación

También puedes cambiar el aspecto de los párrafos a través de detalles como la sangría o la alineación. Ambas características son accesibles a través del comando **Formato, Párrafo**.

Al ejecutarlo aparecerá el cuadro de diálogo **Párrafo** (figura 7.19), donde podrás añadir una sangría al párrafo donde esté situado el cursor en centímetros y a la izquierda, derecha o sólo en la primera línea.

Para cambiar la alineación, tendrás que desplegar el cuadro de lista desplegable **Alineación** y hacer clic sobre la opción que mejor se adapte a tus necesidades.

Figura 7.19. Cuadro de diálogo **Párrafo**

Insertar Fecha y hora

WordPad proporciona un comando con el cual puedes añadir la fecha y hora del día. Para hacerlo, deja el cursor en el lugar donde quieras insertarlo y selecciona el comando **Insertar, Fecha y hora**. En el cuadro de diálogo que aparezca, selecciona el formato que más te guste o que simplemente se adapte al formato utilizado en el lugar del mundo donde resides.

Copiar y mover texto

Como en cualquier procesador de textos puedes copiar y mover cadenas de caracteres de forma sencilla. Para ello selecciónalas y utiliza los "famosos" comandos **Copiar** (Ctrl+C), **Cortar** (Ctrl+X) y **Pegar** (Ctrl+V). También es posible mover un trozo de texto, seleccionándolo y arrastrándolo con el ratón.

Eliminar texto

Cuando quieras eliminar algún carácter, sitúate a su izquierda y pulsa Supr; o bien a su derecha y, en este caso, pulsa Retroceso.

Si lo que quieres eliminar es un trozo de texto, selecciónalo de cualquier de las formas descritas anteriormente y pulsa Supr o Retroceso (da igual una que otra).

Buscar texto

Si el documento es excesivamente largo, es muy posible que te pierdas a la hora de buscar cualquier cadena de caracteres. Para que esto no te ocurra, **WordPad** te proporciona el comando **Buscar** del menú **Edición** y el icono que representa unos prismáticos en la barra de herramientas. Al ejecutarlo aparecerá el cuadro de diálogo del mismo nombre, que puedes ver en la figura 7.20.

Debes introducir el texto que quieras encontrar en el cuadro de texto **Buscar** y pulsar seguidamente el botón **Buscar siguiente**. Cuando **WordPad** encuentre una coincidencia, parará la búsqueda y resaltará en vídeo inverso la cadena encontrada. Si quieres buscar otras coincidencias, debes pulsar de nuevo el botón **Buscar siguiente**.

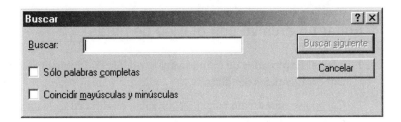

Figura 7.20. *Cuadro de diálogo* **Buscar**

Reemplazar texto

Si quieres cambiar una determinada cadena de caracteres por otra, lo más cómodo es que utilices el comando **Reemplazar** del menú **Edición**. Al ejecutarlo aparecerá el cuadro de diálogo **Reemplazar** (figura 7.21), en el que deberás teclear el texto que hay que encontrar en el cuadro **Buscar** y el texto por el que quieres sustituirlo en el cuadro **Reemplazar por**.

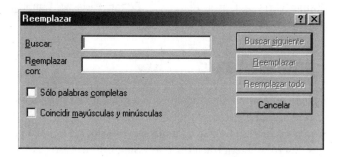

*Figura 7.21. Cuadro de diálogo **Reemplazar***

A continuación deberás decidir cómo quieres hacerlo:

◆ Si quieres sustituir todas las coincidencias de forma automática, pulsa el botón **Reemplazar todo**.

◆ Si no quieres sustituir todas las coincidencias, pulsa el botón **Buscar siguiente** y, cuando encuentres la que quieres, pulsa el botón **Reemplazar**. De nuevo tendrás que volver a pulsar el botón **Buscar siguiente** para encontrar más coincidencias.

Ejercicio práctico

Editar un archivo con el Bloc de notas

1 Abre el **Explorador de Windows** y haz doble clic sobre el archivo Informe de la carpeta Ejercicios del disco C.

2 Cuando se muestre en pantalla el archivo, modifícalo tecleando o borrando parte del texto.

3 Selecciona el comando **Archivo, Salir**.

4 Selecciona en el cuadro de diálogo que aparece el botón **Sí** para guardar las modificaciones.

Panel de control

Desde el Panel de control puedes acceder a la configuración general del ordenador. Puedes manipular desde aspectos tan evidentes como por ejemplo la configuración del teclado, monitor, ratón, etc., hasta otros mucho más complejos como pueden ser la instalación de nuevos elementos físicos (hardware) en el ordenador o la inclusión de programas.

Al ejecutar el comando **Inicio**, **Configuración**, **Panel de control** aparecerá la ventana **Panel de control** (figura 8.1), con un gran conjunto de iconos que te permitirán configurar la mayor parte de los elementos del ordenador.

Debes tener en cuenta que hay ciertos iconos, como por ejemplo, **Internet**, **Impresoras**, etc., que se tratan en otros capítulos de este libro dedicados a esos temas en cuestión.

También puede haber iconos que no pertenezcan a Windows ME sino a cualquier aplicación que tengas instalada en tu ordenador. Como puedes suponer estos iconos no los explicaremos.

En esta lección aprenderás a:

- Configurar aspectos generales del ordenador.

- Conocer cómo está configurado un ordenador.

- Agregar nuevos componentes.

- Agregar y eliminar programas.

Agregar nuevo hardware

El icono **Agregar nuevo hardware** te permite añadir dispositivos físicos al ordenador para que Windows ME los conozca y puedas trabajar con ellos.

Nota: en muchos casos, el propio Windows ME detecta los nuevos elementos de hardware que se han incluido o retirado del ordenador en cuanto lo enciendes. Veremos este caso más adelante, pero por el momento vamos a centrarnos en cómo utilizar este comando.

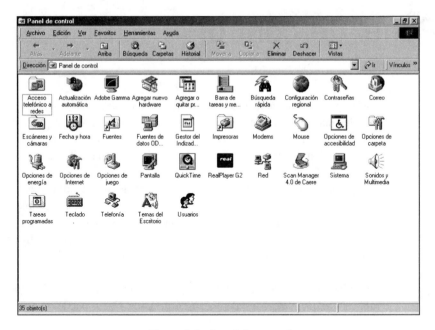

Figura 8.1. Panel de control

Si haces doble clic en el icono **Agregar nuevo hardware** aparecerá la ventana **Asistente para agregar nuevo hardware**, que será el que nos guíe en los pasos que hay que realizar.

En la primera ventana nos informa de que debemos tener cerradas el resto de las aplicaciones. Esto se debe a varios motivos, siendo el principal que en muchos casos puede ser necesario reiniciar el ordenador para que los cambios que se introducen surtan efecto, lo cual causará que se pierdan datos. Otra causa no declarada es que el ordenador puede quedarse "colgado" debido a estos programas abiertos, aunque por desgracia esto ocurre incluso teniendo todos los programas cerrados.

Después de pulsar **Siguiente**, una ventana indica que Windows ME va a comenzar a localizar el hardware de tipo Plug and Play. Este proceso durará varios minutos, no te inquietes.

> **Nota:** los dispositivos Plug and Play están diseñados para que el ordenador los reconozca de forma casi automática, ya que se "identifican" ellos mismos. Los dispositivos que no cumplen esta norma deben indicarse manualmente como veremos a continuación.

Cuando finalice aparecerá una ventana que mostrará los dispositivos Plug and Play que haya encontrado (figura 8.2).

Si muestra el hardware que deseas instalar, selecciónalo. A continuación procederá a cargar en el disco duro los archivos que permiten gestionar adecuadamente el dispositivo. Si estos archivos no los tiene controlados, Windows ME te pedirá que introduzcas los disquetes o el CD-ROM que venía con el hardware; en otro caso procederá a cargarlos directamente.

Pero si en la lista de dispositivos no aparece ninguno o en concreto no aparece el que deseas instalar, deberás seleccionar la opción primera.

Figura 8.2. Asistente para agregar nuevo hardware

Como indica la nueva ventana (figura 8.3), Windows ME controla directamente los dispositivos que encuentra y por ello debes dejar que él mismo los localice, al menos en un primer intento, si el manual del dispositivo no indica lo contrario.

La nueva ventana te indica que este proceso puede tardar varios minutos, y no te asustes si escuchas al disco duro más de lo normal.

Solamente en el caso de que el indicador se pare mucho tiempo tendrás que reiniciar el ordenador, preferentemente con el botón **Reset**, si lo tiene, aunque si quieres puedes incluso apagarlo.

Tras la detección aparece una ventana indicando si ha encontrado un nuevo hardware o no. En caso afirmativo, selecciona el botón **Detalle** para ver los dispositivos detectados y selecciona el que desees.

El resto del proceso requerirá que introduzcas disquetes o el CD-ROM si Windows ME no tiene los controladores que gestionan el dispositivo. Después de esto ya estará instalado.

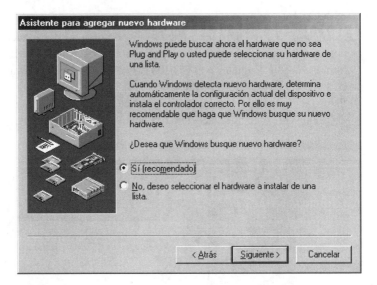

Figura 8.3. Comienzo de búsqueda de dispositivos no Plug and Play

Si la situación en que te encuentras es que Windows ME no ha detectado el dispositivo como Plug and Play y que su detección posterior tampoco lo ha encontrado, cancela la instalación y ejecútala de nuevo como hemos indicado, sólo que ahora deberás seleccionar la opción que te permite elegir el dispositivo de una lista.

En la ventana que aparece deberás seleccionar el tipo de dispositivo que deseas instalar y, en la ventana posterior, especificar el fabricante y el modelo.

Si no aparece en la lista, selecciona el botón **Cancelar** y, en la ventana de tipos de hardware, selecciona **Otros dispositivos**. Ahora aparece una nueva ventana (figura 8.4) en la cual deberás seleccionar el botón **Utilizar disco** e introducir los disquetes o CD-ROM que venían con él para que se instale adecuadamente.

> **Nota:** si adquieres dispositivos nuevos no debes inquietarte, ya que su instalación y los discos o CD-ROM que contienen los controladores tendrán la versión para Windows ME o, como mínimo, para Windows 98 o 95. Si intentas conectar un dispositivo antiguo puede que necesites adquirirlos por medio del distribuidor o fabricante; pero en su mayoría tienen un sitio Web en Internet al que podrás acceder para traerte dichos controladores.

Agregar hardware automáticamente

Es posible que, dependiendo del dispositivo de hardware que conectes al ordenador, el propio Windows ME lo detecte automáticamente.

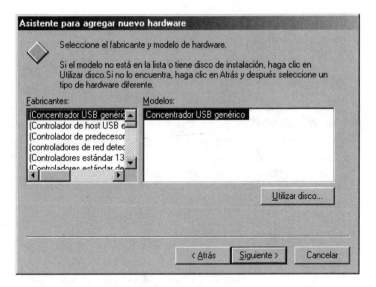

Figura 8.4. *Instalación de otros dispositivos*

Si Windows ME puede detectar y saber cuál es este dispositivo, te pedirá que introduzcas el CD-ROM de Windows ME o los disquetes o CD-ROM que vengan con el dispositivo para poder instalarlo. Incluso de esta forma, hay dispositivos que indican en su manual que debes cancelar esta forma de instalación y que debes hacerla como hemos indicado anteriormente.

Así mismo, hay dispositivos que indican en su manual que debes instalarlos con el comando **Ejecutar** del menú **Inicio**, que ya vimos en la lección 5.

Agregar o quitar programas

El icono **Agregar o quitar programas** es la mejor forma de cargar y eliminar programas en tu ordenador. Te recomendamos que la utilices para que no tengas problemas posteriores.

> **Nota:** hay ciertos programas que vienen en CD-ROM que, al introducirlos en la unidad, inician la instalación de forma automática. Procede como indica el programa de instalación ya que de esta forma también se realiza adecuadamente.

Los programas diseñados para Windows 98 y Windows ME están preparados (aunque algunos no lo hacen bien del todo) para que el propio sistema operativo sea el encargado de controlar todo lo referente a ellos, de tal manera que puedas, en un momento dado, configurarlos con otras opciones o eliminarlos del disco duro y que no quede "perdido" ningún archivo del mismo en el disco duro.

> **Nota:** una característica nueva y muy interesante que incluye Windows ME es lo que se llama *System File Protection*. Hasta ahora, al instalar o quitar programas en nuestro ordenador, corríamos el peligro de que algún archivo importante de Windows ME fuera "machacado" por el programa de instalación, lo que producía errores en otros programas e incluso en el propio Windows. Ahora SFP de Windows ME impide que se modifiquen tales archivos y, en el caso de que suceda, sustituye dicho archivo por la versión original.

Observa que la primera pestaña (figura 8.5) de la ventana aparece dividida en dos partes: la superior para instalar programas y la inferior para eliminar los componentes que tienes instalados de cada uno de ellos.

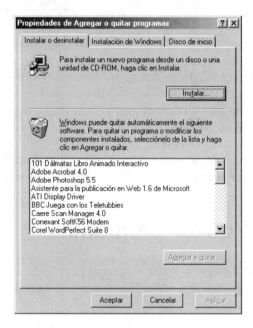

*Figura 8.5. Pestaña **Instalar o desinstalar***

Instalar un programa

Selecciona el botón **Instalar** en el cuadro de diálogo **Instalar o desinstalar**. A continuación aparece un nuevo cuadro de diálogo que indica que debes introducir el primer disquete del programa o el CD-ROM.

Una vez que lo hayas hecho, el ordenador tratará de localizar en el disquete o CD-ROM el programa de instalación (figura 8.6). Si no aparece en el cuadro de diálogo, deberás desplegar el cuadro **Examinar** y localizarlo mediante el nuevo cuadro de diálogo que aparece.

Cuando tengas localizado el programa de instalación y selecciones el botón **Finalizar** dará comienzo el proceso de instalación del programa. Sigue las instrucciones que aparecen en la pantalla hasta que termine.

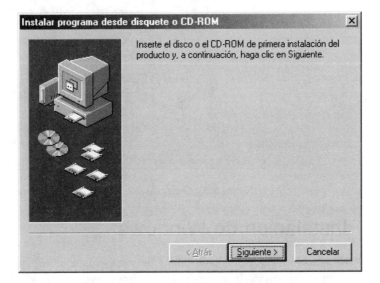

Figura 8.6. *Localizar programa de instalación*

Desinstalar o cambiar componentes

Desde la parte inferior de la pestaña **Instalar o desinstalar** puedes eliminar un programa de los que muestra la lista o modificar los componentes que tengas instalados con él.

Solamente has de seleccionar el programa en cuestión y, a continuación, el botón **Agregar o quitar**.

Dependiendo del programa ahora te aparecerán distintos tipos de pantalla. Por ejemplo, si lo cargaste desde un CD-ROM es fácil que te lo pida, en otros casos te mostrará los archivos que va a eliminar del disco duro para que lo confirmes o sólo te pedirá que confirmes que deseas borrarlo, etc.

Cuando el programa tiene componentes opcionales que puedes haber instalado o no, lo normal es que te aparezca una ventana indicando los que están instalados y los que no, para que puedas eliminar alguno de ellos y/o instalar otros (figura 8.7).

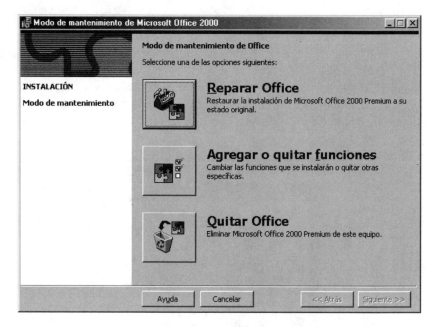

Figura 8.7. Componentes instalados de un programa

Instalación de Windows

De igual forma que puedes instalar y desinstalar parte de algunos programas, mediante la pestaña **Instalación de Windows** puedes hacer lo mismo con componentes propios de Windows ME.

Cuando la selecciones, tardará unos segundos en mostrar una lista con todos los componentes de Windows. El que esté instalado mostrará la casilla de verificación marcada.

Algunos de ellos tienen un sombreado, lo cual indica que contienen otros componentes que no están instalados; selecciona su nombre y, en el cuadro **Descripción,** podrás ver cuántos de ellos están instalados y cuántos contiene en total (figura 8.8). Mediante el botón **Detalle** puedes acceder a la lista de componentes y marcar, o quitar la marca, la casilla de verificación de cada uno de ellos.

Una vez que hayas especificado los componentes que deseas mantener e instalar, Windows ME los cargará (lo normal es que no te pida ni siquiera el CD ROM).

Disco de inicio

La pestaña **Disco de inicio** te permite crear un disquete desde el que podrás arrancar tu ordenador si tienes algún problema en el disco duro.

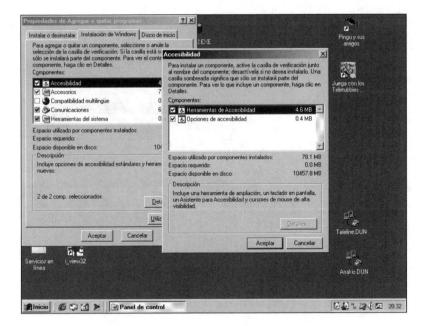

Figura 8.8. *Componentes instalados de Windows ME*

Esta acción también la pudiste realizar al instalar Windows ME, pero, si perdiste el disco o no lo hiciste, te recomendamos que lo hagas cuanto antes mejor, ya que te puede salvar de más de un problema.

Cuando selecciones el botón **Crear disco**, Windows ME te indicará que introduzcas un disquete vacío o que se pueda borrar en su totalidad.

Cuando acabe, pégale una etiqueta al disquete indicando que es el disco de inicio de Windows ME, con colores u otros métodos para que no lo utilice nadie.

Por supuesto, conviene que lo protejas contra borrados accidentales y que lo guardes con otros disquetes y CD-ROM originales.

Opciones de energía

Este icono muestra una ventana desde la que puedes configurar la forma de ahorrar energía con tu ordenador (figura 8.9)

El cuadro desplegable **Combinaciones de energía** contiene varias opciones: **Escritorio u oficina**, **Equipo portátil** y **Siempre activo**. Según selecciones una de ellas en el bloque inferior **Configuración para escritorio u oficina**, aparecerá el modo de ahorro de energía que se aplicará.

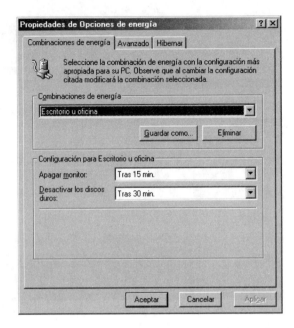

Figura 8.9. Propiedades de Opciones de energía

En la primera y segunda opción se apagará el monitor tras 15 minutos sin utilizar el ordenador y los discos duros tras 30 minutos; en el tercer caso el monitor se apagará también pasados 15 minutos y los discos duros pasada una hora.

Esto lo único que hace es ahorrar energía, pues el monitor consume cuando muestra cualquier cosa y los discos duros también consumen energía cuando están en funcionamiento. Cuando pulses una tecla o muevas el ratón, se volverá a encender el monitor y, cuando accedas al disco duro, éste se pondrá en funcionamiento de forma automática.

Si lo deseas, puedes modificar los tiempos establecidos y, con el botón **Guardar como,** indicar un nombre para dicha configuración, que se añadirá al botón desplegable **Combinaciones de energía**.

De todos modos, esta forma de personalizar el ahorro de energía tampoco conviene que no contenga tiempos muy cortos, por rapidez en el trabajo y por otros motivos físicos de estos dispositivos.

Otra característica nueva que incorpora Windows ME es el modo Hibernación.

Cuando tu ordenador entra en este modo, Windows ME guarda en disco duro lo que hay en memoria y apaga el ordenador (figura 8.10). La próxima vez que lo enciendas, se restauran todos los programas y quedan en la misma situación que lo dejaste. El único inconveniente es que necesite entre 60 y 70 Mb de espacio libre en disco duro.

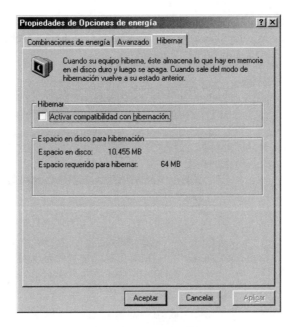

Figura 8.10. Pestaña **Hibernar**

Configuración regional

Este icono no se suele utilizar si la instalación de Windows ME se ha realizado correctamente en lo que a la zona geográfica en la que está ubicado tu ordenador se refiere.

Según estés en España o en Sudamérica, o cualquier otro país o continente, al instalar Windows ME deberás indicarlo. De esta forma, temas como la fecha y hora, moneda, números, etc., estarán bien configurados.

En la pestaña **Configuración regional** (figura 8.11) puedes seleccionar el país y el idioma correspondiente a la zona donde resides.

Cuando selecciones el botón **Aplicar**, se ajustarán de forma automática el contenido del resto de las pestañas.

De todas formas, puedes modificar el contenido de cada una de ellas como desees, por si hay algún aspecto que no sea el adecuado a tus necesidades.

Comprueba en el resto de las pestañas que se utilizan determinados separadores para las horas, minutos y segundos, así como para los días, meses y años; que la posición de la unidad monetaria aparece a un lado determinado de la cantidad, la indicación de los decimales y los separadores de millares se corresponde con la del país configurado, etc.

En resumen, según el país e idioma seleccionados, Windows ME va a trabajar los conceptos referentes a los números, monedas, hora y fecha según un estándar preestablecido para dicho país e idioma.

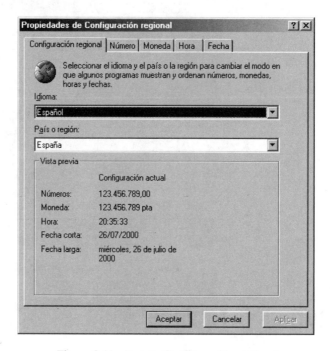

Figura 8.11. Pestaña **Configuración regional**

Usuarios

Un ordenador se puede compartir por parte de varios usuarios. Lógicamente todos ellos tendrán acceso al mismo ordenador, y por esto Windows ME te permite realizar una configuración personalizada para cada uno de ellos.

Haz doble clic en el icono **Usuarios** y aparecerá un asistente para activar la configuración para usuarios múltiples.

Sigue los pasos para configurar los distintos usuarios de tu ordenador. Cuando tengas creados varios usuarios, al volver a seleccionar el icono **Usuarios** aparecerá la ventana de la figura 8.12.

Seleccionando el botón **Nuevo usuario** aparece un asistente para crearlo. Te pedirá que especifiques el nombre del mismo, la contraseña que va a utilizar para entrar y, por último, (figura 8.13) qué elementos podrá personalizar y cómo se crearán los nuevos.

Pero si tienes un usuario cuya configuración es similar a la de otro que deseas crear, selecciona el primero y el botón **Hacer una copia**; el resto del proceso de creación del usuario será como hemos indicado antes.

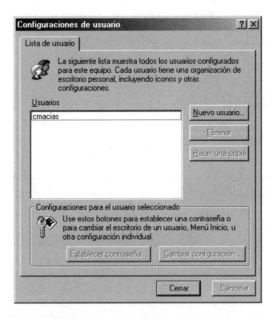

Figura 8.12. *Ventana **Configuraciones de usuario***

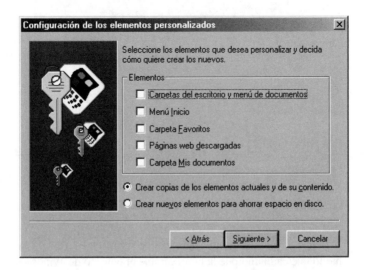

Figura 8.13. ***Configuración de elementos personalizados***

Cuando haya un usuario que deseas eliminar sólo has de seleccionar su nombre y el botón **Eliminar**.

Cuando selecciones un usuario, se activarán los botones **Establecer contraseña** y **Cambiar configuración**.

Estos botones vuelven a mostrar las ventanas de contraseña y de configuración que aparecieron al crear los usuarios, para poder cambiarlas sin tener que crear de nuevo al usuario.

Contraseñas

En este cuadro de diálogo puedes ver la pestaña **Perfiles de usuarios** (figura 8.14), que aparece al seleccionar el icono **Contraseña**, y que hace referencia a los posibles usuarios (marido, esposa, compañeros, etc.) que pueden utilizar un mismo ordenador, los cuales se configuraron en el apartado anterior.

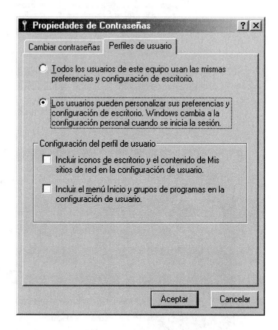

Figura 8.14. *Pestaña **Perfiles de usuarios***

Si hay configurados varios usuarios, por omisión está activa la segunda opción, de modo que cada uno pueda configurarse el entorno de Windows ME según sus gustos y necesidades.

En este caso, puedes activar o desactivar las opciones que aparecen en el cuadro inferior para que el aspecto del escritorio que se encuentra cada usuario sea el adecuado. Si no deseas que los distintos usuarios tengan un escritorio distinto, selecciona la primera opción de esta pestaña.

Nota: aunque a simple vista la primera opción parece una tontería, debes tener en cuenta que muchos usuarios de un mismo ordenador deben o quieren trabajar con un entorno igual de trabajo. En estos casos, el uso de los perfiles de usuarios permite este hecho y que ciertos programas que controlan el nombre del usuario puedan trabajar adecuadamente; por ejemplo, en los procesadores de texto actuales se pueden controlar las modificaciones que hace cada usuario a un mismo documento, algo necesario en algunas ocasiones.

Pero además de la pestaña **Perfiles de usuarios** pueden aparecer otras pestañas si estás conectado a una red (veremos todo lo concerniente a las redes en la lección 10). La pestaña **Administración remota** (figura 8.15) permitirá administrar tu ordenador a otros usuarios que conozcan la contraseña que indiques. De esta forma, podrán hacer que una impresora tuya deje de estar compartida y/o que algunos discos o carpetas sean accesibles a los otros usuarios o dejen de estarlo.

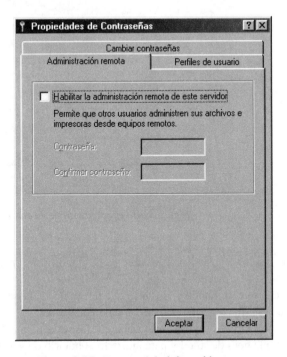

Figura 8.15. *Pestaña* **Administración remota**

Fecha y hora

Los ordenadores disponen de un reloj que se alimenta con una pila que suele tener la placa base. Con este reloj y la configuración de la fecha y la hora que puedes realizar con el icono **Fecha y hora**, el propio ordenador te podrá informar sobre estos datos.

La ventana que aparece al seleccionar este icono, muestra un calendario y un reloj de tipo analógico (observa la imagen de la figura 8.16). Además mediante los cuadros desplegables puedes indicar el mes y el año actual en el calendario, seleccionar el día y, mediante los otros cuadros de la parte inferior derecha, especificar la hora.

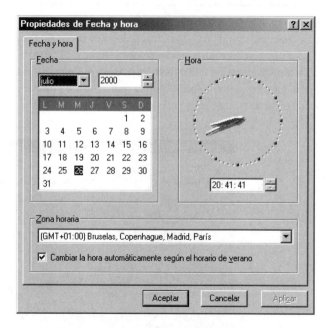

Figura 8.16. Propiedades de Fecha y Hora

En el cuadro de lista **Zona horaria** puedes modificar el parámetro que le indicaste a Windows ME cuando lo instalaste. Desplegándolo puedes ver las distintas zonas existentes en el mundo y las horas que llevan de adelanto o de retraso con respecto a la que está fijada según el meridiano de Greenwich.

En la parte inferior tienes una casilla que, al ser activada, hace que el ordenador cambie la hora de su reloj para ajustarlo al horario de verano o invierno. Si la activas, el primer día después del cambio te lo notificará al encender el ordenador.

Fuentes

Las fuentes son los tipos de letras que tienes instalados en tu ordenador. Estos tipos son los que puedes utilizar en los programas según tus necesidades. Con Windows ME viene una colección, pero es posible ampliarla con otros programas, e incluso se pueden comprar, generalmente para ciertos trabajos muy especiales.

Al seleccionar el icono **Fuentes** aparece una ventana (figura 8.17) en la que se muestran todos los archivos que tienes en la carpeta Fonts, que está dentro de Windows, o, lo que es lo mismo, todas las fuentes disponibles en tu ordenador.

Si haces doble clic en alguno de ellos puedes ver otra ventana que te mostrará información sobre esa fuente y los distintos tamaños de que dispones.

En general con los tipos de letras que tiene Windows ME es más que suficiente para los trabajos que necesites realizar. Si así y todo necesitas más, mediante el comando **Archivo, Instalar nueva fuente** puedes incluir otras desde disquetes o CD-ROM.

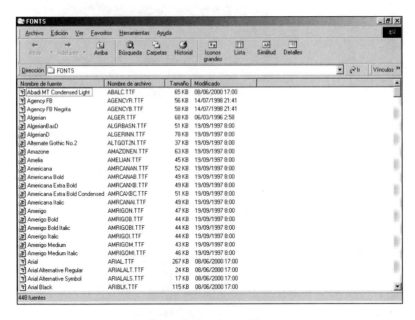

Figura 8.17. *Ventana* ***Fonts***

Módems

Tras la aparición de Internet, el uso de un módem es cada vez más habitual. Éste es el dispositivo que permite que dos ordenadores se comuniquen por medio de una línea telefónica. Tiene una serie de características que se deben conocer.

Nota: en la lección *Comunicar con el mundo* se explica cómo instalar un módem y cómo conectarte a Internet.

Una vez instalado es posible que ya esté disponible para ser usado, pero para confirmarlo debes utilizar el icono **Módems**. En la ventana que aparece (figura 8.18) está activa la pestaña **General**. En ella puedes ver los módems que tienes instalados. Desde el bloque inferior de la pestaña puedes configurar todo lo concerniente al marcaje telefónico, pero en general no es necesario.

Desde la pestaña **Diagnóstico** podrás observar los puertos COM y lo que hay conectado a cada uno de ellos (si tu módem es externo es normal que aparezca en el COM1 y si es interno en el COM3)

Selecciona el módem y realiza el diagnóstico con el botón **Más información**. Aparecerá una ventana indicando su estado (figura 8.19).

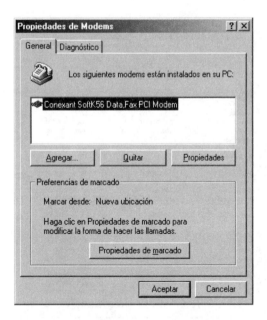

Figura 8.18. Pestaña *General*

Opciones de accesibilidad

Las personas con alguna discapacidad física que no les permita usar adecuadamente un ordenador con la configuración normal, pueden encontrar mediante este icono la solución a alguno de sus problemas.

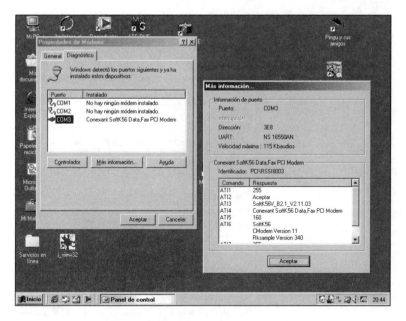

Figura 8.19. *Diagnóstico de un módem*

Mediante la pestaña **Teclado** (figura 8.20), las personas que tengan algún problema en las manos pueden encontrar una gran ayuda. Las opciones que se presentan evitan mantener pulsada una tecla mientras se pulsa otra, que al seleccionar esa primera tecla suene el altavoz del ordenador para que estés seguro de que la has pulsado, etc. La pestaña **Sonido** te permite mostrar en el monitor alguna señal cuando el ordenador normalmente emite un sonido de aviso. Estas posibles configuraciones son muy útiles cuando el usuario tiene problemas de audición.

Las personas con problemas en la visión, pueden utilizar la opción de la pestaña **Pantalla** para que Windows ME fuerce el contraste de los elementos que muestra, de modo que se diferencien mucho más unos de otros.

Los antiguos usuarios de ordenadores que estaban acostumbrados a utilizar el teclado auxiliar numérico para mover el cursor pueden hacer uso de la pestaña **Mouse** para que puedan utilizarlo sin problemas, ya que anula los valores numéricos del mismo.

Si deseas mantener estas configuraciones permanentemente, debes quitar la selección de la primera casilla de verificación de la pestaña **General** (figura 8.21).

Mediante el grupo **Notificación** podrás hacer que el ordenador te indique que estás haciendo uso de una de las características vistas anteriormente. Pero si lo que tienes realmente en el ordenador es un dispositivo especial, debes hacer uso de la opción **SerialKey** para indicar en qué puerto tienes conectado dicho dispositivo. Generalmente será el COM2, el que utiliza el ratón.

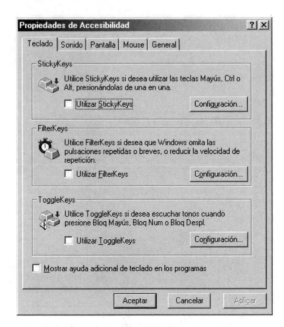

Figura 8.20. Pestaña **Teclado** de **Propiedades de Accesibilidad**

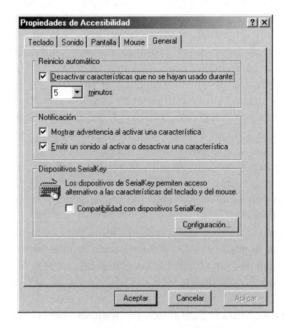

Figura 8.21. Pestaña **General** de **Propiedades de Accesibilidad**

Pantalla

Si hay algo en la pantalla de tu ordenador cuyo aspecto no te gusta, es más que posible que puedas configurarlo con el icono **Pantalla**.

La pestaña **Fondo** (figura 8.22) te permite modificar el color que por omisión muestra Windows ME, cambiándolo por imágenes de fondo e incluso páginas HTML.

Con el botón **Examinar** puedes buscar en el disco duro otro archivo de tipo imagen o HTML para usarlo y con el botón **Diseño** modificar algún aspecto del mismo.

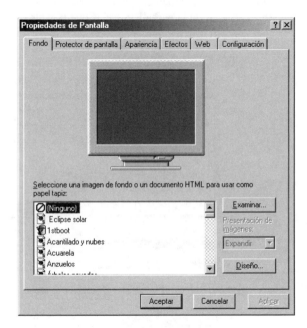

Figura 8.22. Pestaña **Fondo**

En el cuadro desplegable **Presentación de imágenes** puedes seleccionar las opciones para que el diseño elegido se muestre centrado, repetido en toda la pantalla o que se agrande de forma automática hasta que rellene toda la pantalla.

Cuando llevas mucho tiempo sin utilizar el ordenador ya hemos visto que puedes configurarlo para que se desconecte el monitor y no consuma energía, pero además de eso puedes hacer que se active un salvapantallas. Un salvapantallas no es otra cosa que un gráfico que aparece en el monitor siempre en movimiento, ya que una imagen fija en el mismo lo puede dañar.

Desplegando la pestaña **Protector de pantalla** puedes seleccionar el que desees, y verlo en la imagen superior de la pestaña. Mediante los botones **Configuración** y

Vista previa podrás ajustar su aspecto según tus gustos. Si haces uso de la opción **Protegido por contraseña**, cuando el salvapantallas se ponga en funcionamiento, será necesario que indiques la contraseña correspondiente para poder volver a trabajar; éste es otro sistema de seguridad que evita la manipulación sin permiso del ordenador por otras personas.

La pestaña **Apariencia** (figura 8.23) te permite modificar la forma y colores con los que Windows ME te muestra las ventanas y cuadros de diálogo en el monitor. Tienes ciertas combinaciones ya predefinidas en los cuadros desplegables, e incluso puedes modificarlas.

Por experiencia te recomendamos que no abuses de estas opciones, ya que, en lugar de mejorar el aspecto de la pantalla, es más que posible que lo estropees.

Figura 8.23. Pestaña *Apariencia*

Los efectos visuales que puedes configurar en la pestaña **Efectos** son muy variados, pero no requieren una explicación más amplia. Si lo deseas prueba con ellos, pero antes de nada anota los que tiene Windows ME por omisión, por si deseas volver a mostrar los efectos como en un principio. También te permite cambiar los dibujos de los iconos del escritorio.

La pestaña **Web** hace referencia al aspecto del escritorio para verlo como una página Web o no. Esto es lo que en la lección dedicada al escritorio conocimos como el *Active Desktop.*

La pestaña **Configuración** (figura 8.24) es la que te permite ajustar la resolución del monitor y el número de colores que se utilizan. Actualmente se suele disponer de monitores de 15", en los cuales la resolución 800x600 es la más usada, si bien hay usuarios que prefieren la resolución 640x480 porque se les cansa menos la vista. Según la resolución que especifiques arrastrando la barra en el grupo **Área de la pantalla**, podrás dispones en el grupo **Colores** de distintas configuraciones. Las más utilizadas con la resolución 800x600 es la de Colores verdaderos, tanto en 24 como en 32 bits.

Como puedes deducir, la configuración de la pantalla depende en gran parte del tamaño del monitor, pero también intervienen la memoria de la tarjeta de vídeo, la memoria del ordenador y la velocidad del procesador para que ésta sea la adecuada.

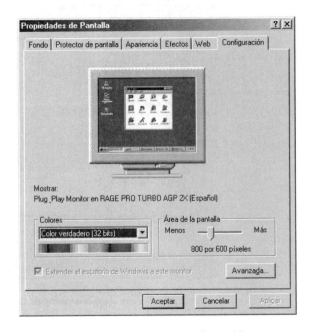

*Figura 8.24. Pestaña **Configuración***

Sistema

Mediante el icono **Sistema** podrás saber la configuración física del ordenador, los dispositivos que tiene internamente y los que les puedes haber añadido. La información que muestra este icono puede que te resulte demasiado técnica; de todas formas, te recomendamos que leas el apartado y que lo tengas en consideración cuando surjan problemas con algún dispositivo del ordenador.

La pestaña **General** proporciona una información muy escueta que se limita a indicar la versión del sistema operativo, el usuario registrado, el número de serie de sistema operativo, el procesador que tiene tu ordenador, así como la cantidad de memoria RAM instalada.

La pestaña **Administrador de dispositivos** (figura 8.25) muestra todos los dispositivos del ordenador. En todos los ordenadores debe haber dispositivos tales como Adaptadores de pantalla, Controladores de disquete, Controladores de disco duro, Dispositivos de sistema, Monitores, Mouse, Puertos (COM y LPT), Teclado y Unidades de disco.

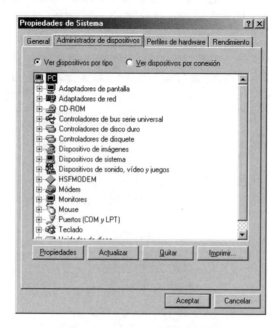

Figura 8.25. Pestaña **Administrador de dispositivos**

Además hay otros que no tienes por qué tenerlos en tu ordenador, pero que cada vez son más usuales, como CD-ROM, Dispositivos de sonido, vídeo y juegos, y módem. Como puedes ver, cuando los dispositivos se muestran por tipo, al lado izquierdo de cada uno de ellos aparece un cuadro con el símbolo más (+). Al hacer clic sobre él te muestra los dispositivos de ese tipo.

Si seleccionas un dispositivo y, a continuación, el botón **Propiedades** aparecerá una ventana con información sobre ese dispositivo. Generalmente esta información se mostrará en un número que oscila entre dos y cinco pestañas.

La pestaña **General** nos informa sobre el tipo de dispositivo, el fabricante, la versión de hardware y el estado del dispositivo (es importante que indique que funciona correctamente). En la parte final de esta pestaña puedes activar y/o desactivar las dos opciones que se muestran. ntenderás qué quieren decir éstas cuando tratemos los perfiles de hardware en este mismo apartado.

La pestaña **Controlador** indica el nombre del proveedor y la fecha. Si haces clic en el botón **Detalles de archivos del controlador** aparecerá una nueva ventana que indicará los archivos que utiliza Windows ME como controladores del dispositivo. Esta información puede ser interesante para detectar si tienes controladores que no son los adecuados.

Si te haces de controladores más actualizados o mejores que los que estás utilizando, con el botón **Actualizar controlador** podrás especificar su ubicación y actualizarlos.

La pestaña **Recursos** (figura 8.26) indica los recursos del sistema que utiliza el dispositivo, así como la configuración del mismo.

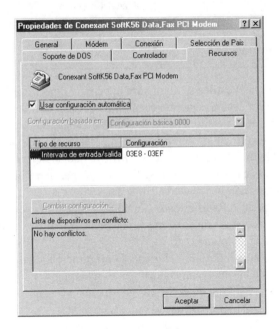

Figura 8.26. Pestaña **Recursos**

Si no estás completamente seguro de lo que estás haciendo, mejor es que te quedes quieto y que te asesores adecuadamente.

Lo que sí es importante es que en la parte inferior de esta ventana no aparezca que el dispositivo tiene conflictos en la configuración con los recursos que están utilizando otros dispositivos.

Entre otras, la pestaña **Configuración** aparece con muchos dispositivos, siempre y cuando se pueda configurar de varias formas.

> **Nota:** ten en cuenta que, al ver las propiedades de un dispositivo, no tiene que aparecer ni las mismas pestañas, ni las mismas opciones que si seleccionas otro dispositivo distinto.

Volviendo a la ventana **Propiedades de Sistema**, también puedes ver los dispositivos por conexión. De esta forma sólo aparecerán con el símbolo más (+) al lado los dispositivos que a su vez pueden contener otros dispositivos, como el bus PCI.

> **Nota:** el concepto de bus puedes interpretarlo como un tipo de conexión interna de ordenador que consiste en varias ranuras de la placa base sobre las cuales puedes conectar tarjetas de dispositivos. Este tipo de conexión es mejor que los clásicos buses ISA y EISA, si bien las placas bases actuales todavía conservan algunos buses EISA por compatibilidad. En la actualidad, por el bus PCI se conectan la tarjeta de vídeo, así como los controladores de disco duro y de CD-ROM.

La pestaña **Perfiles de hardware** te permite especificar los dispositivos que Windows ME deberá "tener en cuenta" al encender el ordenador. De esta forma, puedes hacer que una configuración de hardware haga uso del CD-ROM y que otra no lo haga. En principio, y como indica la pestaña, no suele ser normal hacer uso de esta posibilidad que ofrece Windows ME, ya que no tiene mucho sentido carecer de dispositivos cuando realmente se tienen, a menos que tengas algún problema con su configuración pendiente de resolver.

En la pestaña **Rendimiento** (figura 8.27) puedes ver el rendimiento que obtienes de tu ordenador. Al final del mismo te indica si lo tienes configurado para obtener un rendimiento óptimo o no.

Los botones inferiores del grupo **Configuración avanzada**, no se deben utilizar si no eres un usuario con conocimientos avanzados.

El botón **Sistema de archivos** muestra una ventana con varias pestañas que hacen relación a la forma en que el ordenador debe trabajar con los discos duros, disquetes, CD-ROM y otros discos extraíbles. Haz clic en estas pestañas para curiosear únicamente, pero no modifiques sus contenidos si no sabes lo que estás haciendo, ya que las consecuencias de una mala configuración pueden hacer que el ordenador trabaje más lento o que incluso tengas problemas con el funcionamiento de alguna de las unidades.

Con el botón **Gráficos** puedes cambiar la aceleración de los gráficos; pero únicamente debes modificarla si tienes problemas.

Del botón **Memoria virtual** es mejor que te olvides. Está configurado de modo que sea Windows el que la gestione, y pocas veces será necesario o recomendable que modifiques esta configuración.

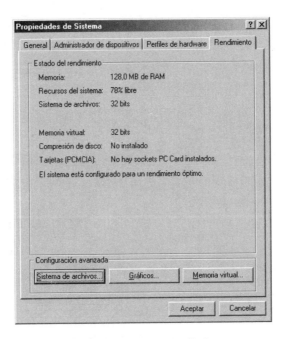

*Figura 8.27. Pestaña **Rendimiento***

Sonidos y Multimedia

El icono **Sonidos** te permite especificar los sonidos que deseas oír según los eventos que realice el ordenador. Por ejemplo, has podido detectar que cuando arrancas el ordenador y se carga Windows ME suena una música. Puedes hacer que esa música no suene o que sea otra desde las opciones de esta ventana.

En el cuadro **Sucesos de sonido** (figura 8.28) aparecen los distintos eventos que pueden darse en el ordenador y a los que puede que te interese asociar un sonido. Cuando ocurran los sucesos que tiene al lado izquierdo el icono de un altavoz, se oirá un sonido. Selecciona uno y haz clic en botón **Play** (el que tiene un triángulo dibujado en su interior) para escucharlo.

Si lo deseas puedes eliminar sonidos seleccionando el suceso y a continuación el botón **Eliminar**. Por el contrario, puedes seleccionar un suceso sin sonido y añadirle un sonido cualquiera mediante el cuadro desplegable **Nombre**.

Hay personas que tienen su ordenador configurado como una caja de ruido, ya que cualquier cosa que se hace con él emite un sonido. No se trata de eso, lo adecuado es que los sonidos que emita el ordenador te avisen de algo que debes saber, y que sin ese sonido es posible que te pase desapercibido.

Figura 8.28. Propiedades de Sonidos y Multimedia

Teclado

Mediante el icono **Teclado** puedes configurar el teclado que tienes conectado a tu ordenador.

La pestaña **Velocidad** (figura 8.29) te permite configurar la velocidad de repetición de los caracteres que tecleas. Si pulsas una tecla y ésta aparece escrita en el ordenador dos o más veces cuando sólo deseas que aparezca una, es que la velocidad de repetición la tienes mal ajustada. Haz uso del cuadro de prueba para configurarla correctamente.

La pestaña **Idioma** muestra el idioma que especificaste al instalar Windows o que modificaste con el icono **Configuración regional**, que ya hemos vimos con anterioridad. No es necesario hacer uso de esta pestaña si dicha configuración es correcta.

Temas del Escritorio

Otra de las herramientas nuevas que incorpora Windows ME es Temas del Escritorio, a través de la cual podrás configurar el aspecto de todos los elementos del escritorio con una estética similar.

Estos elementos son el fondo o tapiz del escritorio, los iconos de Windows ME que aparecen en el escritorio, el aspecto de las ventanas y los cuadros de diálogo, los punteros, sonidos, efectos especiales, aspectos de las fuentes e incluso el protector de pantalla.

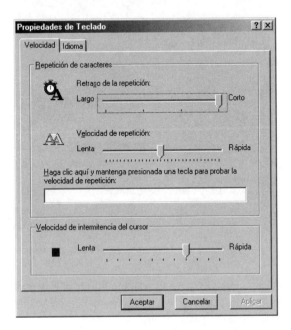

Figura 8.29. Propiedades de Teclado

Como has visto en anteriores lecciones, todas estas características son configurables individualmente, pero la ventaja de utilizar **Temas del escritorio** es que podrás darle un nombre a dicha configuración y guardarla para utilizarla posteriormente, si es que pierdes accidentalmente algunas de sus características o utilizas alguna de las configuraciones ya establecidas que incorpora Windows ME.

Al hacer doble clic en el icono **Temas del escritorio** del **Panel de control** aparecerá una ventana similar a la de la figura 8.30. En el centro de dicha ventana podrás ver el fondo o tapiz que estás usando en ese instante, así como los iconos del escritorio y el aspecto de las ventanas y cuadros de diálogo.

En la parte superior de dicha ventana se encuentra el cuadro de lista desplegable **Tema**. Si lo despliegas podrás ver las configuraciones que te ofrece Windows ME. Al seleccionar alguna de ellas o, lo que es lo mismo, situar el puntero sobre su nombre y hacer luego clic, verás en el cuadro central de vista previa cómo cambiarán el fondo, los iconos y el aspecto de las ventanas y cuadros de diálogo, entre otras características.

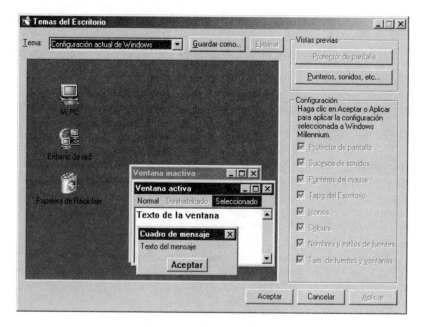

Figura 8.30. Temas del Escritorio

También podrás ver cómo quedarán el protector de pantalla, punteros y sonidos que tiene asociados a través de los botones del grupo **Vistas previas**, que está en la parte superior derecha de la ventana.

Si quieres cambiar el "aspecto" de tu ordenador, selecciona la configuración que más te guste y pulsa a continuación el botón **Aplicar**. Como verás, existen algunas muy divertidas.

> **Nota:** si después de probar no te gusta ninguna propuesta de Windows ME, selecciona en el cuadro **Tema, Configuración actual de Windows** antes de salir de la ventana; ya que, en caso contrario, se hará efectiva la configuración que tengas seleccionada en ese instante.

Tú mismo puedes crear tu propia configuración, que incluso puede ser mezcla de otras, y guardarla.

Así, una vez que tengas seleccionadas todas las características, pulsa el botón **Guardar como** para darle un nombre.

Por último, ten en cuenta que puedes cambiar el aspecto de algunas de las características y otras quedarlas tal y como están. Para ello, en el cuadro **Configuración**, desmarca la casilla de las características que no quieras cambiar, haciendo clic sobre su nombre.

Otros elementos

A continuación se muestran otros iconos que también aparecen en la ventana **Panel de control**. Estos iconos se muestran agrupados en este apartado, ya sea porque tienen poco que explicar o porque su utilización no suele ser muy común.

Opciones de juego

Los dispositivos de juego son elementos que conectamos al ordenador para facilitar el manejo de juegos. Para controlar estos dispositivos adecuadamente dispones del icono **Opciones de juego**.

Seleccionando el botón **Agregar** de la pestaña **Dispositivos** (figura 8.31) aparece una ventana con algunos de los dispositivos de juego más usuales; sólo debes seleccionar uno y aparecerá su nombre en la pestaña **Dispositivo**. Si lo haces y pulsas el botón **Propiedades**, accederás a una ventana con dos pestañas que te informará sobre el estado del dispositivo y realizará un chequeo del mismo para confirmarte que está bien instalado.

De esta forma, puedes indicar varios dispositivos de juego y configurarlos adecuadamente. Si el que tú tienes no aparece en la lista, y en su manual no indica que es compatible con ninguno de los que puedes ver, selecciona **Personalizar** e indica los parámetros que se requieren en la nueva ventana que aparece.

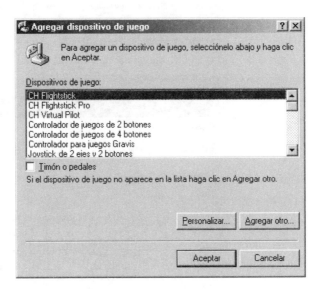

Figura 8.31. Pestaña *Dispositivos*

Generalmente los ordenadores actuales tienen una tarjeta de sonido con un adaptador para los juegos, que suele mostrar esta pestaña. Si tienes que usar uno específico (que deberá ya estar instalado en el ordenador), selecciónalo en la lista.

Mouse

El ratón o mouse es ese dispositivo que permite mover el cursor por la ventana. Hay muchos tipos: con dos o tres botones, con distintos conectores e incluso sin cable. Normalmente el ratón se adquiere a la misma vez que el ordenador y su instalación se hace de forma automática.

Mediante el icono **Mouse** puedes configurar su funcionamiento. La pestaña **Botones** te permite cambiar la configuraciones de los botones, muy útil si eres zurdo, ya que el dedo índice es el que menos cuesta manejar. Como muchas acciones que se realizan con el ratón se hacen con un doble clic, en la parte inferior puedes configurar la velocidad con la que quieres hacerlo: haz doble clic sobre el dibujo del área de prueba y, si aparece el muñeco, es que la velocidad con que lo haces y la velocidad indicada en la parte izquierda se corresponden. Si no es así, varía la velocidad y vuelve a probar.

La pestaña **Punteros** (figura 8.32) te muestra y te permite modificar el dibujo del puntero que aparece en la ventana según lo que ocurra.

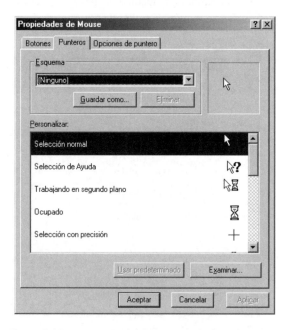

*Figura 8.32. Pestaña **Punteros** del **Propiedades de Mouse***

Puedes modificarlos, pero si utilizas más ordenadores además del tuyo, no es recomendable cambiarlos, para que en todos aparezca el mismo dibujo.

La pestaña **Opciones de puntero** hace referencia al traslado del puntero por la pantalla. En la parte superior puedes ajustar la velocidad del mismo por la pantalla y en la inferior activar o desactivar que se muestre un rastro del puntero mientras lo estás arrastrando.

Telefonía

Mediante este icono puedes ver el cuadro de diálogo **Propiedades de marcado** (figura 8.33), que te permite configurar el uso de la línea telefónica a la que tienes conectado tu ordenador mediante el módem.

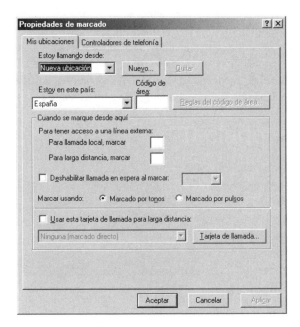

Figura 8.33. Propiedades de marcado

Si tienes el ordenador conectado a una línea normal, no es necesario que realices nada, pero, si lo tienes conectado a una centralita telefónica que requiere un número previo para obtener una salida al exterior del edificio, deberás especificar primero estos parámetros.

De todas formas, este asunto se trata con profundidad en la lección *Conectar con el mundo*.

Escáneres y cámaras

A través del asistente que puedes encontrar al hacer doble clic sobre esta carpeta, puedes instalar escáneres, cámaras u otros dispositivos de imagen estática que no hayan sido detectados por Plug and Play.

Otros iconos

Los iconos tratados anteriormente y los que se tratan en los otros capítulos del libro, puede que no sean todos los que ves en la ventana **Panel de control**. De hecho, hay programas que incluyen en esta ventana otros iconos para que puedas configurar ciertos aspectos de los mismos.

Por ejemplo, si trabajas con programas de bases de datos es fácil que el programa en cuestión permita el uso de tablas que se han creado con otros programas. A esta norma, a la que se han añadido básicamente todas las empresas que diseñan programas gestores de bases de datos, se la denomina ODBC.

Obviamente, mediante el icono ODBC podrás especificar los formatos de tablas que maneja, añadir uno nuevo que pueda suministrarte otro fabricante, etc.

Las impresoras

Aunque cada vez se tiende más a mantener en el ordenador la información, también es una realidad que la impresión de los documentos que se hacen con los ordenadores es, en muchos casos, imprescindible.

El dispositivo que más se utiliza para obtener en papel los documentos son las impresoras, que van a ser las protagonistas de este capítulo.

En esta lección aprenderás a:

■ Agregar impresoras.

■ Configurar las impresoras.

■ Ajustar los parámetros a tus necesidades.

Las impresoras en Windows Me

Esta nueva versión de Windows no requiere que especifiques una impresora mientras realizas la instalación, como ocurría al instalar Windows 95 o Windows 98; pero es evidente que tendrás que utilizar una si deseas imprimir algún documento.

Para ello, es imprescindible que Windows ME "conozca" la impresora que vas a utilizar para imprimir. Para que puedas hacerlo, Windows ME proporciona en el menú **Inicio/Configuración** el comando **Impresoras** mediante el cual vas a tener un control exhaustivo en todo lo concerniente a la configuración de las mismas.

> **Nota:** en el **Panel de control** podrás encontrar el icono **Impresoras**, que es un acceso directo a este comando.

En la ventana **Impresoras** (figura 9.1) que aparece al seleccionar el comando del mismo nombre, observarás que al menos hay un icono que se llama **Agregar impresora**. Aparecerán además otros iconos, uno por cada impresora que tengas configurada en tu ordenador.

> **Nota:** en un ordenador puede haber configuradas varias impresoras, aunque solamente se tenga conectada físicamente una o incluso ninguna. Veremos más adelante la posible ventaja de esta situación.

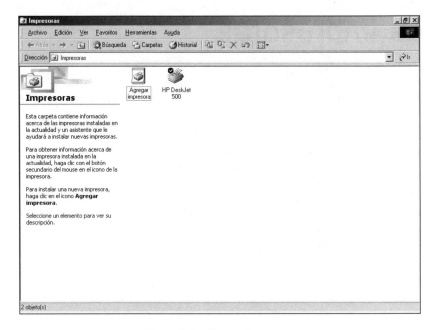

Figura 9.1. Ventana **Impresoras**

El aspecto de la ventana **Impresoras** no difiere del resto de ventanas que ya hemos visto hasta ahora. Vamos a ir tratando las peculiaridades que nos ofrece después de ver unos aspectos generales de las impresoras.

La elección de la impresora

La impresora que se instala en un ordenador generalmente es la que se decide comprar, como es obvio.

Pero no en todos los casos se dispone de una impresora y no en todos los casos se imprimen en la impresora propia todos los trabajos.

Si no tienes una, pero conoces a alguien que la tiene y que te permite utilizarla para imprimir tus trabajos, es recomendable que la instales, como se indica más adelante, como si estuviera realmente conectada a tu ordenador.

De igual forma, si tienes una impresora pero por cualquier causa vas a utilizar otra para imprimir algún trabajo, conviene que también la instales, aunque sea la tuya la que esté configurada como predeterminada.

Estas recomendaciones se basan en que los programas pueden hacer uso de distintos tipos de letras y aplicar formatos a las páginas distintos según la impresora en la que imprimas.

La verdad es que este hecho es cada vez más trasparente y tiene habitualmente una importancia relativa; pero es muy desagradable tener un trabajo y que al imprimirlo el resultado no haya sido el que esperábamos porque, por ejemplo, una tabla ha perdido su formato.

Para evitar esta situación es por lo que te recomendamos que esa impresora que vas a utilizar para imprimirlo sea la impresora que has seleccionado para ese documento.

Agregar una impresora local

Al hacer doble clic sobre el icono **Agregar impresora**, Windows ME ejecuta un asistente que te irá guiando por distintos pasos para que no tengas problemas.

Si tu ordenador está conectado en una red, deberás indicar, en primer lugar, si la impresora está o estará conectada físicamente a tu ordenador (figura 9.2) o si, por el contrario, será una impresora de red a la cual vas a acceder (este caso se trata en el siguiente apartado).

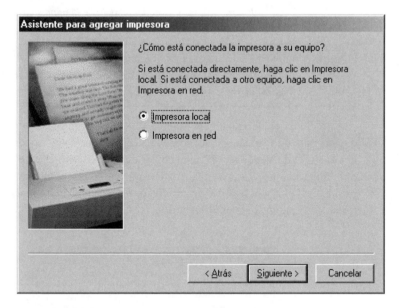

Figura 9.2. *Ventana para indicar dónde está conectada la impresora*

Una vez indicado que se trata de una impresora local, aparecerá otra ventana, que vemos en la figura 9.3, para que selecciones en una lista el fabricante y, en la lista contigua, su modelo.

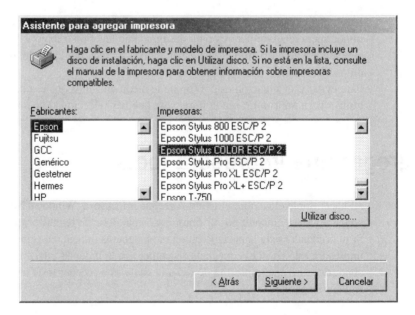

Figura 9.3. *Elección del modelo de la impresora*

Nota: Windows ME necesita saber qué impresora estás conectando. Para hacer uso de ella necesitas activar unos programas que hacen de "intérpretes" entre Windows y la impresora. Estos programas se llaman *drivers* o *controladores*.

Al seleccionar el fabricante y el modelo Windows sabrá cuáles son los controladores que necesita utilizar. Dependiendo de la elección efectuada, es posible que necesites el CD-ROM de Windows ME para copiar esos controladores en el disco duro.

Si la impresora no aparece en la lista deberás introducir tú mismo sus controladores, para lo cual existe el botón **Utilizar disco**. En la ventana que aparece a continuación (figura 9.4) podrás indicar el lugar donde están grabados dichos controladores.

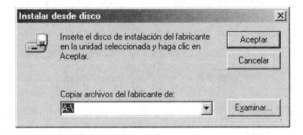

Figura 9.4. *Ventana para indicar dónde están los controladores*

A continuación debes indicar el puerto donde está conectada (figura 9.5). Por omisión, aparece seleccionado el puerto LPT1, ya que es el que normalmente se utiliza para ese fin.

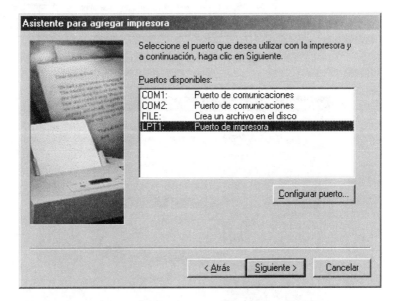

Figura 9.5. *Elección del puerto de conexión de la impresora*

Nota: en los ordenadores personales se tienen los puertos como forma de comunicar el ordenador con el exterior. De esta forma, los puertos COM se utilizan para el teclado, ratón, módem, etc., y el puerto LPT1 se destina para la impresora. Esta configuración se puede cambiar, pero no es recomendable hacerlo a menos que sea estrictamente necesario. La opción del puerto FILE, que crea un archivo, la veremos a continuación.

Seleccionando el botón **Configurar puerto** aparece una nueva ventana (figura 9.6) en la que puedes activar o desactivar las dos opciones que muestra. La primera de ellas obliga a que los programas diseñados para MS-DOS que tengas en funcionamiento en tu ordenador también hagan uso de la cola y, la segunda opción a que se compruebe que el puerto de impresión funciona correctamente. Te recomendamos que mantengas ambas opciones activas.

Después aparece una ventana (figura 9.7) que muestra el nombre dado por el fabricante a la impresora. Si hay otros usuarios conectados a tu ordenador con los que vas a compartirla, es interesante cambiar el nombre de la impresora de modo que puedan saber que esa es la tuya (lo veremos en el capítulo dedicado a redes).

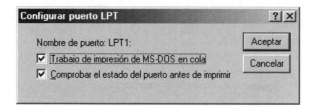

Figura 9.6. Configuración del puerto de la impresora

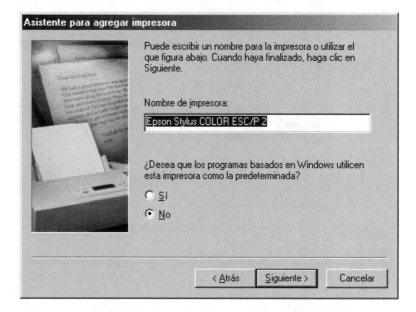

Figura 9.7. Ventana para asignar un nombre a la impresora

En la parte inferior de la ventana debes indicar si esta impresora va a ser la que utilicen los programas Windows ME por omisión o no. Seleccionando **Sí** lo que haces es indicar a todos los programas de Windows que tengas cargados que al ejecutarse "supongan" que ésta es la que van a utilizar.

A continuación aparece otra ventana en la que debes indicar si deseas imprimir una página de prueba. Si tienes conectada la impresora, es recomendable que la imprimas para comprobar que está bien configurada. Si no es así, cuando la conectes podrás realizar esta prueba con el comando **Propiedades de la impresora**, como veremos más adelante.

Cuando finaliza la instalación de la impresora, en la ventana aparecerá un icono con el nombre que le has dado. La impresora que tienes activa por omisión es la que muestra sobre su icono el símbolo de verificación sobre un círculo negro.

Agregar una impresora de red

Una impresora de red es aquélla que no está conectada a tu ordenador, pero que, mientras la conexión en red esté establecida, funciona como si fuera tuya.

Una impresora de red puede estar conectada a un ordenador o a la red directamente a través de un dispositivo (similar a una tarjeta de red) y ser utilizada por varios usuarios de esa red, uno de los cuales puedes ser tú mismo.

Como realmente esa impresora en parte es también tuya, debes configurarla en tu ordenador.

El proceso es idéntico al que se ha explicado en el apartado anterior; sólo que debes indicar que la impresora es de red en lugar de local. En el capítulo dedicado a redes se tratará con detalle este asunto.

Imprimir en un archivo

Cuando explicábamos cómo configurar una impresora has podido observar que, al seleccionar el puerto donde se conecta la impresora, disponíamos de una opción que era FILE.

Este puerto realmente lo que hace es "engañar" al ordenador, en el sentido de que la impresión no se realiza realmente, sino que se graba en un archivo.

La impresión de un documento se realiza teniendo en cuenta la impresora sobre la que se va imprimir y, dependiendo de la que sea, se le envía la información correspondiente para que sepa lo que tiene que hacer.

Esta información contiene el archivo y también muchos datos de control imprescindibles para la impresora.

Si configuras una impresora y seleccionas como puerto FILE, lo que vas a hacer es generar en el disco duro del ordenador un archivo que contiene todo lo que la citada impresora necesita para imprimir adecuadamente el archivo. De esta forma, si copias ese archivo en un disquete y te lo llevas al ordenador que tiene conectada la impresora, desde la ventana de control de la impresora puedes imprimir el archivo directamente.

Esta forma de trabajo es la que deberás utilizar en el caso de que el ordenador por el que vas a imprimir no tenga el programa con el que has generado el archivo que deseas imprimir.

Si lo tuviera, lo mejor es configurar en tu ordenador la impresora como si fuera local, seleccionarla desde el programa con el que generas el archivo a imprimir, como la impresora que vas utilizar para ese archivo concreto, y copiar el archivo en un disquete. Cuando llegues al ordenador en cuestión, ejecuta el programa, abre el archivo e imprímelo normalmente.

La ventana de la impresora

Cuando imprimes puedes controlar el proceso a través de su ventana, ver los trabajos pendientes, si hay algún problema, etc.

Para ver la ventana puedes hacer doble clic en el icono de la impresora en cuestión, en la ventana **Impresoras**. Si además estás imprimiendo algo en ese momento, puedes acceder a esa ventana más rápidamente haciendo doble clic en el icono que representa una impresora en la parte derecha de la barra de tareas de Windows ME. En la ventana de la impresora (figura 9.8) puedes ver la información sobre la impresión que aún está pendiente.

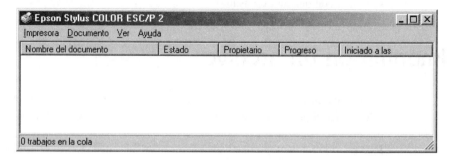

Figura 9.8. *Ventana de la impresora*

Los datos que puedes observar son el nombre del documento, el estado en el que se encuentra la impresión, el nombre del usuario propietario del documento, cómo va el progreso de la impresión y la hora en que comenzó a imprimirse.

Si hay varios trabajos pendientes de imprimirse, éstos aparecerán unos sobre otros, formando una cola.

En los menús **Impresora** y **Documento** puedes ver varios comandos que permiten gestionar adecuadamente los trabajos que se están imprimiendo.

Si seleccionas en el menú **Impresora** el comando **Interrumpir impresión** conseguirás parar la impresora, de modo que no se imprima nada. Esta acción es típica cuando se detecta algún problema con el papel, falta de calidad en la impresión al estar agotado el material consumible (toner, tinta, cartuchos), etc. Volviendo a seleccionar este comando se vuelve a reanudar la impresión. Además de esta situación, piensa que puedes seleccionar este comando aunque no se haya mandado ningún documento a imprimir, de modo que la impresora los guarde en la cola hasta que soluciones el problema.

El comando **Impresora, Purgar documentos de impresión** hace que se pare la impresora y que todos los documentos pendientes de imprimirse se borren de la cola. Este tipo de acción suele realizarse cuando se comprueba que no tiene interés obtener una copia impresa de los documentos que se han enviado.

El comando **Documento, Pausar la impresión** paraliza la impresión de un documento pendiente de imprimir que hayas seleccionado previamente, pero no todos los demás (figura 9.9). Esta acción se suele realizar cuando un trabajo está pendiente de imprimirse y se duda de si existe algún error en su contenido. Volviendo a ejecutar este comando se activará nuevamente la impresión del documento.

El comando **Documento, Cancelar impresión** hace que se borre de la cola el documento que se haya seleccionado previamente, no así el resto.

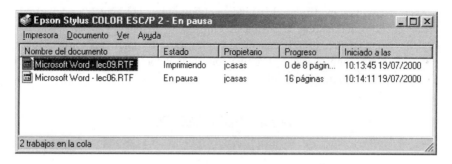

Figura 9.9. *Documentos pendientes de imprimir, estando uno detenido*

Propiedades de la impresora

Cada impresora tiene una serie de características, alguna de las cuales puedes ajustar mediante el comando **Propiedades**. Puede ejecutar el comando **Propiedades** de muchas formas, siendo las más habituales las que se indican a continuación:

◆ Seleccionando el icono de impresora en la ventana Impresoras y el comando **Archivo, Propiedades**.

◆ Seleccionando el icono de impresora en la ventana **Impresoras** con el botón derecho del ratón y haciendo clic en el comando **Propiedades**.

◆ Seleccionando el comando **Impresora, Propiedades** en la ventana de la impresora.

Dependiendo de las características propias de la impresora te encontrarás en la ventana de **Propiedades** determinadas pestañas. Por ejemplo, si sólo imprime en blanco y negro no tendrás una pestaña que se encargue de administrar el color y, si es de tipo matricial, no tendrás una pestaña que gestione las fuentes. Veamos las pestañas más habituales.

> **Nota**: la configuración que especifiques en la impresora mediante las siguientes pestañas será la utilizada por omisión cuando se imprima. Si deseas cambiar algún parámetro para todas las impresiones que realices con ella, hazlo para no tener que repetirlo cada vez que imprimas. De todas formas, la configuración que tienen las impresoras por defecto es la que ha especificado el fabricante y suele ser la de uso más habitual.

General

Esta pestaña (figura 9.10) indica el nombre de la impresora y te permite poner un comentario sobre la misma. Así mismo, te permite incluir un separador de páginas, que se suele utilizar cuando la impresora se comparte por varios usuarios de una red. Para comprobar que está bien conectada y configurada, haz clic en el botón **Imprimir página de prueba**.

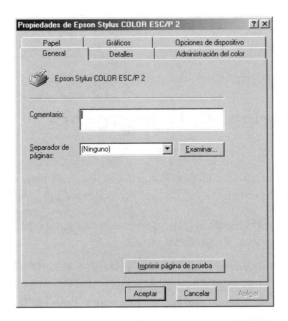

*Figura 9.10. Pestaña **General** de **Propiedades de la impresora***

Detalles

La pestaña **Detalles** (figura 9.11) muestra y permite ajustar muchos parámetros. En primer lugar, puedes modificar el puerto que utiliza la impresora para imprimir, si el que seleccionaste al instalarla no era el adecuado. Si estás conectado a una red y deseas utilizar un puerto de esa red, consulta la lección referente a redes.

El controlador que se muestra en la ventana es el que se utilizó cuando se configuró la impresora. Si por casualidad te equivocaste o has obtenido un nuevo controlador de la impresora que pueda solucionar algún problema que tenía el anterior, selecciona el botón **Nuevo controlador**; en la ventana que aparece selecciona la impresora adecuada o, mediante el botón **Utilizar disco,** indica dónde están los archivos que controlan la impresora.

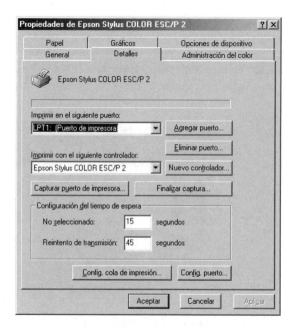

Figura 9.11. Pestaña **Detalles** de **Propiedades de la impresora**

En el bloque **Configuración del tiempo de espera** puedes ajustar los segundos que tarda Windows en informarte de un error en la impresora por primera vez y en volvértelo a recordar.

El botón **Config. puerto** te permite especificar si se incluirán en la cola los archivos impresos por un programa MS-DOS y si se comprobará antes de la impresión el estado del puerto.

El botón **Config. Cola de impresión** te permite especificar si deseas que se utilice la cola para que la impresión sea más rápida, ya que el programa con el que imprimes el documento se desentiende del mismo y Windows ME aprovecha los tiempos muertos del procesador para realizar la impresión (te recomendamos que, si no tienes problemas, mantengas esta configuración como está).

Papel

En esta pestaña puedes seleccionar todo lo concerniente al papel (figura 9.12).

Por omisión, el papel que se suele utilizar es del tamaño A4, pero en las impresoras matriciales puede ser más habitual utilizar papel de tamaños especiales.

La orientación del papel suele ser horizontal. Si tienes algún documento que debe ir en apaisado modifica la página para ese documento en concreto, como veremos más adelante en el apartado **Preparar página**. Según el tipo de impresora el arrastre del papel puede ser distinto. Si una impresora es de chorro de tinta o láser, el arrastre suele hacerse desde el alimentador manual de hojas, pero en las matriciales suele ser por tracción, al utilizarse preferentemente con papel continuo.

Si por cualquier motivo has modificado algún parámetro y no recuerdas cómo estaba antes de la modificación, selecciona el botón **Restaurar predeterminados** para que la impresora vuelva a tener la configuración prevista el fabricante.

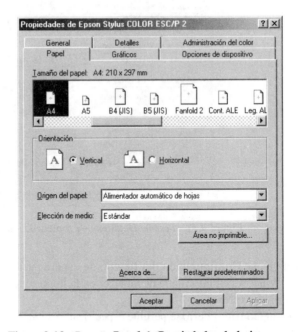

*Figura 9.12. Pestaña **Papel** de **Propiedades de la impresora***

Gráficos

La impresión de gráficos suele hacerse utilizando la máxima resolución que proporcionan las impresoras (figura 9.13). En el cuadro desplegable **Resolución** aparecerá la mejor resolución que proporciona la impresora, pero, si no requieres tanta calidad y prefieres más rapidez en la impresión, selecciona otra resolución inferior.

En el cuadro **Interpolado** se especifica cómo se imprimirán los gráficos. La interpolación consiste en juntar colores básicos para generar otros colores (en blanco y negro se obtendrán tonos de grises distintos).

Si la resolución de la impresora es inferior a 200 puntos por pulgada puedes utilizar la interpolación **Fino** y, si es mayor de 300, selecciona **Grueso**; pero si lo que deseas son colores fijos o blancos y negro puros, selecciona **Ninguno**. Si los gráficos los imprimes en blanco y negro y te interesan con un contraste claro entre el blanco y negro, selecciona **Líneas**.

La opción **Difusión de errores** se utiliza para imprimir imágenes, de modo que el paso de un color a otro se haga de forma suave. En **Intensidad** puedes ajustar la barra para que la intensidad de los gráficos se adapte a la que mejor convenga a tus necesidades.

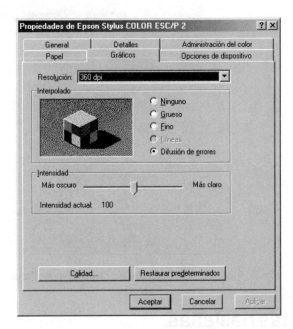

Figura 9.13. *Pestaña **Gráficos** de **Propiedades de la impresora***

El botón **Calidad** aparece cuando tu impresora imprime en color. En la ventana **Graficos---Color** que aparece puedes ajustar ciertos parámetros en función de lo que deseas imprimir y al efecto que desees conseguir. Prueba a modificar estos parámetros con distintos tipos de gráficos para saber la posibilidad de impresión que te proporciona tu impresora.

Opciones de dispositivo

Esta pestaña (figura 9.14) te permite controlar la calidad de impresión. Dependiendo del tipo de impresora podrás seleccionar la calidad de impresión: en el tipo matricial puedes seleccionar **Cercana a la calidad de imprenta** o **Borrador** y, en una de chorro de tinta en blanco y negro, el **Modo normal** o **Modo rápido**.

Si la impresora permite incluirle memoria RAM, en esta pestaña aparecerá un cuadro para que puedas especificar la que tiene si Windows ME no la ha detectado. Esta memoria no acelera el proceso de impresión, sin embargo, deja más libre al ordenador.

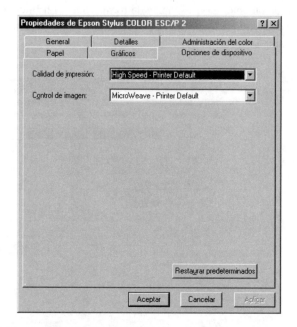

Figura 9.14. *Pestaña* **Opciones de dispositivo** *de* **Propiedades de la impresora**

Otras pestañas

Ya hemos dicho anteriormente que dependiendo del tipo de impresora podrás configurar distintos parámetros. Por ello, puede que en esta ventana te encuentres con otras pestañas que te permitan, por ejemplo, una mejor gestión del color.

Para confirmar lo que te permite hacer cada parámetro puedes hacer clic con el botón derecho del ratón sobre él y obtendrás un comentario que te podrá aclarar todas sus posibilidades.

Si, por otro lado, ves que aparece la pestaña **Compartir**, quiere decir que el ordenador está conectado a una red y que tu impresora puede ser usada por otros usuarios. Este asunto se tratará con más profundidad en el capítulo dedicado a redes.

Configurar página

Hemos visto las propiedades de las impresoras, que estarán configuradas mediante los parámetros que hay en las distintas pestañas.

Estos parámetros no tienen que modificarse en la ventana de **Propiedades de la impresora** cuando se tengan que modificar en casos concretos. Por ejemplo, uno de los parámetros que se suele variar es la orientación de la página cuando se imprimen tablas que por su tamaño y aspecto quedan mejor en vertical que en horizontal. Para esos casos específicos, en los programas diseñados para Windows 95, 98 y ME, hay un comando llamado **Configurar página**, generalmente en el menú **Archivo.**

El comando **Configurar página** de los programas que forman parte de la Office de Microsoft muestra en la pantalla la ventana que puedes observar (figura 9.15).

Nota: en otros programas el aspecto de esta ventana puede variar ligeramente, pero su contenido es básicamente el mismo.

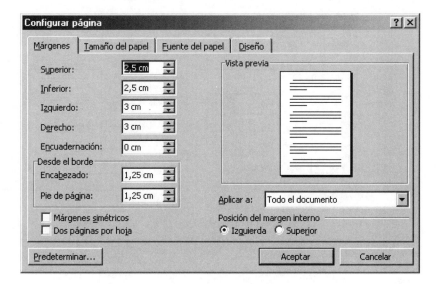

Figura 9.15. Pestaña ***Márgenes*** de ***Configurar página***

La pestaña **Márgenes** te permite ajustar el espacio que habrá en los extremos de la página en los cuales no se imprimirá nada. Haz uso de los cuadros para ajustar estos márgenes.

El margen de encuadernación se utiliza para dejar a la izquierda de las páginas un espacio adicional para poder encuadernarlas. Si la impresora te permite imprimir por las dos caras de una misma hoja, este margen se aplicará al margen izquierdo de las páginas impares y al margen derecho de las páginas pares.

En un documento puede que tengas encabezados y/o pies de página (es una información que aparece en todas las páginas de un documento). En el bloque **Desde el borde** puedes especificar la distancia que habrá desde el borde superior hasta el encabezado y desde el borde inferior hasta el pie de página. Si el contenido del encabezado y/o pie de página no es muy grande, los márgenes superiores e inferiores serán tal y como has especificado en sus cuadros; pero, si ocupan más, la página se ajustará para que se puedan mostrar y, por tanto, los márgenes superiores y/o inferiores puede que se modifiquen automáticamente.

Si activas la casilla **Márgenes simétricos**, al imprimir por ambas caras los márgenes interiores y exteriores de la página serán idénticos. Esto no es incompatible con el margen de encuadernación, ya que activando estas dos opciones conseguirás que el margen interior de las páginas sea igual de grande en todas las páginas, generalmente algo más grande que el margen exterior.

La pestaña **Tamaño del papel** (figura 9.16) te permite especificar el tamaño del papel y la orientación que tendrán las páginas de este documento.

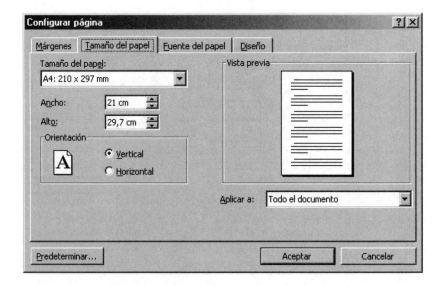

Figura 9.16. Pestaña **Tamaño del papel** de **Configurar página**

La modificación de la orientación es el parámetro que más se suele modificar con respecto a los que indicaste en las propiedades de la impresora.

La pestaña **Fuente del papel** (figura 9.17) te permite especificar de dónde cogerá la impresora el papel para imprimir el documento. En impresoras con varias bandejas puedes hacer que la primera página la coja de un sitio determinado y que las otras las tome de otro.

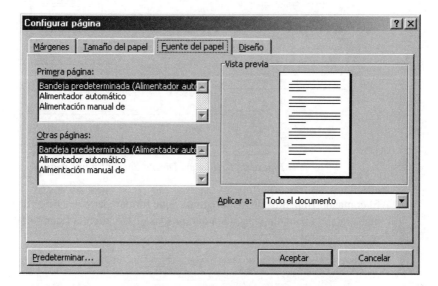

Figura 9.17. Pestaña *Fuente del papel* de *Configurar página*

Si bien no se utiliza mucho esta opción es útil cuando la impresión del documento debe realizarse sobre un papel con un membrete determinado en la primera hoja, que no debe aparecer en las siguientes.

La pestaña **Diseño**, que puedes ver en la figura 9.18, no afecta a los parámetros de la impresora que hemos visto en sus características, más bien afecta a aspectos muy determinados de la impresión que puede realizar la aplicación con la que has creado el documento.

Imprimir

Otro comando que hay en todas las aplicaciones Windows es el que ejecuta la orden para que se imprima el documento. Este comando también se suele encontrar en el menú **Archivo** y se llama **Imprimir**.

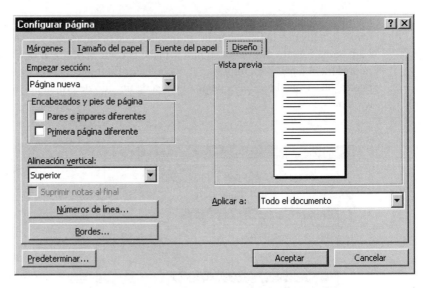

Figura 9.18. Pestaña **Diseño** de **Configurar página**

El comando **Imprimir** de los programas que forman parte de Office de Microsoft muestra en la pantalla la ventana que puedes observar en la figura 9.19.

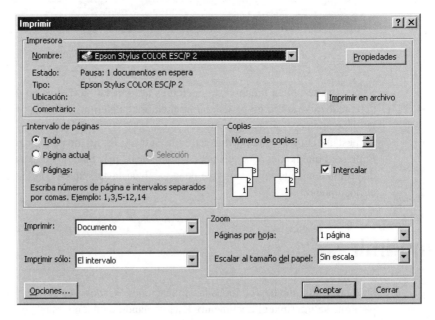

Figura 9.19. Ventana **Imprimir**

> **Nota:** en otros programas el aspecto de esta ventana puede variar ligeramente, pero su contenido es básicamente el mismo.

En la parte superior puedes ver la impresora que tiene activa Windows ME por omisión. Si lo deseas, puedes desplegar el cuadro **Nombre** y seleccionar otra de las que tengas instaladas.

El cuadro **Imprimir en archivo** te permite guardar en un archivo todo el código que genera Windows ME al imprimir el documento activo en una impresora; de esta forma, puedes operar con este archivo de igual forma a la que explicamos anteriormente en el apartado Imprimir en un archivo.

Mediante el botón **Propiedades** puedes acceder a algunas de las pestañas que hemos visto anteriormente, pudiendo cambiar los parámetros que necesites.

Las otras partes de esta ventana suelen aparecer en casi todos los programas, pero no tienen una relación con las propiedades de las impresoras.

Redes

Los usuarios de ordenadores tienden cada día más a interconectar los equipos para poder compartir y acceder a información. Esta situación ha dado lugar a la gran red de redes llamada Internet, pero hay otros tipos de redes cuya funcionalidad supera en muchos aspectos a la propia Internet, aunque en determinados aspectos adolezca de la potencia de la primera.

La unión física de ordenadores por medio de un cable que está conectado a una tarjeta especial forma lo que se denomina una red, aunque también hay ordenadores en las redes que suplen ese cable y esa tarjeta por medio de un módem u otros dispositivos de comunicaciones.

Vamos a ver en qué consiste una red con Windows ME.

En esta lección aprenderás a:

- Conocer los elementos de una red.

- Configurar una red.

- Controlar los archivos e impresoras en red.

- Trabajar en red.

Introducción

Un ordenador conectado con otro forma lo que se denomina una red. Para que esta unión funcione es necesario que ambos ordenadores tengan varias cosas en común para que se puedan entender, vamos a verlas a continuación.

> **Nota:** ya hemos dicho que la unión de los ordenadores puede hacerse por teléfono u otros dispositivos de comunicaciones. Para facilitar la explicación vamos a utilizar términos que hacen referencia a "un cable que une ordenadores", ya que es más fácil de comprender.

En este sentido hay que tener en cuenta que Windows ME viene muy preparado, pues controla la mayor parte de los tipos de conexiones y en el CD-ROM vienen los archivos que se necesitan instalar para realizar la conexión de la forma adecuada.

> **Nota:** a continuación vamos a ver unas definiciones que conviene conocer para comprender bien lo que significa una red de ordenadores. Estos conceptos no son muy exactos desde el punto de vista teórico, pero se ha preferido carecer de esa exactitud "académica" para que sean comprensibles por parte de todos los lectores de este libro.

La tarjeta

Una tarjeta de red es un dispositivo que se instala dentro de cada ordenador de la red, los cuales quedan unidos por medio de un cable. Por tanto, será necesario abrir los ordenadores, introducir las tarjetas en una de las ranuras de expansión de las placas bases, atornillarlas y volver a cerrar los ordenadores.

> **Nota:** conectar una tarjeta es fácil pero si no lo has visto hacer o no lo has hecho nunca y dudas, es mejor que antes de comprar la tarjeta indiques en la tienda que deseas llevártela instalada o que al menos te expliquen cómo hacerlo.

Una vez que esté conectada la tarjeta en la placa base, Windows ME debe enterarse de que ya la tienes instalada. Este dispositivo ha de configurarse como se explicó en el apartado Agregar nuevo hardware de la lección 8, ya que Windows ME le da el mismo tratamiento a todos los dispositivos de hardware independientemente del tipo que sean.

En cuanto Windows ME detecte la tarjeta de red es fácil que él mismo cargue ciertos archivos que necesita para establecer la conexión con la red propia de Microsoft, pero esto vamos a verlo con detenimiento a lo largo del capítulo.

> **Nota:** hasta hace pocos años había varios tipos de tarjetas, pero hoy en día hay un tipo muy estandarizado: la tarjeta Ethernet. Esta tarjeta es la más habitual en las redes, ya que su precio y las estructuras de conexiones que permite, la hacen muy recomendable. Los distintos fabricantes ofrecen modelos de varios precios y prestaciones; la adquisición de un tipo u otro depende de muchos factores, por lo que te recomendamos que consultes con un especialista en redes el modelo y la marca que debes adquirir.

Servidores

En ciertas redes hay ordenadores a los que se denomina Servidores. Su nombre se debe a que son los que ponen en servicio muchos elementos de la propia red: contienen datos, manejan algunas impresoras, etc.

En Windows existen los Servidores NT, que gestionan la red, los usuarios, grupos, etc., de forma más completa que la red propia de Microsoft. En las redes NetWare el servidor es la clave del sistema, ya que es el que establece todos los accesos de usuarios, controla los accesos según los derechos, gestiona todas las impresoras, etc.

Tipos de redes

La clasificación de los tipos de redes se puede hacer por varios conceptos, si bien uno de los que más las diferencia entre sí es el fabricante. Las redes de cada fabricante se diferencian entre sí en la forma en que gestionan la información que se transmite entre los ordenadores, las posibilidades que ofrecen a la hora de compartir los recursos, etc., que a la larga son los aspectos que más interesan.

En nuestro caso vamos a centrarnos en las redes Microsoft, ya que son las que incluye como propias Windows ME. Por otro lado, haremos comentarios de las redes NetWare pues son las más extendidas.

> **Nota:** hay varios fabricantes de redes, entre los que destacan Aristoft, Banyan, IBM, Microsoft, Novell y Sun.

Protocolo

El protocolo es el lenguaje que van a utilizar los ordenadores para entenderse. Este lenguaje tiene ciertas normas que aseguran la conexión entre los ordenadores de la red con una fiabilidad máxima.

> **Nota:** cuando se envía información en una red, el protocolo se encarga de indicar de quién a quién va una cierta información (actúa como un guardia que dirige el tráfico).

En tu ordenador deberá estar instalado al menos un protocolo común con los otros ordenadores de la red para que puedan entenderse. Pero una red puede soportar más de un protocolo y, de hecho, generalmente se instala más de uno. Una red Microsoft con un ordenador que se conecta a Internet tendrá por omisión los protocolos NetBeui, IPX/SPX y TCP/IP.

Cliente

Este programa se encarga de gestionar la comunicación entre tu ordenador y el resto de la red.

Según el tipo de red que tengas instalado, tendrás que instalar un tipo de cliente determinado: para una red Microsoft el cliente de Microsoft, para una red NetWare un cliente Netware, etc.

La labor del cliente es proporcionar el acceso a los recursos que ofrece la red en sí. El cliente de la red te pedirá que te identifiques y que introduzcas la contraseña (gracias a ella accederás a la red o no). Cuando estés identificado, podrás acceder a la red según los derechos que tenga asignado el usuario.

Puedes tener varios clientes activos para acceder a varias redes: por ejemplo, mediante el cliente de Microsoft será posible acceder a impresoras y discos de otros usuarios y mediante el cliente de NetWare podrás acceder al servidor de archivos, aprovechando las ventajas de ambas redes.

Identificación del ordenador

En la red cada ordenador físico es único. Esta unicidad es imprescindible para que se puedan enviar datos a través de la red.

En una red Microsoft el ordenador queda identificado por el nombre del usuario que lo utiliza, lo cual implica que no puede haber dos ordenadores configurados con el mismo nombre de usuario. En cambio, en una red NetWare sí puede haber dos ordenadores abiertos por un mismo usuario y los dos tendrán los mismos derechos sobre toda la red. Esto se produce porque es un número interno de la tarjeta de red el que identifica al ordenador (y este número es único).

De esta forma, la red, independientemente del tipo que sea, tendrá perfectamente identificado a cada ordenador y podrá organizar el trasiego de información a través del cable sin lugar a errores.

Los grupos

No todos los ordenadores conectados en una red física definida por un cable tienen que formar parte de la misma red lógica.

Al igual que se identificaba perfectamente a cada ordenador de una red, se puede hacer que algunos ordenadores se vean con otros pero que haya otros que no se vean entre sí. De esta forma, en una oficina con muchos departamentos se puede tener una instalación física unida, pero si se definen los departamentos de forma independiente, solamente se "verán" los ordenadores de los mismos departamentos, permaneciendo los otros como si no existieran.

En las redes Microsoft la red lógica se establece por medio de la definición de grupo. Cada usuario se define como perteneciente a un grupo, con el cual podrá compartir los recursos.

En una red NetWare este proceso se puede hacer de una forma mucho más completa, pero es un asunto bastante más amplio y puede inducir a error en los conceptos que se están explicando, por lo que conviene obviar la explicación.

Compartir recursos

Cuando se instala una red no se hace con el fin de unir ordenadores porque sí; el propósito es que los usuarios de éstos tengan la posibilidad de compartir algo, por ejemplo, información o recursos.

Un ejemplo típico en el que se comparten recursos son las impresoras. Una única impresora es, en muchas ocasiones, más que suficiente para poder obtener los documentos impresos que se realizan con varios ordenadores.

Con una red no es necesario desconectar la impresora de un ordenador y llevarla a otro en el que se desea imprimir algo, por medio de la red la impresora podrá estar conectada en cualquier sitio.

Con las redes Microsoft se pueden compartir los datos que hay en los discos de los ordenadores que la forman.

Con las redes NetWare los discos de cada ordenador son exclusivos de cada ordenador y solamente el usuario que lo maneje podrá acceder a ellos, pero, en cambio, todos pueden acceder a los datos del Servidor de Archivos.

Si dispones de ambas redes, podrás acceder tanto a los datos del Servidor de Archivos como a los datos de los discos duros de tus compañeros.

Configurar la red con Windows Me

Una vez que tienes Windows ME instalado en tu ordenador, debes realizar ciertos pasos para configurar la red en tu ordenador.

Ya hemos visto que el primer paso consiste en instalar la tarjeta de red en el ordenador. A continuación deberás conectar a dicha tarjeta el cable que servirá para unir tu ordenador a la red antes de encender el ordenador de nuevo.

> **Nota:** una red grande suele estar controlada por una persona a la que se denomina Administrador de la red. Esta persona sabrá todo lo necesario para que esta conexión se realice de la forma adecuada.

Cuando enciendas el ordenador tras instalarle la tarjeta y conectar el cable, Windows ME la detectará e instalará los archivos necesarios para poder controlarla o te pedirá que introduzcas los discos o CD-ROM que venían con ella (consulta el apartado Agregar nuevo hardware en la lección 8).

Ahora es el momento de que configures la red en tu ordenador.

Selecciona el comando **Inicio,Configuración,Panel de control** y selecciona el icono **Red**. Aparece la ventana **Red** (figura 10.1) con tres pestañas, mediante las que realizarás el proceso.

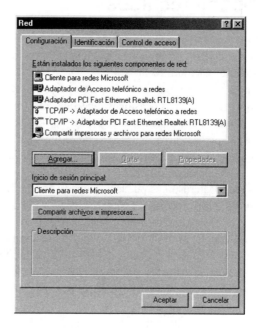

Figura 10.1. *Ventana* **Red**

Configuración

En esta pestaña aparecen los elementos de red que tienes instalados en tu ordenador. Cuando tienes instalada la tarjeta de red, por omisión puedes ver que hay un cliente para redes Microsoft, un adaptador de red, un adaptador de Acceso telefónico a redes y los protocolos TCP/IP para los dos adaptadores anteriores.

En otras palabras, están instalados los elementos que hemos citado antes: algún protocolo, que permitirá "entendernos" con otros ordenadores, el adaptador de red, que permitirá la transmisión y recepción de información, y el cliente, que nos permitirá establecer la conexión con la red.

Nota: si alguno de los componentes que hemos citado no te aparece, no te preocupes, vamos a indicar cómo se instalan y desinstalan.

Elementos de la red

Windows ME instala los elementos de la red que son necesarios según los dispositivos que tiene. Si tienes una tarjeta, instala los dispositivos necesarios para poder comunicarte con los otros usuarios mediante una red Microsoft (no hace falta que hagas nada más). Pero como también puedes instalar nuevas redes, adaptadores, etc., vamos a ver cómo se instalan y desinstalan dichos elementos de la red mediante los botones **Agregar** y **Quitar**. Si seleccionas el botón **Agregar** aparece una nueva ventana (figura 10.2) para que indiques el tipo de elemento. Selecciona el que desees y, a continuación, haz clic en el botón **Agregar**.

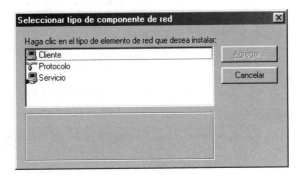

Figura 10.2. *Ventana para agregar elementos de red*

Según el elemento que selecciones, aparecerá una ventana específica.
Cuando seleccionas **Cliente** aparece una ventana (figura 10.3) únicamente con Microsoft como fabricante.

Nota: en las versiones anteriores de Windows también se incluían Banyan, FTP Software y Novell.

Ahora deberías seleccionar el fabricante en la parte izquierda y, en la parte derecha, el tipo de cliente concreto según la red de ese fabricante a la que deseas acceder. Una vez hecho esto, aparecerá una ventana pidiendo que introduzcas el CD-ROM de Windows ME y posiblemente ciertos archivos que debe suministrarte el distribuidor de dicha red; una vez que concluyas ya tendrás configurado el cliente.
Cuando selecciones el elemento **Protocolo** aparecerán los protocolos que utiliza Microsoft en sus redes (figura 10.4). Al igual que antes, lo normal es que estos protocolos estén instalados, pero si deseas añadir alguno sólamente has de localizarlo y seleccionarlo.

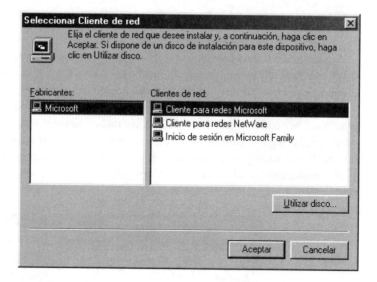

Figura 10.3. *Agregando nuevo cliente de red*

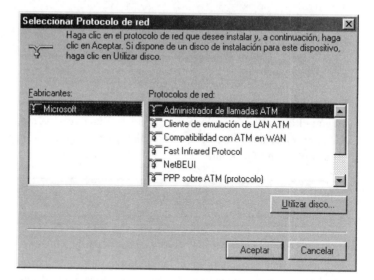

Figura 10.4. *Agregando un protocolo*

Si seleccionas el elemento **Servicio**, aparecerán los servicios de Microsoft que te permiten compartir archivos e impresoras tanto en redes Microsoft como en redes NetWare. Al igual que ocurría antes, las versiones anteriores también permitían seleccionar otros servicios de impresión, en concreto los denominados JetDirect de

HP para configurar impresoras en puntos de red directamente, sin necesidad de conectarlas a un ordenador (figura 10.5).

En todos estos casos dispones del botón **Utilizar disco** mediante el cual puedes instalar los clientes.

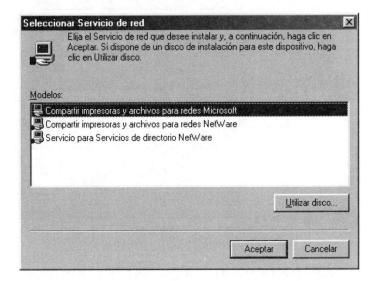

Figura 10.5. *Agregando un servicio*

Desde la pestaña **Configuración** (figura 10.6) puedes quitar uno de los elementos instalados seleccionándolo y haciendo clic en el botón **Quitar**.

Nota: agregar y quitar elementos de la red no es un juego. Conviene que domines un poco el asunto, pero en caso contrario reclama ayuda a personas con la formación adecuada.

Si seleccionas un elemento instalado de la red y haces clic en el botón **Propiedades**, podrás observar unas nuevas ventanas con la configuración del elemento y las opciones para que su funcionamiento se adapte mejor a las necesidades que tengas. Como estas ventanas son muy variadas y nos extenderíamos demasiado, te sugerimos que las veas y que, mediante el botón **Ayuda,** consultes lo que ofrecen las distintas opciones.

Siguiendo con el contenido de la pestaña **Configuración**, aparece una casilla desplegable llamada **Inicio de sesión principal**. Si tienes instalados clientes de varias redes, puedes seleccionar con cuál deseas establecer la primera conexión. Te recomendamos que utilices el mismo cliente en todos los ordenadores.

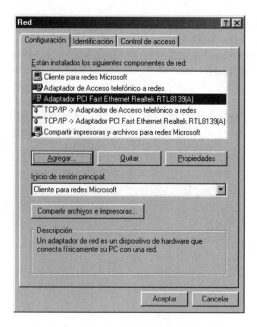

Figura 10.6. Pestaña **Configuración**

El botón **Compartir archivos e impresoras** te mostrará una nueva ventana que te permitirá indicar si deseas compartir el contenido de tus discos y/o la impresora que tengas conectada a tu ordenador con los otros usuarios de la red (figura 10.7). Veremos que, según tengas seleccionadas estas opciones, podrán acceder a tu disco y/o impresoras.

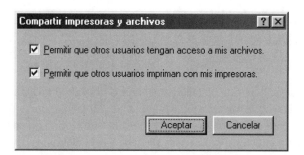

Figura 10.7. *Compartir o no archivos e impresoras*

La siguiente pestaña de denomina **Identificación** (figura 10.8). Es la que te permite indicar el nombre que deseas asignar a tu ordenador, que será el que utilicen los otros usuarios para identificarte, como veremos más adelante. Por otro lado, debes indicar el grupo de trabajo al que perteneces en la red Windows; con carácter preferente te comunicarás con los usuarios de tu grupo, ya que los otros grupos pueden configurarse casi como si no existieran. En la casilla **Descripción de su PC** puedes indicar un texto que te identifique mejor que **Nombre de PC** cuando sea visto por todos los usuarios de tu grupo.

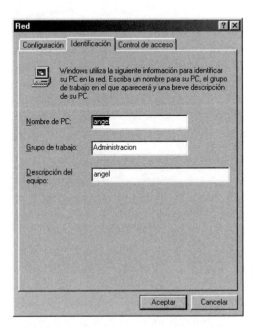

Figura 10.8. Pestaña *Identificación*

Por último, si tienes configurada la red dispondrás de la pestaña **Control de acceso** (figura 10.9) para especificar cómo se realizará el control de los otros usuarios que intenten acceder a los recursos que tienes compartidos en tu ordenador. En esta pestaña tienes dos opciones excluyentes entre sí. La primera permite controlar cada dispositivo compartido por medio de una contraseña que deberá conocer cada usuario que desee utilizarla. La segunda es más general y permite el acceso a los recursos, por ejemplo, de usuarios que pertenezcan al mismo grupo que tú, y que has de teclear en la casilla.

Nota: cuando controlas cada dispositivo mediante una contraseña, todo usuario que intente conectarse deberá conocerla e indicarla en la ventana que le aparecerá cada vez que acceda a tus recursos. No es esta opción la más utilizada con las impresoras, pero sí se suele hacer para limitar el acceso al disco duro.

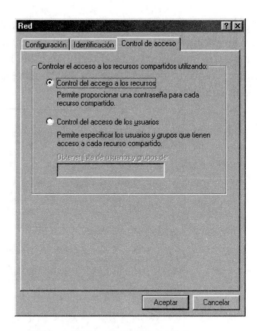

Figura 10.9. Pestaña **Control de acceso**

Entorno de red

Con el icono **Mis sitios de red** que aparece en el Escritorio de Windows ME puedes conocer todos los ordenadores que estáis conectados a la red en cada momento, así como los recursos de los mismos que están compartidos con otros usuarios.

> **Nota:** debes tener en cuenta que este icono no aparece si no tienes configurada una red.

En la ventana **Mis sitios de red** (figura 10.10) siempre aparecen tres iconos llamados **Toda la red**, **Agregar sitios de red** y **Asistente para redes domésticas**.
Si haces doble clic sobre el icono **Toda la red**, aparece una ventana para que especifiques si deseas buscar equipos, archivo o carpetas o ver todo el contenido. Seleccionando el último, podrás observar los distintos grupos, servicios de impresoras, y otros elementos de la red. Si seleccionas el icono **Carpetas** de la barra de herramientas **Estandar**, la ventana se divide en dos paneles, pudiendo ver en el izquierdo toda la estructura de los distintos grupos de ordenadores, los recursos que comparten (impresoras y /o directorios), servicios comunes, etc. Para ello, solamente has de hacer doble clic en el elemento que desees y, si éste tiene más detalles que mostrar, los mostrará a continuación y en el panel derecho.

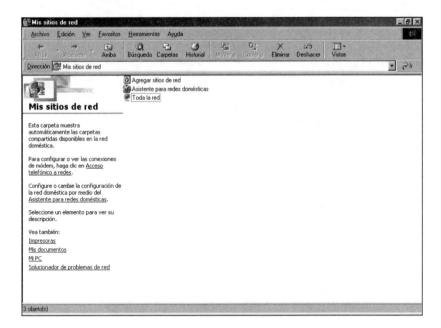

Figura 10.10.   *Ventana* **Mis sitios de red**

Observa en la figura 10.11 un caso real. Se observan varios grupos: el ordenador Arancha de Localization tiene una unidad ZIP compartida y el ordenador Juanma de Administración los discos y la impresora Epson.

Como puedes observar, la forma en que se muestran los elementos de la red es similar a la forma en que se muestran los elementos de los discos con el **Explorador**, ya que estamos usando esa misma herramienta. Por tanto, con el **Explorador** puedes ver el contenido de tus discos y, si estás conectado a una red, los elementos de la misma. En el caso de que algún disco o impresora no esté compartido (muy normal en el caso de los discos), no podrás verla; y si alguno está compartido, pero con contraseña, aparecerá un cuadro de diálogo para que la introduzcas.

Por último conviene que tengas en cuenta lo siguiente:

◆ Recuerda que en los símbolos del panel izquierdo en los que puedas ver un símbolo mas (+), se pueden ver más elementos internos haciendo doble clic sobre ellos o haciendo un clic sobre el signo mas (+).

◆ Fíjate en los distintos iconos que representan cada tipo de elementos de la red: grupos, servidores, usuarios, etc.

◆ Verás que hay otras herramientas de Windows ME que, cuando necesitan acceder a los ordenadores de una red, hacen uso de esta ventana. En un próximo apartado verás que el asistente para añadir impresoras de red hace uso de esta ventana.

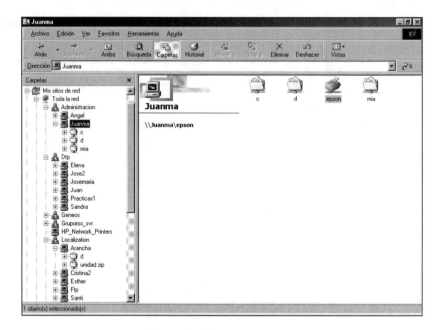

Figura 10.11. *Ejemplo de red*

Especificar los accesos

Hasta ahora has configurado la red y con el icono **Mis sitio de red** conoces los ordenadores que están conectados y sus recursos compartidos a los que puedes acceder. Si deseas compartir tus discos y/o impresoras, además de haberlo especificado de esta forma, mediante el botón **Compartir archivos e impresoras** de la ventana **Red**, has de concretar qué discos o parte de los mismos y qué impresoras son las que deseas compartir.

Abre el **Explorador de Windows** y muestra el contenido del disco duro. Haz clic con el botón derecho del ratón sobre el icono del disco o carpeta que deseas compartir (figura 10.12) y selecciona el comando **Compartir**. En este caso, la carpeta **Documentación** del disco duro C.

> **Nota:** este comando no aparecerá en el menú contextual si no tienes configurada la red en tu ordenador o si no tienes activa la posibilidad de compartir información.

En la ventana **Propiedades de documentación** (figura 10.13) aparece la pestaña **Compartir** en primer plano, con la opción **No compartido** activa.

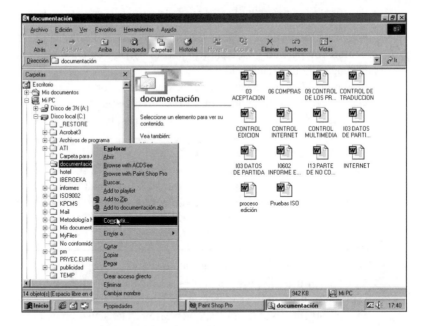

Figura 10.12. *Carpeta que se desea compartir*

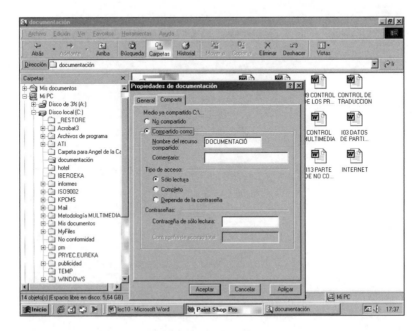

Figura 10.13. Pestaña **Compartir**

Si activas la opción **Compartido como**, te será posible especificar la forma en que otros usuarios podrán acceder a este disco o carpeta. En las casillas **Nombre del recurso compartido** y **Comentario** puedes escribir un texto para que otros usuarios dispongan de una referencia.

En el grupo **Tipo de acceso** has de seleccionar la forma en que deseas compartir ese disco o carpeta: **Sólo de lectura**, **Completo** o **Depende de la contraseña** y, si deseas usar una contraseña, deberás indicarla en las casillas inferiores.

> **Nota:** el acceso de **Sólo lectura** no permite más que leer y copiar archivos, por lo que no será posible crearlos nuevos ni borrarlos o modificarlos. El acceso **Completo** equivale al que tiene el dueño del ordenador puede hacer todo lo que desee. El acceso que **Depende de la contraseña** activa tanto el derecho de sólo lectura como el total, sólo que, dependiendo de la contraseña que conozca, tendrá un derecho u otro.

Este proceso lo puedes hacer con cada disco y/o carpeta que tengas en tu ordenador. Para compartir las impresoras puedes seleccionar la carpeta **Impresoras** desde el **Explorador de Windows** o abrir la ventana **Impresoras** desde el menú **Inicio/ Configuración/ Impresoras**. En cualquier caso has de actuar como antes: haz clic con el botón derecho del ratón sobre el icono de la impresora que deseas compartir y selecciona el comando **Compartir** (figura 10.14)

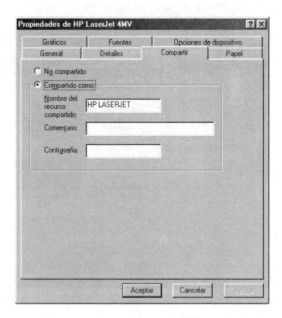

*Figura 10.14. Ventana de **Propiedades de una impresora***

Nota: todos los recursos que tengas compartidos aparecen con el dibujo de una mano bajo ellos, representando que dicho recurso se ofrece a otros usuarios.

Agregar impresoras de red

Ya hemos visto en el capítulo 9 todo lo referente a la configuración de las impresoras que están conectadas directamente a tu ordenador. Entre los pasos necesarios para la configuración había una ventana en la que debías especificar si la impresora era local o de red (figura 10.15). Ahora es el momento de continuar en ese punto para poder configurar las que van a utilizar varios usuarios de la red.

La ventana que aparece tras indicar que la impresora es de red (figura 10.16) te pide que indiques la cola o la ruta de acceso. Lo mejor es utilizar el botón **Examinar** para poder ver las impresoras de la red.

Nota: las colas son los lugares de la red por donde se imprimirán los documentos y, por tanto, para cada impresora hay que indicar su cola. Este lugar hay que definirlo de una forma que la entienda la propia red. En Windows ME puedes hacerlo con la ventana **Buscar impresora**.

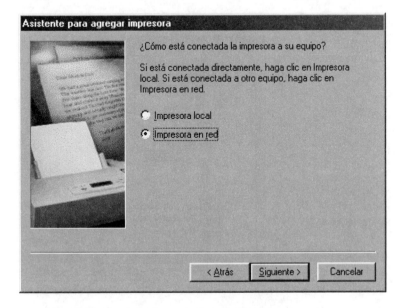

Figura 10.15. *Ventana para indicar el tipo de impresora a conectar*

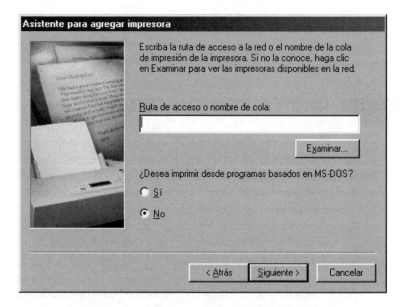

Figura 10.16. *Ventana para indicar la cola de la impresora*

En la ventana **Buscar impresora** (figura 10.17) debes localizar la impresora en cuestión. Debes manejar esta ventana como hemos indicado en el apartado anterior.

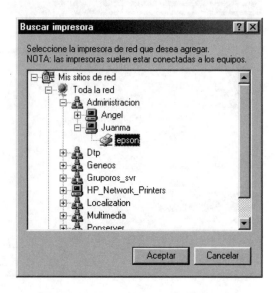

Figura 10.17. *Ventana* **Buscar impresora**

> **Nota:** la ventana **Buscar impresora** se utiliza igual que la ventana **Entorno de red,** que hemos visto anteriormente.

Posteriormente deberás asignar un puerto paralelo. A partir de ahora el resto del proceso es igual al empleado para configurar una impresora local: indicar fabricante y modelo, etc.

Impresora no disponible

Cuando tienes configurada una impresora de red y no está disponible, ya sea porque se ha desconectado o porque el ordenador que la tiene aún no está encendido, los trabajos que envíes quedarán pendientes de imprimirse. En la ventana **Impresora** los iconos de las impresoras que no están disponibles aparecen atenuados (figura10.18). Cuando una impresora no está disponible se puede trabajar con ella en el modo **Trabajar sin conexión a red**. Esta situación hace que los trabajos pendientes se guarden en el disco duro de tu ordenador, de modo que puedan imprimirse más tarde.

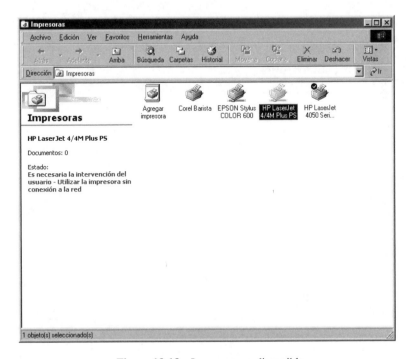

Figura 10.18. *Impresora no disponible*

Nota: esta situación la puedes comprobar en el menú contextual o en las propiedades de la impresora, ya que el comando **Trabajar sin conexión a red** aparecerá marcado. Para poder imprimir por la impresora es necesario que elimines esa marca volviendo a seleccionar el citado comando; aunque también se puede poner sola en marcha si Windows ME detecta que ya está accesible o, cuando vuelvas a encender el ordenador, si los trabajos de impresión quedaron pendientes la vez anterior.

Herramientas del sistema

Dentro de este capítulo vamos a englobar una serie de herramientas que, aunque muchas veces no tienen nada que ver entre sí, mantienen un denominador común: el correcto mantenimiento del sistema y todos sus componentes.

Son tareas no muy agradables, incluso a veces monótonas y lentas, pero son imprescindibles si no quieres sufrir pérdidas irreparables de información o si pretendes mejorar el funcionamiento de tu ordenador.

En esta lección aprenderás a:

■ Hacer copias de seguridad.

■ Corregir errores en las unidades de disco.

■ Optimizar la información almacenada en un disco duro.

■ Comprimir unidades de disco duro.

■ Liberar espacio en disco de forma automática.

■ Utilizar temas de Escritorio.

■ Aprender a restaurar el sistema.

■ Configurar tareas programadas.

Instalación de herramientas del sistema

Todas las herramientas que se van a mencionar en esta lección se encuentran en el submenú **Herramientas del sistema**, al que puedes acceder pulsando el botón **Inicio** de la barra de tareas, seleccionando el menú **Programas** y después **Accesorios**. Si no encuentras alguna de ellas, deberás instalarla.

En la lección dedicada a la instalación hay un apartado dedicado a instalar componentes. Si quieres puedes consultarlo. De todas formas, te recordamos brevemente los pasos que debes dar:

1 Abre la carpeta **Panel de control**.

2 Haz clic sobre el icono **Agregar o quitar programas**.

3   En el cuadro de diálogo que aparece, haz clic sobre la pestaña **Instalación de Windows** (figura 11.1).

4   Activa la casilla de verificación de la opción **Herramientas del sistema** y pulsa **Aceptar**. No olvides tener insertado el CD-ROM de Windows ME en tu unidad.

Figura 11.1. Pestaña **Instalación de Windows ME**

Copias de seguridad

Esta utilidad es tan fundamental como contar con un buen procesador de textos o una hoja de cálculo, y no tan secundaria como muchos usuarios piensan.

Tener una copia de seguridad de información vital (de una tesis doctoral, por ejemplo) puede ahorrarnos el disgusto por la pérdida de todo el esfuerzo invertido en el trabajo.

¿Cuántas veces nos hemos encontrado en nuestro trabajo con compañeros "nerviosos" que nos pedían por favor que intentásemos recuperar información que habían perdido? Cuando les preguntábamos si hacían copias de seguridad, las respuestas eran varias: ¿eso qué es?, es que tardan mucho, yo no tengo tiempo...

Nuestra contestación era siempre la misma: ahora deberás sacar tiempo para volver a introducir todas las cartas o registros que has perdido.

Windows ME incorpora un programa de copias de seguridad tan cómodo y sencillo de usar que no te costará trabajo mantener la rutina diaria o semanal de hacerlas. Las copias de seguridad pueden hacerse sobre una unidad de cinta (si tienes alguna instalada), en otro disco duro o incluso en disquetes (la opción menos aconsejable). Pero, por favor, hazlas.

Ejecutar Copia de seguridad

Para ejecutar el programa, deberás abrir la carepeta **Mi Pc**, hacer clic derecho sobre la unidad de disco de la que quieras hacer copia y seleccionar el comando **Copia de seguridad**. Al hacerlo, aparecerá un cuadro de diálogo como el que puedes ver en la figura 11.2, que te da acceso a tres asistentes que te ayudarán a:

◆ Crear un trabajo nuevo de copia de seguridad.

◆ Abrir un trabajo de copia de seguridad ya existente.

◆ Restaurar archivos de copia de seguridad.

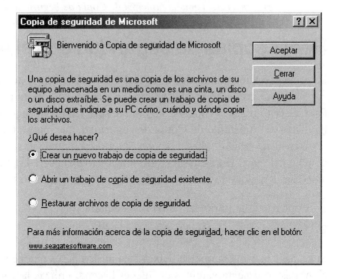

Figura 11.2. *Cuadro de diálogo* **Copia de seguridad de Microsoft**

Si pulsas el botón **Cerrar** de dicho cuadro de diálogo, aparecerá la pantalla principal de **Copia de seguridad de Microsoft** (figura 11.3). Para comenzar, puedes hacer todas las operaciones con la ayuda de los tres asistentes (cuando tengas un poco más de experiencia no los necesitarás).

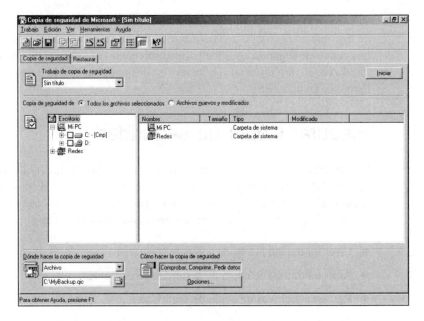

Figura 11.3. Pantalla principal de **Copia de seguridad de Microsoft**

Hacer copias de seguridad con el asistente

La primera opción del cuadro de acceso a los asistentes es la que te ayudará a realizar las copias con muy poco esfuerzo y conocimiento por tu parte.

Para hacer tu primera copia de seguridad, selecciona la primera opción en la pantalla inicial del **Asistente de Copia de seguridad**, que muestra la figura 11.2. Si cerraste dicho cuadro, puedes volver a verlo ejecutando el comando del mismo nombre del menú **Herramientas**. De inmediato aparecerá la primera pantalla de dicho asistente que te pedirá que decidas entre dos opciones:

1   Copiar toda la información de tus unidades.

2   Seleccionar las carpetas que quieres copiar.

Si escoges la primera opción deberás seguir los pasos que detallamos a continuación. Posteriormente veremos qué debes hacer si utilizas la segunda:

1   Haz clic sobre la opción **Hacer copia de seguridad de Mi Pc** y pulsa **Siguiente**.

2   Aparecerá otra pantalla con dos opciones: copiar todos los archivos o sólo los que se han modificado o son nuevos. En este caso, selecciona la primera. Por razones obvias, la segunda opción tardará menos que la primera. Cuando termines pulsa **Siguiente**.

3 De nuevo otra pantalla del Asistente (figura 11.4), en la que tendrás que indicar dónde deben copiarse los archivos. Si no dispones de unidad de cinta, la alternativa es copiar sobre un archivo en otra unidad de disco o en disquetes. Para ello, pulsa el botón que está a la derecha del cuadro de texto y se abrirá el cuadro de diálogo **Dónde hacer la copia de seguridad**, que, como puedes ver, es igual al cuadro de diálogo estándar **Abrir**, tratado en lecciones anteriores. En él, debes elegir la unidad, pulsar **Abrir** y, cuando salgas, pulsar el botón **Siguiente** para continuar en el **Asistente para copia de seguridad**.

*Figura 11.4. Pantalla del **Asistente de copia de seguridad***

4 El siguiente paso es activar o desactivar las opciones para verificación de los archivos copiados y la compresión de éstos. Por omisión, ambas están seleccionadas. Si quieres desactivar alguna, haz clic sobre su casilla de verificación. Pulsa **Siguiente** cuando termines.

5 Por último, en la pantalla del asistente que aparece a continuación, teclea el nombre con el que conocerás al trabajo de copia que has creado (figura 11.5).

6 Si estás seguro de todo lo que has seleccionado, pulsa **Iniciar**; si no, pulsa **Atrás** y volverás a las pantallas anteriores del Asistente, donde podrás cambiar lo que quieras.

Al pulsar el botón **Iniciar**, aparecerá un cuadro de diálogo que te informará del tamaño y el número estimado de archivos.

Figura 11.5. Pantalla del **Asistente para copia de seguridad**

Tras unos segundos, aparecerá otro nuevo cuadro de diálogo, **Progreso de la copia de seguridad** (figura 11.6), que te informará del tiempo transcurrido de la copia y del estado en el que se encuentra.

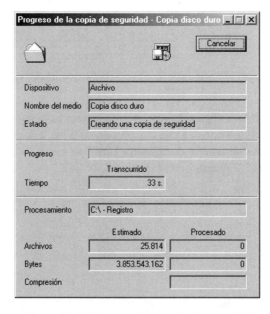

Figura 11.6. **Progreso de la copia de seguridad**

> **Nota:** si en cualquier momento quieres terminar la copia de forma anticipada, pulsa **Cancelar**; pero ten en cuenta que no se habrán copiado todos los archivos.

En el caso de que en la primera pantalla del asistente hayas seleccionado la segunda opción o, lo que es lo mismo, quieres seleccionar tú mismo los archivos que deben copiarse, podrás ver seguidamente la pantalla de la figura 11.7.

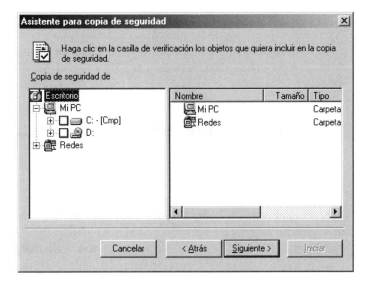

Figura 11.7. Pantalla del ***Asistente de copia de seguridad***

Como puedes ver, la zona central de la pantalla tiene un aspecto similar a los dos paneles centrales del **Explorador de Windows**.

Si quieres copiar sólo algunas carpetas, deberás buscarlas por la estructura, moviéndote por ellas como en el **Explorador** y hacer clic sobre un pequeño cuadrado que hay a la izquierda para seleccionarlas.

Sabrás que lo has hecho bien si dicho cuadrado tiene, a partir de entonces, una marca azul. Cuando termines, pulsa **Siguiente**.

El resto del proceso es similar al que se describe en la secuencia de pasos anterior, por tanto continúa con el paso 2.

Cuando termine el proceso de copia, podrás comprobar en el cuadro **Estado** (figura 11.6) si ha habido algún problema. Si es así, aparecerá el mensaje **Copia completada: no hay errores en dicho cuadro**.

En un apartado posterior veremos cómo obtener más información sobre el resultado de la copia.

Hacer la copia con un trabajo de copia ya creado con el asistente

Si has seguido las explicaciones del apartado anterior ya debes tener un trabajo de copia de seguridad. Por tanto, la próxima vez que ejecutes **Copia de seguridad** y quieras volver a hacerla, puedes seleccionar la segunda opción del cuadro de acceso a los asistentes.

Cuando pulses **Aceptar**, aparecerá un cuadro de diálogo donde podrás ver todos los trabajos de copia de seguridad que has creado. Haz clic en el que quieras utilizar y pulsa **Abrir**, aparecerá la pantalla principal de **Copia de seguridad**.

Si no quieres cambiar nada, pulsa **Iniciar** y se pondrá en marcha el proceso de copia. Más adelante veremos cómo modificar un trabajo ya existente.

Restaurar archivos con el asistente

Si pierdes algún archivo importante y no puedes recuperarlo de ninguna forma, usa la última copia de seguridad realizada para restaurar una versión de dicho archivo. En este instante será cuando te alegres del tiempo perdido con esta tarea.

Para restaurar archivos o carpetas, también puedes utilizar un asistente que **Copia de seguridad** te proporciona.

Para acceder a él, ejecuta el comando **Herramientas, Asistente para restauración** o, cuando inicies el programa **Copia de seguridad**, selecciona la tercera opción del cuadro de diálogo que aparece (figura 11.2).

En la primera pantalla que aparecerá, deberás indicar de qué trabajo quieres restaurar. Para ello puedes ayudarte del botón que está situado a la derecha del cuadro que contiene el nombre. Este botón te da acceso al cuadro de diálogo **Restaurar de**, donde podrás buscar por las distintas unidades el archivo que necesitas. Para pasar a la siguiente pantalla del asistente pulsa **Siguiente**.

A continuación te pedirá que escojas el conjunto que quieras restaurar. Pulsa **Aceptar** y aparecerá otra pantalla (similar a la de la figura 11.7). En este caso, no aparece la estructura completa de carpetas del **Escritorio**, sino únicamente las que se han copiado con dicho trabajo. Selecciona lo que quieras restaurar y pulsa **Siguiente**.

En el cuadro de lista desplegable **Dónde restaurar** selecciona dónde quieres que se copien los archivos y carpetas seleccionados. Dispones de dos alternativas:

◆ **Ubicación original**: se restauran en la carpeta donde estuvieran al hacer la copia de seguridad.

◆ **Ubicación alternativa**: si no quieres restaurarlos en su carpeta original, tienes que seleccionar otra, indícala.

Cuando termines pulsa **Siguiente** para continuar con la siguiente pantalla del Asistente en la que deberás escoger qué debe hacer si ya hay un archivo con el mismo nombre en el lugar donde debe copiarse el archivo restaurado. Puedes escoger entre:

◆ **No reemplazar**: por tanto, no se restaurará el archivo.

◆ **Reemplazar el archivo en mi disco sólo si es más antiguo**: restaurará el archivo si la copia que se encuentra en la carpeta del disco es más antigua que la que se va a restaurar.

◆ **Reemplazar siempre el archivo en mi disco**: en cualquier caso, restaurará el archivo.

Por último pulsa **Iniciar** y **Aceptar** en el cuadro de confirmación que aparece. De inmediato, aparecerá el cuadro de diálogo **Progreso de Restauración** (figura 11.8), a través del cual podrás seguir la operación.

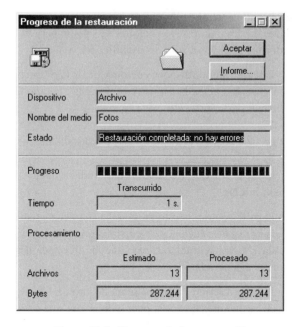

Figura 11.8. Progreso de la restauración

La pantalla principal de Copia de seguridad

Una vez que ya sabes manejarte con los asistentes, es hora de aprender a moverte y hacer copias desde la pantalla principal (figura 11.3), que es más rápido y cómodo.

Como puedes ver, la ventana tiene su barra de menús y de botones. En ellas se encuentran los comandos que podrás utilizar para hacer copias, junto con las opciones de las dos pestañas que están por debajo, la primera para hacer copias y la segunda para restaurar.

> **Nota:** si quieres que no aparezca el cuadro de **Asistentes** cada vez que entres en el programa, desactiva la primera opción del cuadro de diálogo que aparece al ejecutar el comando **Herramientas**, **Preferencias**.

En la pestaña **Copia de seguridad,** debes distinguir de arriba abajo los siguientes elementos:

◆ El cuadro de lista desplegable **Trabajo de copia de seguridad**. En el que podrás escoger uno ya creado. A su derecha, el botón **Iniciar**, que tendrás que pulsar cuando quieras comenzar la copia.

◆ En la parte central de la pestaña, puedes ver los paneles que te muestran las unidades de disco duro y dos botones de opción para indicar que se deben copiar todos los archivos o sólo los modificados o nuevos.

◆ En la parte inferior dispones de otro cuadro de lista desplegable para indicar dónde debe hacerse la copia. A su derecha el botón **Opciones**, cuyo contenido veremos posteriormente.

En la pestaña **Restaurar** (figura 11.9) puedes distinguir:

◆ En la parte superior, los cuadros para indicar de qué trabajo vas a restaurar y el botón **Iniciar**.

◆ En la parte central, la estructura de las carpetas guardadas en el trabajo de copia. Cada vez que selecciones una distinta en los cuadros de la parte superior, debes pulsar el botón **Actualizar**, para que la información que se encuentra en estos paneles sea correcta.

◆ En la parte inferior, dispones de un cuadro de lista desplegable para seleccionar dónde restaurar y un botón para indicar con qué opciones.

Hacer una copia de seguridad

El proceso es muy similar al que seguiste con el asistente en un apartado anterior; sin embargo, en este caso tendremos todas las opciones en pantalla, e incluso alguna nueva.

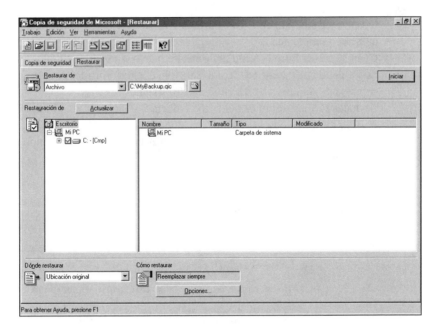

Figura 11.9. Pestaña **Restaurar de Copia de seguridad de Microsoft**

Los pasos son:

1 Haz clic sobre la pestaña **Copia de seguridad,** si no estuviera activa.

2 Selecciona las carpetas y archivos que vayas a copiar en los paneles centrales de la pestaña **Copia de seguridad** haciendo clic sobre sus casillas de verificación.

3 Indica si tienen que copiarse todos los archivos o sólo los que han sido modificados o son nuevos. Esto debes hacerlo con los dos botones de opción que están por encima de los paneles.

4 Escoge dónde se hará la copia y cómo se llamará el trabajo en los cuadros de la parte inferior de la pestaña.

5 Pulsa el botón **Opciones** para ver si está correctamente configurado el trabajo.

6 Si todo es correcto, pulsa el botón **Iniciar.**

7 Si el trabajo es nuevo, te preguntará si quieres guardarlo.

8 Comenzará el proceso de copia.

Si el trabajo ya lo tienes creado, ábrelo seleccionándolo en el cuadro de lista desplegable **Trabajo de copia de seguridad**. Después sólo tendrás que pulsar el botón **Iniciar** para comenzar.

Cuando termine la copia, mostrará un cuadro de diálogo indicando que la operación fue completada.

Cuando pulses Intro o **Aceptar**, verás de nuevo el cuadro de diálogo **Progreso de la copia de seguridad** donde, como se explicó anteriormente, podrás ver si durante la copia se produjeron errores en el cuadro **Estado**.

De todas formas dispones del botón **Informe**: al pulsarlo se abrirá un documento en el **Bloc de notas** con las incidencias que hayan ocurrido durante el proceso (archivos que no se han copiado, etc.). Puedes ver un ejemplo de este tipo de documento en la figura 11.10.

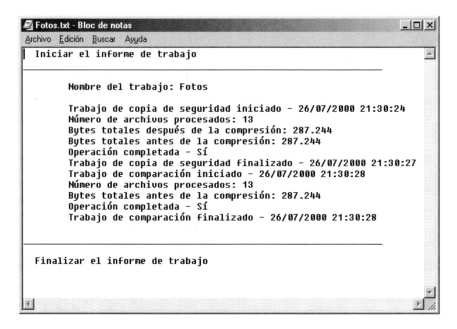

Figura 11.10. *Informe de una copia de seguridad*

Opciones de copia de seguridad

El botón **Opciones** de la pestaña **Copia de seguridad** da paso al cuadro de diálogo **Opciones de trabajo de copia de seguridad** (figura 11.11), donde tendrás más control sobre la forma de hacer la copia. Dispone de seis pestañas:

◆ **General**: en esta pestaña podrás indicar si debe comparar la copia con los archivos originales, el nivel de compresión de los datos y si debe sobrescribirse la copia o preguntar.

◆ **Contraseña**: si quieres que nadie pueda recuperar los archivos a no ser que sepa la contraseña, selecciona la opción en esta pestaña, introduce la contraseña y vuelve a teclearla por seguridad.

◆ **Tipo**: en ella podrás indicar si quieres realizar la copia de todos los archivos o sólo de los nuevos o que hayan sido modificados. En este último caso, puedes seleccionar el tipo de copia diferencial, que copia todos los archivos seleccionados que han cambiado desde la última vez que se hizo una copia completa o incremental.

◆ **Excluir**: en su cuadro de texto, y con la ayuda del cuadro de diálogo que aparece al pulsar el botón **Agregar**, podrás indicar la extensión de archivos que no deben copiarse.

◆ **Informe**: con sus opciones podrás configurar el informe de final de copia a tu medida.

◆ **Avanzado**: ofrece la posibilidad de copiar el **Registro de Windows**. Esta opción es más importante de lo que parece, ya que el **Registro de Windows** guarda toda la configuración de tu sistema. Si lo pierdes o se daña, es posible que no puedas volver a ejecutar Windows ME. Por eso, es muy interesante que, de vez en cuando, hagas una copia de él, seleccionando esta opción.

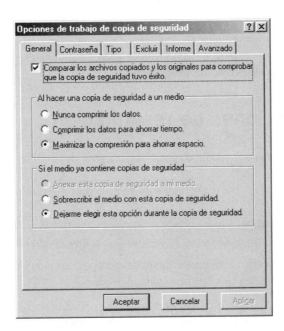

*Figura 11.11. Cuadro de diálogo **Opciones de trabajo de copia de seguridad***

Restaurar archivos

Lo primero que tienes que hacer, es activar la pestaña **Restaurar** (figura 11.9). En ella deberás dar los siguientes pasos:

1   Abre el trabajo de copia del que quieras restaurar. Selecciónalo en los cuadros **Restaurar de**.

2   Pulsa el botón **Actualizar**. En los paneles centrales aparecerán las carpetas que se han copiado en dicho trabajo.

3   Selecciona las carpetas o archivos que quieras restaurar. Para ello deberás hacer clic sobre su casilla de verificación.

4   Indica en el cuadro de lista desplegable **Dónde restaurar**, el lugar donde deben guardarse los archivos. Tienes dos posibilidades: en su ubicación original o en otra unidad y carpeta que indiques tú.

5   Pulsa el botón **Opciones** y repasa las pestañas para ver si está correctamente configurada la restauración. Posteriormente las veremos de forma mucho más detallada.

6   Pulsa el botón **Iniciar**.

El proceso se pondrá en funcionamiento y terminará con la copia de las carpetas y archivos en el lugar seleccionado.

Puedes consultar si hubo algún problema pulsando el botón **Informe** en el cuadro de diálogo **Progreso de restauración**.

Opciones de restauración

Al restaurar también dispones de una serie de opciones que conviene que conozcas (figura 11.12).

Si pulsas el botón **Opciones** podrás ver las siguientes pestañas:

◆ **General**: donde podrás indicar: que no copie el archivo cuando ya exista en la carpeta destino, que lo sustituya si es más antiguo o que lo haga siempre.

◆ **Informe**: configura a través de sus opciones el informe que se abrirá en el **Bloc de notas** una vez finalizado el proceso.

◆ **Avanzado**: utiliza la opción de esta pestaña para restaurar el **Registro de Windows**. Esto nada más que debes hacerlo cuando tengas certeza de que está dañado.

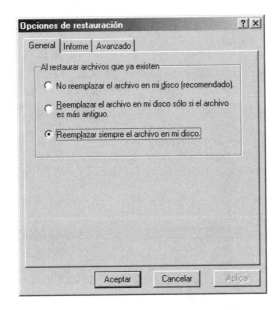

Figura 11.12. Opciones de restauración

ScanDisk

ScanDisk es la herramienta que proporciona Windows ME para revisar y reparar errores lógicos y físicos en una unidad de disco duro o un disquete.

Para que no te suene a "chino" lo que vamos a contar, conviene que sepas un poco más sobre la forma en la que se almacenan los archivos.

El sistema de almacenamiento en discos (duros y disquetes) está compuesto del sistema físico (basado en pistas, sectores y clústers) y el sistema lógico.

Las pistas son anillos concéntricos en los que está organizado un disco, cada una de ellas tiene una capacidad de información fija, grabada en una serie de bits. Un bit es la unidad mínima de almacenamiento que puede tener dos estados: cero o uno.

Las pistas del sistema físico están organizadas en sectores. Cada sector tiene una longitud de 512 bytes. Teniendo en cuenta que un byte está compuesto de 8 bits, pueden representar caracteres alfabéticos o un valor entero entre −127 y 128.

El número de sectores de una pista depende del soporte de almacenamiento, por tanto, la capacidad de un disco en bytes es el número de sectores multiplicado por el número de pistas.

Un clúster es una agrupación fija de sectores que realiza el sistema de archivos. El número de sectores agrupados en un clúster depende del medio de almacenamiento. Por último, la FAT (tabla de asignación de archivos), término que utilizaremos a lo largo de esta lección, es una tabla con los números de clúster. A un archivo se le asigna el número de clústers que necesite para almacenar su información. Si su tamaño aumentase, se le añadirían más clústers.

Cada uno de los clústers que guarda un archivo apunta a los demás, para saber en cada momento cuáles son los que guardan un archivo.

Debes ejecutar periódicamente **ScanDisk** para evitar problemas de almacenamiento, ya que éste examina las estructuras de datos que gestionan los archivos de las carpetas y las asignaciones de los clústers del disco, evitando y corrigiendo errores que puedan producirse.

Para ejecutar **ScanDisk**, debes seleccionar el comando **Programas, Accesorios, Herramientas del sistema, ScanDisk**. Al instante aparecerá la ventana que puedes ver en la figura 11.13.

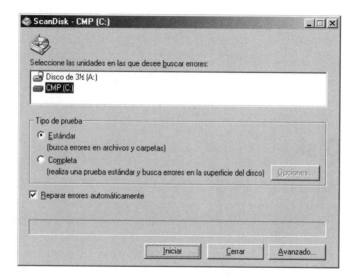

Figura 11.13. Scandisk

Nota: Windows ME ejecutará automáticamente **ScanDisk** cuando se esté arrancando si la última vez que apagaste el ordenador no se hizo adecuadamente.

Nota: también puedes ejecutar **ScanDisk** haciendo clic derecho sobre el icono de la unidad que quieras revisar en la carpeta **Mi Pc**; a continuación, selecciona el comando **Propiedades** y, en el cuadro de diálogo que aparezca, haz clic sobre la pestaña **Herramientas**. En el primer grupo que puedes encontrar, pulsa el botón **Comprobar ahora**. Fíjate en el mensaje de dicho cuadro, ya que te indica los días que llevas sin realizar una comprobación del disco.

Cuando estés en la ventana **ScanDisk** (figura 11.13), lo primero que debes hacer es seleccionar la unidad sobre la que vas a realizar las comprobaciones.

Para ello haz clic sobre su nombre en el cuadro que está en la parte superior de su ventana.

A continuación decide qué tipo de prueba vas a realizar:

◆ **Estándar**: realiza una comprobación de archivos y directorios.

◆ **Completa**: realiza una prueba estándar y, a continuación, busca errores en la superficie del disco, leyendo y escribiendo los datos para comprobar si existen problemas físicos.

> **Nota:** la prueba completa tardará bastante tiempo si el tamaño de la unidad es grande. Si necesitas hacerla, procura ejecutarla en horas en las que no tienes que trabajar con el ordenador.

En la prueba completa puedes configurar otras características para tener mayor control sobre ella. Pulsa el botón **Opciones**, que está situado a la derecha de su botón de opción y podrás ver el cuadro de diálogo **Opciones para la exploración de la superficie** (figura 11.14).

En dicho cuadro de diálogo puedes decidir:

◆ Si debe explorar las áreas de datos y de sistema, o sólo la de sistema o sólamente la de datos.

◆ Evitar que se realice la prueba de escritura.

◆ Evitar que se reparen sectores defectuosos en archivos ocultos y de sistema.

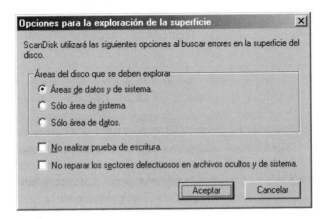

*Figura 11.14. Cuadro de diálogo **Opciones para la exploración de la superficie***

Por último, debes decidir si **ScanDisk** debe reparar los errores que encuentre de forma automática o simplemente debe informar de ellos. Para esto, deberás activar o desactivar la casilla de verificación **Reparar errores automáticamente**, que está en la parte inferior de la ventana **ScanDisk**.

Para el siguiente apartado dejamos el estudio de las opciones avanzadas que puedes configurar a través del botón **Avanzado**, que está en la parte inferior de la ventana.

Si ya tienes seleccionadas todas las opciones que quieres, el último paso es iniciar el proceso; para lo cual, deberás pulsar el botón **Iniciar**.

De inmediato **ScanDisk** comenzará a hacer la prueba, cuyo progreso podrás seguir a través de la barra que está en la parte inferior de la ventana.

Cuando termine, mostrará un cuadro de diálogo similar al de la figura 11.15, en el que podrás ver, entre otros datos, la capacidad total del disco y los sectores defectuosos encontrados en él, si es que los hay.

Figura 11.15. Resultados de ScanDisk

Nota: en la prueba completa, una vez que haya terminado la estándar, aparecerá el mensaje **Explorando la superficie del disco...**, el número del clúster que esté comprobando y el total de la unidad.

En cualquier momento puedes detener la prueba pulsando el botón **Cancelar**, que está en la parte inferior de la ventana.

Finalmente, si **ScanDisk** encuentra un error, aparecerá un cuadro de diálogo indicando la situación y ofreciéndote tres posibilidades:

◆ Descartar fragmentos pérdidos para recuperar espacio.

◆ Convertir dichos fragmentos en archivos, de tal forma que podrás echarles un vistazo posteriormente con un editor de textos. Los archivos que crea comienzan con la palabra File y tienen extensión chk.

◆ Ignorar el error y continuar.

Opciones avanzadas

Si quieres, puedes tener aún más control sobre las pruebas que realice ScanDisk sobre tus unidades.

Para ello accede al cuadro de diálogo **Opciones avanzadas de ScanDisk** (figura 11.16) pulsando el botón **Avanzado**.

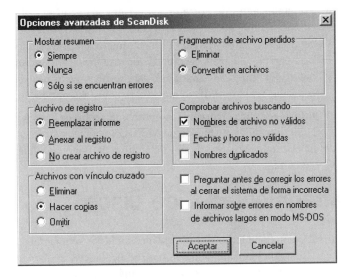

Figura 11.16. Opciones avanzadas de ScanDisk

Las opciones se reparten en cinco cuadros y dos casillas de verificación, y son las siguientes:

◆ **Mostrar resumen**: en este cuadro puedes decidir si debe aparecer el resumen final o no. Por omisión aparecerá siempre.

◆ **Archivo de registro**: con esta opción se configura la creación de un archivo que reúne los errores que se producen en la prueba. Puedes crear uno nuevo cada vez o añadir líneas al que ya existe, o bien no crear ninguno.

- **Archivos con vínculo cruzado**: se produce un vínculo cruzado cuando la FAT vincula dos archivos a los mismos clústers. Esto es posible que ocurra cuando se produce un fallo de corriente eléctrica. La solución es eliminar ambos archivos, lo que podría llevar a la pérdida de información importante. Por tanto, haz una copia de ellos y reconstrúyelos más tarde con la ayuda de alguien entendido en la materia.

- **Fragmentos de archivo perdido**: son cadenas de clústers que no están asociadas a ningún archivo, pero en cambio aparecen como ocupadas. Tienes dos posibilidades: convertirlas en archivos (para ver si es posible recuperar la información posteriormente) o eliminarlas.

- **Comprobar archivos buscando**: fuerzas a **ScanDisk** a que verifique archivos con nombres no válidos, fechas y horas no correctas y nombres duplicados. En este cuadro puedes escoger las tres opciones, si lo deseas.

- **Preguntar antes de corregir los errores al cerrar el sistema de forma incorrecta**: siempre que cierres el sistema de forma incorrecta o, lo que es lo mismo, sin usar la opción **Apagar** del menú Inicio quedarás archivos sin cerrar e información que no ha sido guardada correctamente. La siguiente vez que inicies el ordenador, aparecerá **ScanDisk** para resolver estos problemas. Con esta opción activada, Windows ME te preguntará antes de corregirlos.

- **Informar sobre errores en nombres de archivos largos en modo MS DOS**: en la lección sobre la ventana de MS DOS verás los posibles problemas que puedes tener con los nombres largos de archivo de Windows, si trabajas en MS DOS.

El desfragmentador de disco

En el apartado anterior dijimos que los archivos se guardaban en cadenas de clústers. Cuando el tamaño de un archivo aumenta, el sistema de archivos debe asignar más clústers para almacenarlo; pero lo más normal es que ya no haya clústers libres al lado de los que ocupa dicho archivo, por lo que se le tendrá que asignar el primero que haya libre. Esta técnica puede llevar a un disco que contiene archivos compuestos por cadenas de clústers dispersadas. La consecuencia más importante es que su acceso es más lento.

Para solucionar este problema conviene ejecutar, de vez en cuando, el desfragmentador de disco, que reasigna los clústers para que cada archivo los tenga contiguos y, por tanto, su acceso sea más rápido.

Ejecuta **Desfragmentador de disco**, que está en el menú **Programas, Accesorios, Herramientas del sistema**. Al instante mostrará el cuadro de diálogo **Seleccionar unidad** (figura 11.17), donde debes seleccionar la unidad que vas a desfragmentar en el único cuadro de lista desplegable que hay.

*Figura 11.17. **Seleccionar unidad** del Desfragmentador de disco*

Nota: también puedes ejecutar el desfragmentador haciendo clic derecho sobre la unidad (en la carpeta **Mi Pc** o en el Explorador) y seleccionando el comando **Propiedades** de su menú contextual. Cuando aparezca su ventana, pulsa el segundo botón de la pestaña **Herramientas**.

Antes de comenzar, veamos algunas opciones de configuración que pueden resultarte útiles. Para verlas, pulsa el botón **Configuración** que está en la parte inferior derecha del cuadro de diálogo **Seleccionar unidad** (figura 11.17).

Aparecerá un nuevo cuadro de diálogo (figura 11.18) donde podrás indicar:

◆ Que reordene los archivos de programas para ejecutarlos más rápido.

◆ Que compruebe los errores de la unidad.

◆ Especificar que se utilice siempre esta configuración o sólo por esta vez, con los botones de opción del cuadro **Deseo usar estas opciones**.

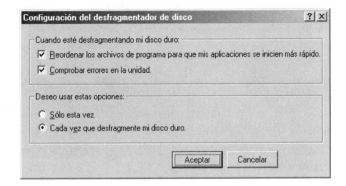

*Figura 11.18. **Configuración del desfragmentador de disco***

Una vez que ya tienes configurada la operación es momento de comenzarla. Para ello pulsa **Aceptar** en el cuadro de diálogo **Seleccionar unidad** y aparecerá la ventana **Desfragmentando la unidad...** (figura 11.19), donde podrás comprobar el progreso de la operación.

Figura 11.19. Desfragmentando la unidad C

En esta ventana dispones de tres botones con los cuales podrás detener el proceso, hacer una pausa y mostrar los detalles.

Si pulsas este último, se ampliará la ventana para mostrar un gráfico en el que cada rectángulo es un clúster y puedes ver, detalle a detalle, la operación que se está realizando. Para que compruebes cómo está siendo tratado cada clúster, pulsa el botón **Leyenda** y podrás ver qué significa cada color (figura 11.20).

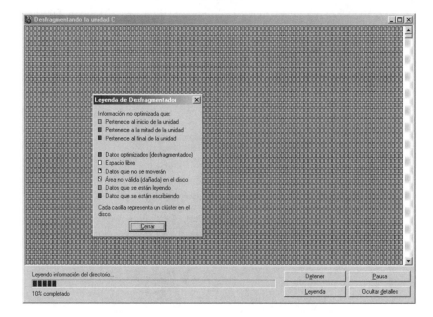

Figura 11.20. Desfragmentando la unidad C

Nota: ten en cuenta que la operación que estás realizando es comprometida; por lo tanto, no la ejecutes si tienes riesgo de que haya una pérdida de corriente durante el proceso. Tampoco ejecutes ningún programa en la unidad que estés desfragmentando.

DriveSpace

Es la herramienta que proporciona Windows ME para comprimir unidades de disco y gestionarlas. Si tienes un segundo disco duro, puedes sacarle mayor partido si lo comprimes, ya que puedes llegar a duplicar el espacio disponible en él. Para llegar a ella debes ejecutar el comando del mismo nombre que está en el menú **Programas, Accesorios, Herramientas del sistema**.

Nota: es posible que **DriveSpace** no se instale por omisión. Si éste es tu caso, utiliza las explicaciones que se dieron al comienzo de la lección o las de la lección de instalación.

Una unidad comprimida no es realmente una unidad, aunque tenga todo el aspecto de serlo cuando estás en el **Explorador** o en la carpeta **Mi Pc**. En realidad todos los archivos y carpetas que guardas en ella, se almacenan en un único archivo, que está ubicado en una unidad que no está comprimida, llamada *host*.

Es decir, si comprimes un disco duro llamado D, **DriveSpace** le asigna otra letra, por ejemplo H. La unidad H será el host de D. Seguidamente **DriveSpace** comprime el contenido de la unidad D en un archivo comprimido que se guarda en la unidad H y el contenido descomprimido de ésta aparecerá como la nueva unidad D.

No tienes por qué entender el proceso, simplemente debes saber que la unidad puede duplicar su espacio libre.

En la figura 11.21 puedes ver la ventana **DriveSpace**, a través de la cual podrás comprimir la unidad que quieras. Lo primero, lógicamente, será seleccionarla, para lo que deberás hacer clic en su nombre. Seguidamente ejecuta el comando **Unidad, Comprimir** y sigue los pasos que se te indiquen en las restantes ventanas.

Liberador de espacio en disco

Esta herramienta puede resultar de mucha utilidad, ya que muchas veces se nos llena el disco duro de archivos inservibles de los que no sabemos ni dónde están, ni cómo se llaman.

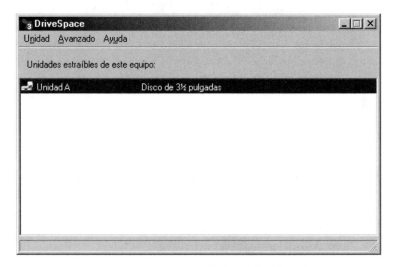

Figura 11.21. DriveSpace

Su objetivo es eliminar los archivos temporales, archivos de caché de programas de Internet y de otros que no se utilizan. De todas formas no te preocupes porque vaya a borrar algún archivo importante, ya que tú serás el que decidas lo que debe o no eliminar.

Para ejecutarla, haz clic sobre la opción **Liberador de espacio en disco**, que está en el menú **Programas, Accesorios, Herramientas del sistema**.

Al hacerlo, aparecerá el cuadro de diálogo **Seleccionar unidad**, en el que deberás escoger la que quieras limpiar.

Cuando pulses **Aceptar**, el programa calcula cuánto espacio puede liberar en el proceso, para que tú mismo decidas si merece la pena el trabajo. Cuando termine, mostrará un cuadro de diálogo como el de la figura 11.22, en el que aparecen los tipos de archivo y el espacio que ocupan en tu unidad. Utiliza la barra de desplazamiento vertical para moverte por la lista.

Como verás, a la izquierda del nombre de dichos archivos, aparece un casilla de verificación, que en algunos está marcada y en otros no, Ésta indica el grupo de archivos que se eliminarán y, por debajo del cuadro, podrás ver el espacio total que ahorrarás. Si quieres que elimine algún grupo que no está marcado, activa su casilla de verificación.

Si haces clic en la pestaña **Más opciones**, Windows ME te proporciona tres posibilidades más para ahorrar espacio:

◆ **Eliminar componentes de Windows que no utilices**: opción que sinceramente no podemos recomendar, aunque rara vez utilices algunas herramientas que proporciona Windows.

◆ **Eliminar programas que no utilices frecuentemente**: desde luego si tienes alguno por el simple hecho de tenerlo y no lo utilizas, es un despilfarro de espacio.

◆ **Restaurar sistema**: Windows ME incluye como novedad una herramienta que hace una "fotografía" de la configuración y estado del ordenador en un momento determinado. De esta forma, si pasado un tiempo queremos recuperarla de nuevo, podremos hacerlo sin ningún problema. El inconveniente es que genera archivos que ocupan bastante espacio. Mediante esta opción podrás eliminar los que no te sirvan.

Cuando hayas indicado los grupos de archivos que quieres eliminar, pulsa **Aceptar** y, tras un cuadro de confirmación, se eliminarán al momento.

Figura 11.22. Liberador de espacio en disco

Asistente para mantenimiento

Windows ME también incorpora un Asistente para mantenimiento que no aporta nada nuevo, pero que te ayuda ejecutando de una vez algunas de las herramientas que se han explicado anteriormente, optimizando los recursos del sistema.

El Asistente para mantenimiento ejecutará las siguientes tareas:

◆ Eliminará todos los archivos innecesarios a través del **Liberador de espacio en disco.**

◆ Comprobará si hay errores en las unidades de disco a través de **ScanDisk**.

◆ Acelerará los programas más utilizados, desfragmentando las unidades de disco.

Todas estas operaciones las realizará una tras otra en el mismo proceso. La ventaja que ofrece este Asistente es que puedes programarlo para que realice todas las operaciones a una hora en la que no estés utilizando el ordenador; eso sí, deberás tenerlo encendido.

Para ejecutarlo, selecciona **Asistente de mantenimiento** en el menú **Programas, Accesorios, Herramientas del sistema**. De inmediato aparecerá su primera pantalla (figura 11.23), en la que podrás decidir si ejecutarlo en ese instante o programarlo para una hora, incluso cambiando, si quieres, la configuración.

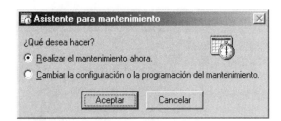

Figura 11.23. Asistente para mantenimiento

Información del sistema

Esta opción de las herramientas del sistema no es especialmente importante, al menos para un usuario que se está iniciando, pero sí muy interesante, ya que te muestra toda la información del sistema que estás utilizando, desde la versión de sistema operativo hasta el tamaño del caché de Internet Explorer.

A todo esto se le añade la forma tan sencilla y fácil que utiliza Windows ME para mostrarla.

En la figura 11.24 puedes ver la primera pantalla que aparece al ejecutar esta herramienta. Fíjate en su parecido con la **Ayuda**.

La ventana de información del sistema consta de dos partes: la barra de menús y los paneles de información.

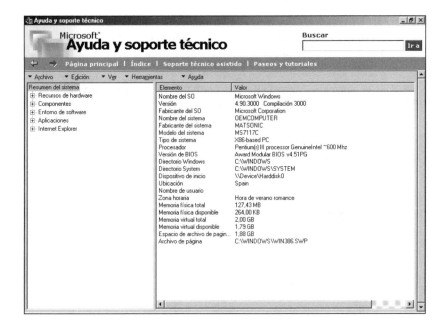

Figura 11.24. *Información del sistema*

Si haces clic en cada una de las opciones de la barra de menús observarás cómo se desplegarán una serie de opciones, cuya principal función es ofrecer información a cualquier servicio técnico con la que poder arreglar un hipotético problema en tu ordenador. Cabe distinguir el menú **Herramientas** que cuenta con una buena colección de aplicaciones para diagnosticar y corregir problemas, algunas de ellas ya las hemos visto, otras las veremos posteriormente y el resto creemos que tan solo debes conocerlas cuando seas un usuario avanzado.

Los dos paneles centrales muestran toda la información. El de la derecha dispone de seis opciones. La primera es un resumen, como su propio nombre indica, el resto guarda toda la información, que puede estar dividida en subcategorías. Para llegar a ellas, haz clic en el cuadro con el símbolo más que está a la derecha de su nombre. Cuando hagas clic en un elemento del panel derecho que no se subdivida en más categorías, aparecerá toda la información que reúne en el panel izquierdo. Fíjate en el ejemplo de la figura 11.25.

Restaurar sistema

Esta es una de las más importantes novedades de Windows ME a nuestro juicio. Hasta ahora más de un usuario se ha encontrado con la desagradable sorpresa de que su ordenador no funcionaba de forma correcta después de instalar un determinado programa o dispositivo físico en el ordenador.

La situación al intentar arreglarlo se complicaba de tal forma, que la única salida era volver a instalar Windows de nuevo.

Esta situación era bastante más normal de lo que parecía y llevaba grandes quebraderos de cabeza. De hecho algunos especialistas recomendaban la instalación de Windows, al menos una vez al año.

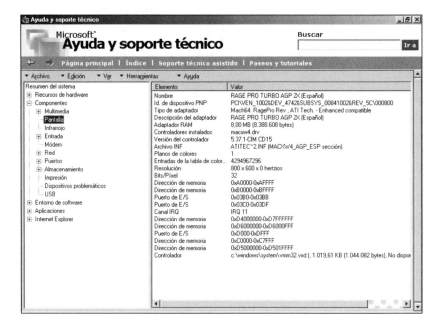

Figura 11.25. Información sobre la pantalla

Esta nueva herramienta puede ser el final de estas situaciones, ya que realiza una "fotografía" de cómo se encuentra el sistema en un determinado momento. Esto es lo que Windows ME llama puntos de comprobación del sistema.

Tú mismo puedes crear dichos puntos restauración, aunque Windows ME los realiza de forma automática.

En el momento en el que no te convenga el comportamiento de tu ordenador o simplemente lo desees, puedes utilizar estos puntos de restauración para dejar tu ordenador tal y como estaba en ese momento.

Nota: es interesante que tú mismo crees puntos de comprobación del sistema cuando vayas a instalar una aplicación o un dispositivo físico en tu ordenador.

Cuando ejecutes esta aplicación, a través de la opción **Restaurar sistema** que se encuentra en el menú **Herramientas del sistema**, aparecerá la pantalla que puedes ver en la figura 11.26. En ella podrás decidir entre restaurar el equipo a un momento anterior o crear un punto de restauración.

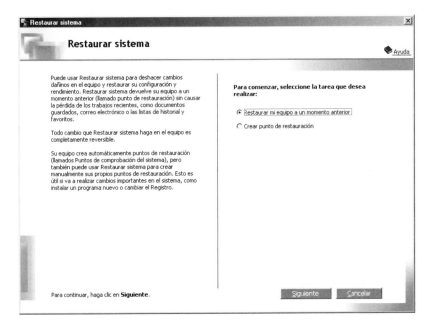

*Figura 11.26. Pantalla principal de **Restaurar sistema***

Crear un punto de restauración

Explicaremos la forma tan sencilla de hacerlo, a través de la siguiente secuencia de pasos:

1   Selecciona la opción **Crear punto de restauración** en la pantalla principal de **Restaurar sistema**. Pulsa **Siguiente**.

2   Teclea una pequeña descripción por la que puedas conocer posteriormente, cómo quedará el sistema después de restaurar dicho punto (figura 11.27). Pulsa **Siguiente** cuando termines.

3   Asegúrate de los datos del nuevo punto de restauración y pulsa **Aceptar**, si quieres que además se cierre la herramienta **Restaurar** sistema, o **Inicio** si quieres continuar en ella.

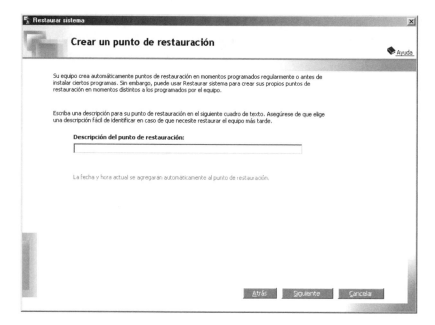

Figura 11.27. Crear un punto de restauración

Nota: no generes demasiados puntos de restauración, ya que cada uno de ellos ocupa una buena cantidad de megas, entre sesenta y setenta, y podrías llenar tu disco duro sin darte cuenta.

Restaurar un punto de comprobación

La forma de hacerlo sería la siguiente:

1   Selecciona la opción **Restaurar mi equipo a un momento anterior** en la pantalla principal de **Restaurar sistema**. Pulsa **Siguiente**.

2   Selecciona, en el calendario que aparece (figura 11.28) el día que hiciste el punto de comprobación que quieres restaurar haciendo clic sobre su número. Pulsa **Siguiente** cuando termines.

3   Haz caso del mensaje que aparece en pantalla que te aconseja cerrar todos los programas y guardar los archivos que tengas abiertos antes de continuar. Pulsa **Aceptar** para que desaparezca el mensaje y, antes de continuar, asegúrate de que has hecho caso al consejo.

4   Pulsa **Siguiente**.

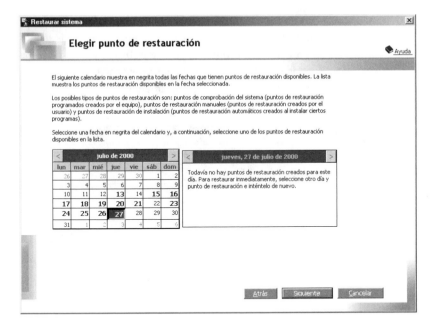

Figura 11.28. *Puntos de comprobación para restaurar el sistema*

Debes tener en cuenta cuatro puntos:

◆ En el calendario que aparece, las fechas marcadas en negrita contienen puntos de restauración.

◆ Al hacer clic sobre un día que tenga punto de restauración, en el panel de la izquierda aparecerá la explicación que tecleaste cuando lo creaste o el mensaje punto de comprobación del sistema, si lo hizo Windows ME, junto con la hora en la que se hizo.

◆ Si tienes más de un punto de comprobación por día, tendrás que seleccionar el que quieres utilizar, haciendo clic en su nombre en el panel de la izquierda.

◆ No utilices esta herramienta si lo que quieres es desinstalar un programa, para esto existe el comando **Agregar o quitar** programas del **Panel de control**.

Tareas programadas

Esta herramienta es muy útil cuando quieres ejecutar procesos o programas a horas en las que no estés delante de tu ordenador o simplemente para no estar pendiente de ejecutarlas tú mismo todos los días.

Al ejecutar en el menú **Herramientas del sistema** la opción **Tareas programadas** aparecerá una pantalla en la que puedes encontrar dos tipos de iconos: el primero siempre es **Agregar tarea programada**, que utilizaremos posteriormente; los siguientes son las tareas que tú o cualquier programa ha creado. En la figura 11.29 puedes ver nuestra ventana **Tareas programadas**.

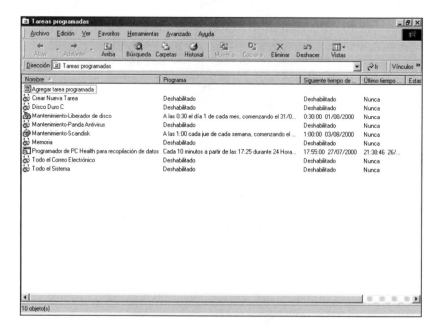

Figura 11.29. Tareas programadas

A la derecha de cualquier tarea programada podrás ver si está deshabilitada, lo que significa que no se ejecutará, o habilitada, en este caso verás la hora y el día que se ejecutará la primera vez y la siguiente.

Si necesitas más detalles sobre alguna tarea, haz doble clic sobre su nombre y aparecerá un cuadro de diálogo con tres pestañas que te informarán del programa que se ejecuta, en qué momento y de qué forma.

Programar una tarea no es complicado, guíate por la secuencia de pasos que aparece a continuación:

1   Haz doble clic sobre el icono **Agregar tarea programada**. Aparecerá el asistente que te ayudará a crearla (figura 11.30).

2   Pulsa **Siguiente**. Aparecerá un cuadro de lista con la mayor parte de las aplicaciones que tienes instaladas en tu ordenador (figura 11.31).

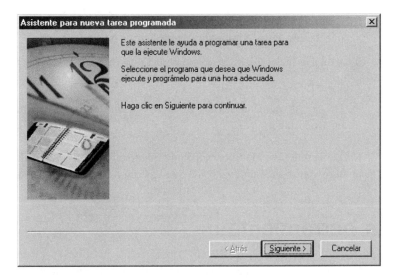

Figura 11.30. Asistente para nueva tarea programada

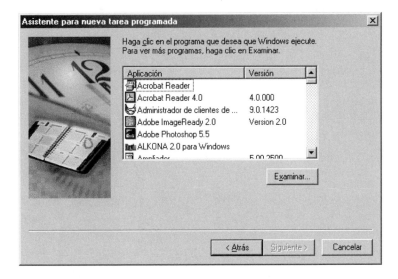

Figura 11.31. Asistente para crear una tarea programada

3   Haz clic sobre el nombre de la aplicación que utilizarás para ejecutar la tarea. Si no está en el cuadro de lista, haz clic en el botón **Examinar** y búscala en tu disco duro. Pulsa **Siguiente** cuando termines.

4   Teclea un nombre para la tarea.

5   Selecciona cada cuánto tiempo debe ejecutarse, haciendo clic sobre la opción que desees. Pulsa **Siguiente** cuando termines.

6   Indica la fecha y hora de inicio de la tarea. Pulsa **Siguiente** cuando termines

7   Pulsa **Finalizar**.

8   Desde este momento podrás ver en la ventana **Tareas programadas** la que creaste en ese instante.

Recuerda que para modificar cualquier parámetro, puedes hacer doble clic sobre su nombre y aparecerá un cuadro de diálogo con todas sus características.

Otras herramientas

Existen más utilidades en el submenú Herramientas del sistema, pero no se han incluido en esta lección debido a que no tienen excesiva importancia o requieren conocimientos de usuario avanzado. Si quieres utilizar alguna, ejecútala y utiliza la ayuda que te proporcionan.

Multimedia

Las nuevas mejoras que se implementan en los ordenadores van encaminadas cada vez más a las posibilidades multimedia que pueden ofrecer.

Microsoft lo tiene claro y Windows ME es considerada, por muchos expertos, como la versión más multimedia de este sistema operativo.

Se ha pasado de elementos ya catalogados como básicos (la tarjeta de sonido) a los más sofisticados adaptadores para juegos que tienen pedales para conducir, volantes como los de cualquier coche real, videocámaras e incluso las gafas de realidad virtual, y todo ello puede utilizarse en Windows ME.

Microsoft también ha tenido en cuenta que, a partir de ahora, gran parte de la información multimedia se distribuirá a través de Internet y nos ofrece la posibilidad de ver casi cualquier tipo de archivo de vídeo o audio que se distribuye en ella. Y todo ello lo hace desde una única herramienta: el **Reproductor de Windows Media**.

En esta lección aprenderás a:

- Utilizar el **Reproductor de Windows Media**.

- Controlar el volumen.

- Grabar y editar sonidos.

- Montar películas con **Windows Movie Maker**.

Evolución

Hace pocos años se utilizaban monitores denominados de fósforo verde que sólo representaban caracteres y que, tras dos horas de trabajo, te hacían ver "moscas" cuando mirabas a cualquier otro lugar.

La evolución del sistema operativo MS-DOS a Windows obliga a una mejora de esos monitores, capaces de representar cada vez con más detalle y calidad elementos pequeños. Así mismo, los programas habituales (procesadores de texto, hojas de cálculo, etc.) van teniendo una presentación cada vez más cercana a la realidad.

El siguiente paso que se da en esta evolución es poder incluir en el ordenador ciertos dispositivos que nos permitan hacer el trabajo de forma más cómoda o incluso algunos que hasta ahora no se podían hacer en un ordenador: surge la tarjeta de sonido que permite reproducir, por medio de unos altavoces, la música que suena en una unidad CD-ROM que está en nuestro ordenador.

Este primer paso hace que ciertas empresas se dediquen a crear nuevos dispositivos que permiten realizar mejor ciertas cosas, muchas de las cuales se tenían que hacer necesariamente con el teclado y el ratón. Algunos de estos dispositivos son:

◆ Tarjetas de sonido, muchas preparadas para conectarlas directamente un teclado musical.

◆ Adaptadores de juegos con pedales, volantes, mandos de aviones, etc.

◆ Videocámaras.

◆ Tarjetas de televisión

◆ Dispositivos para personas discapacitadas: transmisores de vibraciones que representan los caracteres de un documento para sordo-ciegos, teclados especiales para personas con una sola mano útil, etc.

Hoy en día el ordenador se ha convertido en un dispositivo totalmente multimedia, nos "relacionamos" con él a través del oído, la vista, el habla, e incluso se están dando pasos para poder utilizar el olfato. A través de él podemos ver la televisión, escuchar la radio, hablar con un familiar que está a miles de kilómetros, e incluso verlo. La multimedia forma parte de nuestras vidas y Windows ME es el sistema operativo que mejor lo ha entendido hasta ahora.

Reproductor de Windows Media

Windows ME ha simplificado el tratamiento y utilización de todos los archivos multimedia, proporcionando una única aplicación que pueda leer y mostrar los más importantes. Esta aplicación se llama **Reproductor de Windows Media**.

Con ella puedes utilizar audio que tenga formato mp3, wav o mid; o vídeo con formatos mpeg, avi, asf o mov. Sin salir de él podrás escuchar CD audio, buscar distintos archivos y contenidos multimedia en Internet, reproducir vídeo directamente desde la red e incluso escuchar la radio.

A lo largo de este apartado trataremos de descifrarte su funcionamiento, aunque, como verás, es bastante sencillo.

Para comenzar veremos cómo ejecutar el **Reproductor de Windows Media**. Dispones de varias formas:

◆ Seleccionando el menú **Programas** del menú **Inicio**; a continuación el menú **Accesorios** y finalmente el menú **Entretenimiento**, donde se encuentra el comando **Reproductor de Windows Media**.

◆ Haciendo doble clic sobre un archivo multimedia. Como puede ser un archivo con extensión avi o mp3.

◆ A través del icono **Reproductor de Windows Media** que crea Windows ME en el Escritorio.

◆ Introduciendo en la unidad un CD de audio.

Si lo ejecutas a través de la primera o tercera forma indicadas anteriormente, llegarás a la pantalla que aparece en la figura 12.1; en los otros dos casos también aparecerá la pantalla principal, pero con el archivo seleccionado reproduciéndose.

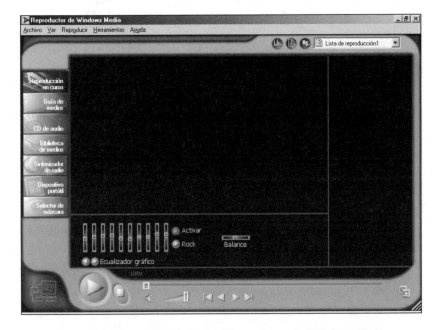

Figura 12.1. *Pantalla principal del **Reproductor de Windows Media***

La pantalla principal del Reproductor de Windows Media

Comenzaremos explicando las partes en las que se divide la pantalla principal, para que puedas acceder a todas sus características de forma sencilla.

De arriba abajo, nos encontramos con la barra de menús, que funciona de la misma forma que cualquier menú en Windows ME.

Dispones de cinco menús que básicamente contienen las siguientes opciones:

◆ **Archivo**. Proporciona comandos para abrir archivos en el disco duro o en Internet y agregar archivos a la biblioteca. Más tarde explicaremos en qué consiste.

◆ **Ver**. Contiene comandos para configurar la presentación del **Reproductor de Windows Media**.

◆ **Reproducir**. Engloba los comandos necesarios para controlar la reproducción de cualquier archivo multimedia.

◆ **Herramientas**. Dispone de comandos para configurar su funcionamiento.

◆ **Ayuda**. Como en todas las aplicaciones de Windows ME, proporciona ayuda para la utilización del programa.

En la parte central de la ventana se encuentran los distintos controles y pantallas de visualización con los que podrás manejar la reproducción de cualquier archivo.
En la parte superior derecha puedes ver tres botones que sirven para ocultar o mostrar distintas características o configuraciones de reproducción, como el ecualizador gráfico, la lista de reproducción en curso o el orden aleatorio de reproducción. También puede verse un cuadro de lista desplegable para seleccionar los archivos con los que se quiere trabajar.
En la parte central izquierda dispones de siete botones, que sirven para:

◆ **Reproducción en curso.** Con este botón podremos ver el archivo que se está reproduciendo en cada instante, información acerca de él y algunas utilidades que mejorarán su reproducción. Más adelante veremos en qué consiste todo esto.

◆ **Guía de medios.** A través de esta opción podrás conectarte a la página Windowsmedia.com, en la que tendrás información y entretenimiento.

◆ **CD de audio.** Cuando estés escuchando un CD de audio, en esta pestaña verás todas las canciones que contiene y podrás introducir información de cada una de ellas, copiarlas en tu disco duro, entre otras cosas.

◆ **Biblioteca de medios.** Es la colección de todos los contenidos multimedia que puedes utilizar en tu ordenador, CD de audio, videos, etc.

◆ **Sintonizador de radio.** Esta opción te proporciona una forma sencilla de buscar emisoras de radio en Internet.

◆ **Dispositivo portátil.** Si tienes un Pocket PC o un dispositivo portátil similar puedes copiar música en él a través de esta opción.

◆ **Selector de máscara.** Con esta opción puedes escoger entre doce formas distintas de presentación del **Reproductor de Windows Media**; incluso te permite conectarte a Internet para "bajarte" otras muchas presentaciones.

Dependiendo del botón que selecciones, a la derecha verás un contenido u otro. Por ejemplo, si seleccionas **Reproducción en curso** y estás escuchando un CD audio, podrás ver una visualización moviéndose al ritmo de la música y, a la derecha, la lista de las pistas del CD; por debajo podrá aparecer un ecualizador gráfico.

En los siguientes apartados veremos detalladamente cómo puedes utilizar cada una de estas opciones.

Por último, por debajo de la zona central se encuentran los botones típicos de control de reproducción. De izquierda a derecha verás los siguientes botones: **Reproducir, Detener, Silencio, Volumen, Buscar, Anterior, Rebobinar rápido, Avance rápido** y **Siguiente**.

Reproducción de música desde un CD

Escuchar un CD de audio en el ordenador es muy sencillo, simplemente debes insertar el CD en la unidad y, de forma inmediata, se abrirá el **Reproductor de Windows Media** con el botón **Reproducción en curso** activado.

En la parte superior del panel central podrás ver el interprete y el nombre de la canción que estás escuchando. Por debajo verás lo que Windows ME llama una visualización, que es una representación de figuras geométricas y colores que cambian al ritmo de la música.

> **Nota**: la primera vez que escuches un CD audio en tu ordenador no verás ni el interprete, ni el nombre de la canción. Más adelante veremos cómo cambiar esto.

Puedes cambiar la visualización con la ayuda de los dos botones que se encuentran por debajo de ella.

También puedes descargar de Internet otras muchas visualizaciones, a través del comando **Herramientas, Descargar visualizaciones**.

A la derecha puedes ver la lista de las pistas del CD audio y su duración. Para escuchar una en particular, simplemente debes hacer doble clic sobre su nombre.

Por debajo puedes encontrar distintas configuraciones. En estos momentos, ya que estamos escuchando música, nos interesa el **Ecualizador gráfico**. Pulsa el botón **Configuración siguiente** o **Configuración anterior** hasta que aparezca como en la figura 12.2.

El Ecualizador gráfico consta de los distintos botones para variar la reproducción. A su derecha se encuentran dos botones más: el superior, para activar o desactivar el ecualizador y el inferior para seleccionar configuraciones ya establecidas para distintos tipos de música (rock, rap, jazz, etc). Por último, a la derecha de estos botones encontrarás otro control para manejar el balance.

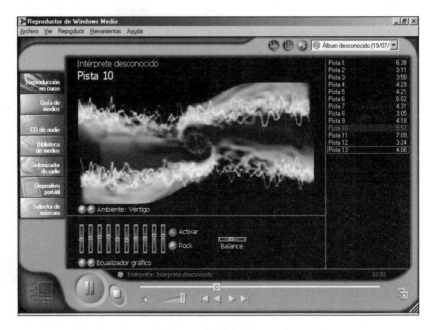

Figura 12.2. **Reproductor de Windows Media** *con un CD audio*

Reproducción de un vídeo

La forma de reproducir un vídeo es muy similar a un CD de audio. Como es lógico tendrás que abrirlo a través del comando **Archivo, Abrir**, o bien a través de la biblioteca de medios, más tarde veremos cómo. El resultado será el vídeo reproduciéndose en el panel central del **Reproductor de Windows Media.**
Si lo deseas, puedes modificar características como el brillo, matiz, contraste o saturación, a través de la **Configuración de vídeo**. Búscala pulsando los botones **Configuración anterior** o **Configuración siguiente**, que están por debajo de la zona del panel donde se reproduce el vídeo (figura 12.3).

Cambiar información de un CD audio

Si quieres que el **Reproductor de Windows Media** reconozca de forma inmediata el interprete y los nombres de las canciones, tendrás que introducir su información. Podrás hacerlo de dos formas diferentes: manualmente o a través de la página Web *WindowsMedia.com.*
Para hacerlo de forma manual, haz clic en el botón **CD de audio**. En la parte central aparecerá la lista de pistas del CD que tengas introducido en la unidad en ese instante (figura 12.4).

Figura 12.3. *Reproducción de un vídeo*

Figura 12.4. *Pestaña CD de audio*

La primera vez que realices esta operación la información que aparecerá será irrelevante, salvo la duración de cada una de las pistas.

Si quieres cambiar los datos de alguna pista, tienes que hacer clic derecho sobre su fila; de inmediato aparecerá el menú contextual, donde debes seleccionar la opción **Modificar**. Aparecerá resaltado en video inverso la columna donde hayas hecho clic; modifica la información que quieras. Dependiendo de la zona donde hagas clic derecho podrás modificar el nombre de la canción, su interprete o su género.

> **Nota**: si quieres cambiar información en varias pistas a la vez, haz clic sobre la primera del intervalo y sin soltar el botón Mayús, haz clic sobre la última. Seguidamente haz clic derecho sobre cualquier zona del rango seleccionado y ejecuta el comando **Modificar selección**. Esto puede resultar muy útil para añadir el mismo interprete a todas las canciones.

Para introducir la información del CD audio a través de la página WindowsMedia.com, deberás estar conectado a Internet y pulsar el botón Obtener nombres en la parte superior de la pestaña CD de audio. En ese instante te conectarás a la página mencionada anteriormente donde debes seguir las instrucciones que te de para incorporar la información a tu ordenador. En las figuras 12.5, 12.6 y 12.7 puedes ver un ejemplo de búsqueda de información de un CD de audio.

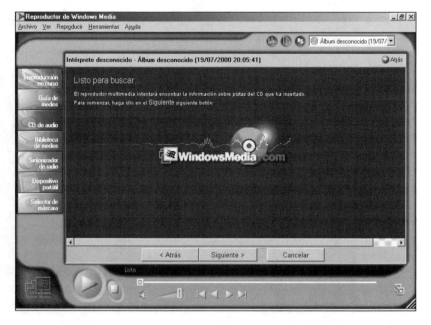

Figura 12.5. *Búsqueda de información de un CD audio en WindowsMedia.com*

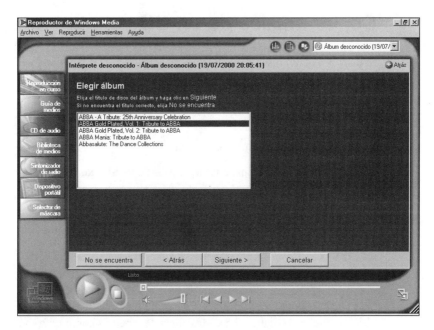

Figura 12.6. *Búsqueda de información de un CD audio en WindowsMedia.com*

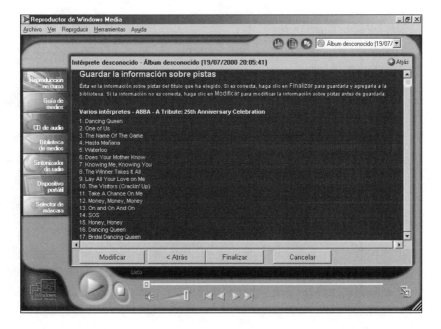

Figura 12.7. *Búsqueda de información de un CD audio en WindowsMedia.com*

Copiar música de un CD

Si dispones de un disco duro de gran capacidad, puedes guardar en él los CD o las canciones que más te gusten.

Utiliza la siguiente secuencia de pasos para copiar el contenido de un CD audio en tu disco duro.

1   Inserta el CD de audio en la unidad.

2   Cuando se abra el **Reproductor de Windows Media**, haz clic en la pestaña **CD de audio**.

3   Si no quieres copiar alguna canción, haz clic sobre la casilla de verificación que se encuentra situada a su izquierda; en caso contrario, continúa con el siguiente paso.

4   Pulsa el botón **Copiar música**.

De inmediato comenzará la copia. En la columna **Estado de la copia**, podrás ver seguir el proceso (figura 12.8). Más adelante veremos cómo reproducir las pistas que copies de esta forma.

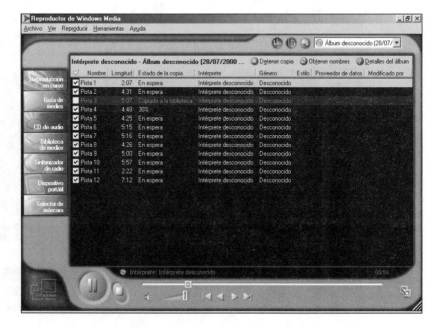

Figura 12.8. *Pistas de audio copiándose en el disco duro*

La Biblioteca de medios

Es una utilidad del **Reproductor de Windows Media** que sirve para tener registrados todos los archivos multimedia del ordenador, incluidos audio y vídeo y poder reproducirlos de forma sencilla.

Puedes agregar archivos a la **Biblioteca de medios** de distintas formas:

◆ Copiando música desde un CD de audio a la unidad de disco duro. En el apartado anterior vimos cómo hacerlo.

◆ Haz clic en el comando **Abrir** del menú **Archivo** del **Reproductor de Windows Media** y, a continuación, busca el archivo que deseas agregar a la **Biblioteca de medios**.

◆ Haz clic sobre **Agregar a biblioteca** del menú **Archivo** del **Reproductor de Windows Media** y, a continuación, haz clic en el comando **Agregar archivo** y busca el archivo que quieras agregar.

Cuando necesites ver o utilizar los archivos que tengas almacenados en la **Biblioteca de medios** ejecuta el **Reproductor de Windows Media** y haz clic sobre el botón que lleva su nombre (figura 12.9).

Figura 12.9. Biblioteca de medios

A la izquierda puedes ver la clasificación que se establece en la **Biblioteca de medios** para tener ordenados los distintos archivos. Por un lado están los archivos de audio, por otro los de vídeo, las listas de reproducción (posteriormente veremos qué son), las presintonías de radio y los elementos eliminados.

El funcionamiento de esta "estructura" es similar a la del **Explorador de Windows ME**. Si haces clic sobre el pequeño cuadrado que tiene un símbolo más y que está a la derecha de cada uno de los elementos del panel izquierdo, se desplegarán los elementos con los que cuenta.

Para reproducir cualquier archivo, abre el elemento donde se encuentre y haz doble clic sobre su nombre en el panel derecho.

Una de las características interesantes de la **Biblioteca de medios** es la posibilidad de crear listas de reproducción. Consisten en un conjunto de archivos multimedia (audio, video, etc) que se agrupan para reproducirlos juntos.

La siguiente secuencia de pasos te muestra la forma de crear una lista de reproducción:

1   Abre el **Reproductor de Windows Media**.

2   Haz clic en la pestaña **Biblioteca de medios**.

3   Haz clic en el botón **Nueva lista de reproducción**.

4   En el cuadro de diálogo que aparece, **Nueva lista de reproducción** (figura 12.10), escribe el nombre por el que conocerás la lista.

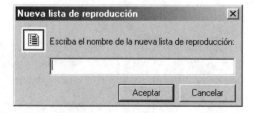

*Figura 12.10. Cuadro de diálogo **Nueva lista de reproducción***

Desde este momento, podrás ver la lista de reproducción si despliegas la carpeta **Mis listas de reproducción** en el panel izquierdo. El siguiente paso será agregar archivos a la lista de reproducción. Utiliza para hacerlo la siguiente secuencia de pasos:

1   Selecciona el archivo (audio o video), buscándolo a través de los elementos del panel izquierdo y haciendo clic en su nombre.

2   Haz clic en el botón **Agregar a lista de reproducción** que está en la parte superior del panel derecho.

3 Elige la lista de reproducción donde quieras incorporarlo.

Cuando tengas bastantes archivos guardados en la **Biblioteca de medios**, tal vez te resultará complicado buscar algún archivo en particular.
Para simplificarte esta tarea, puedes pulsar el botón **Buscar**, que está por encima de los paneles centrales.
En el cuadro de diálogo que aparece (figura 12.11), puedes teclear un texto que identifique el archivo que estás buscando y pulsar **Buscar ahora**. Si lo encuentra lo mostrará de inmediato.

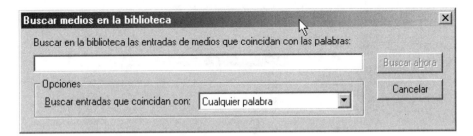

Figura 12.11. Buscar medios en la biblioteca

Sintonizador de radio

Desde el **Reproductor de Windows Media** también puedes sintonizar emisoras de radio en Internet. Para ello debes estar conectado y seleccionar la pestaña **Sintonizador de radio**. En breves segundos se abrirá una página Web que te ofrecerá vínculos a las principales emisoras de radio que emiten a través de Internet (observa la imagen de la figura 12.12).

Seleccionar máscara

Si no te gusta demasiado el aspecto que tiene el **Reproductor de Windows Media**, puedes cambiarlo en cualquier momento. Pulsa el botón **Selector de máscara**, haz clic sobre los nombres que aparecen en el panel izquierdo, verás el aspecto que tienen en el panel derecho. Cuando te guste alguno y quieras cambiar, pulsa el botón **Aplicar máscara** (figura 12.13).
También puedes conectarte a Internet para bajarte más máscaras. Para hacerlo deberás estar conectado a Internet y pulsar el botón **Más máscaras**, que está en la parte superior del panel izquierdo.

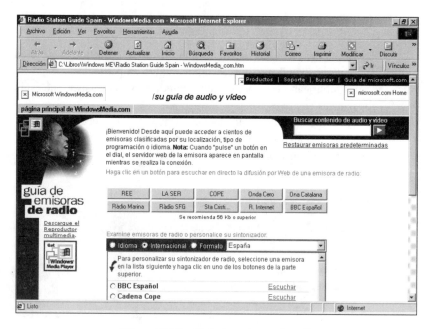

Figura 12.12. *Guía de emisoras de radio*

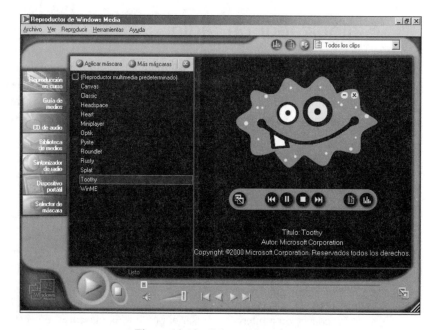

Figura 12.13. *Selector de máscara*

Guía de medios

Si quieres buscar más contenidos multimedia (música, video o radio), puedes conectarte a la **Guía de medios** en Internet. Para hacerlo, una vez que estés conectado a Internet, pulsa el botón **Guía de medios**. Aparecerá una pantalla similar a la de la figura 12.14, donde podrás buscar contenidos que puedan interesarte.

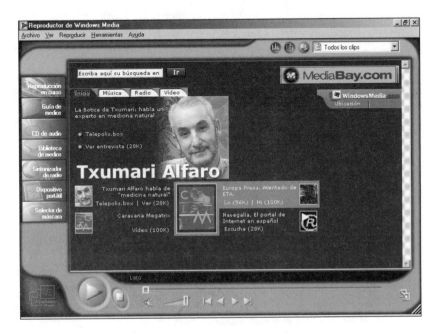

Figura 12.14. Guía de medios

Control de volumen

Cuando seleccionas el comando menú **Inicio, Programas, Accesorios, Entretenimiento, Control de volumen** en la pantalla aparece una ventana (figura 12.15) que te permite realizar un control exhaustivo del sonido que obtienes mediante la tarjeta de sonido.

Nota: la ventana **Control de volumen** aparece también en la pantalla al hacer doble clic en el icono altavoz situado en la parte derecha de la barra de tareas.

Esta ventana aparece dividida en varias partes que te permiten gestionar el volumen mediante muchos parámetros.

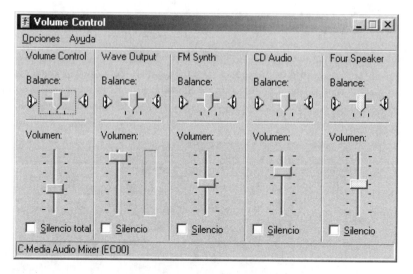

Figura 12.15. Control de volumen

Con el bloque **Control del volumen** puedes controlar el balance y el sonido que reproduces normalmente desde un CD de audio.

Igualmente, con el bloque **CD de sonido** puedes controlar también el balance y el volumen. No tiene sentido que el balance de uno de ellos lo pases hacia un lado y en el otro lo pases hacia el otro, ya que anularías el volumen; deja uno en el medio y trasládalo en el otro.

Con el volumen ocurre algo parecido, pero si subes ambos a la parte superior sí conseguirás ampliar el sonido hasta el máximo.

El resto de los bloques son de uso bastante específico para personas (generalmente tiene tarjetas de sonido muy potentes, de 128 bits) que hacen algo más que escuchar música.

Seleccionando el comando **Opciones, Propiedades** accedes a una ventana (figura 12.16) que te permite configurar el aspecto de la ventana **Control de volumen**. En primer lugar te indica el dispositivo mezclador que tienes en tu ordenador (si tienes varios podrás seleccionar uno de ellos).

Del dispositivo seleccionado podrás ajustar el volumen para reproducción, grabación y otros; selecciona en **Ajustar el volumen de**, una opción y especifica en **Mostrar los controles de volumen siguientes**, los controles que deseas ver en la ventana; selecciona posteriormente otra opción y ajusta los controles según tus necesidades.

Dependiendo de la opción que tengas seleccionada podrás ver en la pantalla la ventana **Control de volumen**, que veíamos en un principio, o las ventanas **Monitor de grabación** (figura 12.17) o **Comandos de voz**.

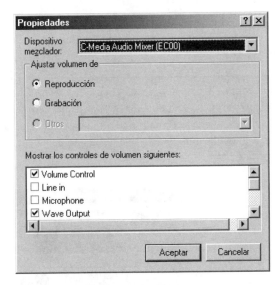

Figura 12.16. *Configurar el aspecto de la ventana **Control de volumen***

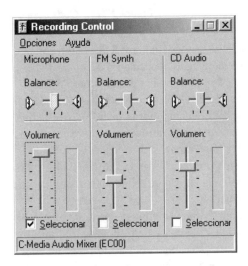

Figura 12.17. *Monitor de grabación*

Grabadora de sonido

La función del comando **Grabadora de sonido** del menú **Inicio, Programas, Accesorios, Entretenimiento** es la que su nombre indica, grabar sonidos.

Estos sonidos que se graban pasan a almacenarse en un archivo que se crea en el disco duro del ordenador con formato **wav** mediante la ventana de igual nombre (figura 12.18)

> **Nota:** como vimos anteriormente, en esta misma lección, a través del **Reproductor de Windows Media** puedes grabar pistas de CD de audio en el disco duro. Tal vez esta forma sea mejor que utilizar la grabadora de sonido, pero de todas formas la explicaremos para que tú mismo decidas cuál utilizar.

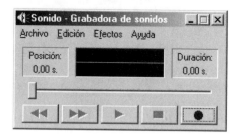

Figura 12.18. Grabadora de sonidos

Si dispones de una tarjeta normal de sonido con una entrada, podrás grabar desde un micrófono que tengas conectado o desde cualquier otro dispositivo. Si además tienes un CD-ROM, podrás grabar desde el propio CD-ROM.

Para grabar desde el micrófono sólo has de hacer clic en el botón **Grabar** (contiene un círculo rojo) y hablar por el micrófono. Si lo que tienes conectado a la tarjeta es la salida de un equipo de música, actívalo para que suene la música en cuanto hagas clic en el botón **Grabar**.

Pero, de igual forma, puedes grabar con mejor calidad desde un CD-ROM de música que tengas en la unidad de tu ordenador: pon la canción que desees y haz clic en el botón **Grabar**.

Cuando grabas algún sonido puedes reproducirlo con el botón **Reproducir**, pararlo con el botón **Detener**, y con los botones **Saltar al inicio** y **Saltar al final** ir directamente al principio o final del mismo. El sonido que has grabado puedes almacenarlo en un disco con el comando **Archivo, Guardar** y volver a abrirlo con el comando **Archivo, Abrir,** como cualquier otro archivo.

Calidad de sonido

El comando **Archivo, Propiedades** muestra una ventana (figura 12.19) que informa sobre el sonido grabado.

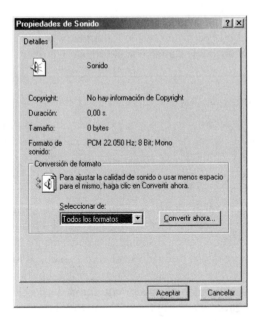

Figura 12.19. Propiedades de Sonido

Nota: presta especial atención al tamaño, ya que unas pocas canciones pueden acabar de forma sorprendente con la capacidad de tu disco duro.

Puedes observar que aparece una información correspondiente al formato de sonido. Para grabar sonidos puedes utilizar varios formatos y, según el elegido, podrás utilizar unos atributos determinados: hertzios (Hz), bits y estéreo o mono, para obtener más o menos calidad. Selecciona el botón **Convertir ahora** y, en la ventana que aparece (figura 12.20), despliega las casillas desplegables **Formato** y **Atributos**.

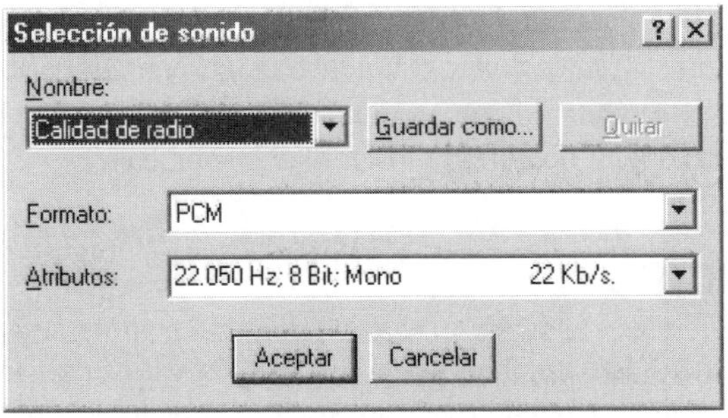

Figura 12.20. Selección de sonido

Podrás observar que, según el formato que selecciones, habrá algunos atributos disponibles. En la parte derecha de los atributos se indica lo que ocupa en el disco cada segundo grabado de sonido con el formato y atributo seleccionado.

> **Nota:** un CD de música tiene una frecuencia de muestreo de 44.100 Hz. (obtiene 44.100 muestras de sonido por segundo), utiliza 16 bits (2 bytes) para definir cada una de las muestras y, al ser estéreo, usa dos pistas, por lo que la información que se tiene de cada segundo de sonido es de 176.400 bytes (44.100x2x2). Por tanto, un minuto de sonido ocupará 176.400x60, que no es otra cantidad que la friolera de 10.584.000 bytes, ¡¡algo más de 10 Mb por minuto!!

El botón **Convertir ahora** también te permite cambiar la calidad de un sonido por otra. Si la grabación la hiciste con una calidad inferior a la que deseas obtener deberás volver a grabar el sonido; si quieres menos calidad, utiliza este botón para cambiarlo ya que el resultado sería el mismo que si lo volvieras a grabar con la calidad inferior. Por tanto, cuando vayas a grabar un sonido con una cierta calidad, en la ventana **Sonido-Grabadora de sonidos** selecciona antes de nada el comando **Archivo, Propiedades**, el botón **Convertir ahora** y especifica la calidad que deseas (en el cuadro desplegable **Nombre** están las tres más habituales).

Edición del sonido

Puedes realizar ciertas acciones de ajuste con los sonidos de una forma parecida a como lo puedes hacer con el texto mediante un procesador.

Las acciones más fáciles que puedes hacer consisten en eliminar al principio o final del archivo de sonido, o parte del mismo que no te interese. Solamente has de situar el control deslizante en la posición adecuada y seleccionar el comando **Eliminar desde la posición actual** o **Eliminar hasta la posición actual** del menú **Edición** para eliminar las respectivas partes del archivo.

A un archivo de sonido le puedes añadir más sonido al final o en cualquier otro sitio del mismo. Para ello has de tener el control deslizante en el lugar donde desees "insertarlo" y seleccionar el botón **Grabar**, para grabarlo mediante micrófono, CD, etc.; o seleccionar el comando **Insertar archivo** o **Mezclar archivo** para realizar las acciones que el nombre de los comandos indican.

Efectos

En el menú **Efectos** tienes a tu disposición varios comandos que te permiten "jugar" con el sonido. Cuando tienes un sonido grabado puedes escucharlo más alto o bajo con los comandos **Subir volumen** o **Bajar volumen**.

Esta acción la puedes hacer también desde la ventana **Control de volumen** ya vista; la diferencia está en que con estos comandos podrás grabar el sonido en un archivo con el volumen que establezcas.

Con los comandos **Aumentar velocidad** y **Reducir velocidad** puedes hacer que la audición sea más rápida o más lenta. Estos comandos tienen una utilidad relativa, utilizándose más cuando se hace uso del micrófono o se desea "camuflar" un sonido.

Con el comando **Agregar eco** consigues un efecto que alguna vez te puede resultar interesante. Con el comando **Invertir** lo que haces es que reproduzca la onda inversa a la del sonido. Consigues un ruido muy extraño que, salvo una utilidad relativa para "camuflar" el sonido, no ofrece mucho más.

Como has podido observar, los comandos de este menú son propios para enredar un poco, pero su utilidad queda un tanto en evidencia.

Windows Movie Maker

Si tienes posibilidades de obtener audio o vídeo digital es posible que te guste y pueda serte útil esta herramienta que proporciona Windows ME. Con ella podrás crear películas tomando como material el audio o el vídeo que puedas obtener de cámaras digitales, tanto de fotografía como de vídeo, y de programas de televisión.

Nota: para obtener imágenes de programas de televisión necesitarás, entre otras cosas, tener instalada una tarjeta de captura de vídeo.

Si quieres ejecutar esta aplicación selecciona el menú **Programas** del menú **Inicio**, seguidamente selecciona **Accesorios** y haz clic sobre **Windows Movie Maker**, en pocos segundos aparecerá una pantalla como la de la figura 12.2.

La pantalla de Windows Movie Maker

Para poder utilizar el programa, lo primero que debes hacer es familiarizarte con su pantalla principal que se divide en las siguientes partes, de arriba a abajo:

◆ **La barra de menús**. Contiene la mayor parte de los comandos que pueden utilizarse.

◆ **Las barras de herramientas**. Contienen botones que hacen más sencillo la ejecución de algunos comandos.

◆ **El área de colecciones**. Formado por los paneles izquierdo y central, sirve para organizar el audio y el vídeo que se utilizará para hacer la película.

◆ **El monitor**. Es el panel derecho y sirve para ver vistas previas de los vídeos o imágenes que utilices, así cómo de la película.

◆ **El área de trabajo**. Esta por debajo de los paneles anteriormente descritos. En ella podrás editar la película que estés creando. Dispone de dos vistas, una el guión gráfico y otra la escala de tiempo. La primera sirve para organizar los videos y las imágenes que quieras incluir en la película, la segunda sirve para crear transiciones, recortar la duración de los vídeos, grabar narración o agregar música.

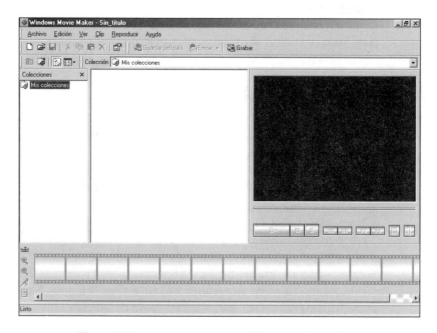

*Figura 12.21. Pantalla principal de **Windows Movie Maker***

Cómo crear una película

No pretendemos explicar detalladamente cómo hacer una película, no es objeto de este libro y podría llevarnos bastantes páginas. Simplemente esbozaremos los pasos generales, el resto tendrás que hacerlo tú, y cuando tengas dudas, utilizar la ayuda del programa.

Con la siguiente secuencia de pasos explicaremos el proceso de forma general:

1   Añade a la carpeta **Mis colecciones** los vídeos y audio que quieras utilizar para crear la película. Para ello puedes utilizar la opción **Importar** del menú **Archivo**.

2   Organiza los vídeos de forma secuencial en la vista **Guión gráfico**, arrastrando el icono del vídeo o imagen a los fotogramas que están vacíos en dicha vista. Si quieres ver cómo queda un vídeo haz clic en su fotograma y pulsa luego el botón **Reproducir** del monitor (recuerda panel derecho). Para ver cómo queda el vídeo completo, deberás ejecutar el comando **Reproducción, Reproducir todo el guión gráfico**.

3   Añade, si quieres, música a tu película. Para ello tendrás que pasar a la vista **Escala de tiempo**, haciendo clic sobre el primer botón que está a la izquierda del guión gráfico. Mueve el icono que representa el audio hasta la zona que está por debajo del vídeo.

4   Añádele narración, si lo deseas, pulsando el botón **Grabar narración** que está en el área de trabajo (el tercero)

5   Cuando la película esté a tu gusto, pulsa el botón **Guardar película** de la barra de herramientas.

6   En el cuadro de diálogo que aparece (figura 12.22), deberás indicar la calidad de reproducción que influye directamente en el tamaño del archivo y en el tiempo de descarga desde una página Web. Fíjate cómo **Windows Movie Maker** lo calcula y te lo muestra en dicho cuadro de diálogo. Termina indicando el título, autor, fecha, etc., y pulsando **Aceptar**.

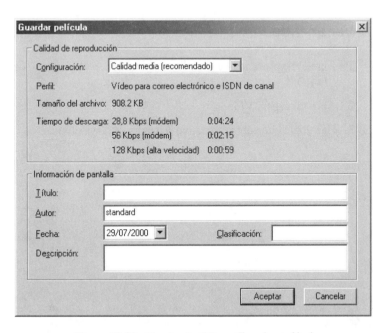

*Figura 12.22. Cuadro de diálogo **Guardar película***

7   Finalmente, en el cuadro **Examinar**, selecciona la carpeta donde quieras guardarlo y pulsa **Guardar**.

Cuando termine de guardar la película, te preguntará si quieres verla, en caso afirmativo abrirá el **Reproductor de Windows Media** y podrás ver tu "obra de arte".

Ejercicios prácticos

A continuación, para afianzar los conocimientos adquiridos en este capítulo te proponemos una serie de ejercicios.

Escuchar un archivo de audio

1   Abre el **Explorador de Windows** y muestra en la ventana el contenido del CD-ROM.

2   Abre la carpeta **Sonidos**.

3   Haz doble clic sobre el archivo **Audición** y escucha la música que suena.

Ver un vídeo

1   Abre el **Explorador de Windows** y muestra en la ventana el contenido del CD-ROM.

2   Abre la carpeta **Vídeos**.

3   Haz doble clic sobre el archivo **Visual** y observa el vídeo en la pantalla.

Conectar con el mundo

Con este nombre hemos bautizado esta lección, que trata de ser un compendio de todo lo que debes hacer para conectarte con otro ordenador vía telefónica o a través de un cable conectado al puerto serie o paralelo. Además, veremos algunas herramientas que ofrece Windows ME para facilitarte el trabajo de conexión.

Si no tienes módem o no piensas conectar dos ordenadores, evidentemente puedes saltar esta lección. En cambio, si acabas de comprarte un módem, o vas a contratar una cuenta en Internet, léela detenidamente, ya que podrás solventar muchas dudas que puedan presentarse.

En esta lección aprenderás a:

- Instalar y configurar el módem.

- Acceso telefónico a redes.

- Conectar con Internet.

- Conexión directa por cable.

Instalar un módem

Si quieres tener conexión al exterior a través del teléfono, tanto para conectar con Internet, como con otro ordenador independiente, lo primero que deberás hacer será instalar un módem en tu ordenador.

Esta operación dependerá del tipo de módem que quieras instalar: interno o externo. No vamos a decantarnos aquí por uno u otro (eterna discusión entre los usuarios informáticos), ya que la decisión dependerá de varios factores. Las ventajas de tener un módem externo, entre otras, son:

◆ Facilidad de instalación.

◆ En cualquier momento puedes llevártelo a otro equipo, sin tener que desarmar el ordenador.

◆ Si no quieres utilizarlo, puedes desconectarlo cuando quieras.

Esta última característica la apreciarán aquellos que han "disfrutado" de un módem interno que descuelga el teléfono en cuanto suena, imposibilitando que puedas contestar a una llamada de voz. Normalmente esto sucede por fallo técnico o mala configuración, pero no deja de ser un inconveniente, ya que el módem interno no deja de funcionar hasta que apagues el ordenador. El módem externo, al tener su fuente de alimentación independiente, puede apagarse o encenderse en cualquier momento.

Pero el módem externo también tiene desventajas:

◆ Si no tienes un puerto de comunicaciones rápido (UART 16550), te verás limitado en la velocidad a 9600 bps (bits por segundo). Este puerto ya lo llevan instalado de fábrica los Pentium, Pentium II Y Pentium III. Por tanto, es bastante normal que tu ordenador lo tenga.

◆ Siempre tienes un "armatoste" más encima de la mesa.

> **Nota**: la forma de saber la UART que tienes instalada es haciendo doble clic en el icono **Modems** del **Panel de Control**. En el cuadro de diálogo que aparece, haz clic sobre la pestaña **Diagnóstico**. Seguidamente haz clic sobre el puerto donde está instalado el módem y pulsa el botón **Más información**. En breves segundos te indicará el modelo de la UART que tienes disponible.

El módem interno también tiene sus ventajas:

◆ No te das cuenta de que lo tienes, ya que está en el interior de tu ordenador.

◆ Se apaga y se enciende con el ordenador. Esto puede ser una ventaja o una desventaja, como anteriormente hemos visto.

◆ No está limitado en la velocidad por el tipo de puerto de comunicaciones que tengas instalado en tu ordenador.

> **Nota:** si tienes un ordenador portátil debes tener en cuenta que existen modelos propios para ellos, son los llamados PC Card o PCMCIA.

Prácticamente ya hemos enumerado las desventajas de los módems internos; a ellas puedes sumarle que necesitan una interrupción de memoria y una DMA o, lo que es lo mismo, consumen recursos del sistema. Estos recursos pueden estar ocupados por otros dispositivos, lo que producirá problemas durante la configuración.

En Windows ME este problema es difícil que se te plantee, ya que él mismo reasigna los recursos mencionados anteriormente, pero cabe la posibilidad de que surja.

El precio de uno y otro también puede ser un factor a tener en cuenta. Hasta ahora los módems internos han sido más baratos que los externos, salvo raras excepciones.

Si te sirve de "ayuda", los dos autores de este libro tienen instalados módems, uno lo tiene externo y otro interno. Como ves no es tan sencilla la decisión.

Además, hoy en día son cada vez más los fabricantes que incorporan de serie un módem en la configuración de un ordenador, y normalmente ese módem es interno, por lo que te resuelven el dilema.

Otras consideraciones menores que debes tener en cuenta a la hora de comprar un módem son:

◆ La marca. Procura utilizar una conocida, aunque la mayoría de los que se venden en España, con marca desconocida, funcionan correctamente.

◆ Infórmate del servicio técnico que ofrece.

Nota: ten en cuenta que hoy en día se venden lo que se llaman "módems virtuales", que, entre otras características, utilizan recursos del ordenador para llegar a la velocidad que prometen.

Para instalar un módem en Windows ME, lo primero que deberás hacer será conectar el módem al ordenador.

Si es externo tendrás que "enchufar" el cable a cualquier puerto de comunicaciones. Cuando es interno la operación se complica un poco más, ya que debes abrir el ordenador y colocarlo en la tarjeta de expansión adecuada.

En el caso de que no tengas conocimientos sobre el tema, es preferible que "obligues" al vendedor del módem a que te lo instale él mismo, aunque tengas que llevarle la unidad central. Incluso es posible que te lo configure, lo que te ahorrará trabajo y tiempo.

De todas formas no dejes de leer el próximo apartado, sobre todo si no estás contento con su funcionamiento.

Configurar el módem

Una vez instalado el módem en tu ordenador, el siguiente paso es configurarlo. Si el módem es Plug and Play (tecnología de Windows que permite la configuración automática), cuando arranques el ordenador, Windows ME lo encontrará e instalará el software necesario y lo dejará listo para ser utilizado.

Nota: si estás seguro de que el módem es Plug and Play y no lo reconoce Windows ME, consulta el tema dedicado a los módems en la **Ayuda**. Ejecútala, teclea la palabra módem en el cuadro **Buscar** y haz clic sobre el enlace **Solucionar los problemas del módem**.

Si el dispositivo no es Plug and Play deberás configurarlo tú mismo. Para ello, abre
el **Panel de Control**, haz doble clic sobre el icono **Agregar nuevo hardware** e inicia
el proceso, siguiendo las explicaciones que se dan en la lección dedicada al **Panel de
Control,** y luego vuelve a este punto.

Como resumen, dicho Asistente buscará los dispositivos Plug and Play y después
te ofrecerá la posibilidad de buscar él mismo los dispositivos que no siguen esta
tecnología. Si tampoco reconoce el módem, deberás seleccionar en la pantalla del
Asistente que puedes ver en la figura 13.1, la opción **No, deseo seleccionar el
hardware a instalar de una lista** y pulsar **Siguiente**.

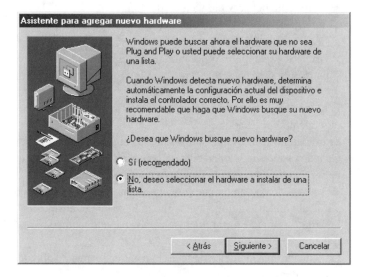

Figura 13.1. Asistente para configurar el módem

A continuación explicaremos los pasos a dar con esta última posibilidad, ya que las
pantallas y opciones que pueden verse en el caso de que sí lo reconozca son sencillas e incluso muy parecidas a las que vamos a ver seguidamente.

> **Nota:** también aparecerá el Asistente para configurar el módem si intentas eje-
> cutar una aplicación de Windows que lo necesita y no está instalado.

Una vez que has decidido configurar tú mismo el módem, aparecerá la pantalla que
puedes ver en la figura 13.2 para instalar y configurar dispositivos.

En dicha pantalla, mueve la barra de desplazamiento vertical del cuadro de lista
hasta que veas el elemento **Módem**. Haz clic sobre él y pulsa **Siguiente**. De inmediato aparecerá el Asistente para instalar nuevo módem.

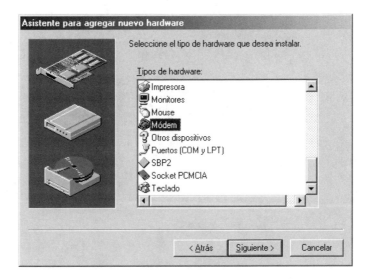

Figura 13.2. *Asistente para instalar y configurar dispositivos*

Como se te indica en la pantalla, asegúrate de que está encendido el módem y de que no hay ninguna aplicación que pueda estar utilizándolo. Aún aquí puedes "obligar" a Windows ME a que busque el nuevo módem, pulsando sin más el botón **Siguiente**. Si deseas buscarlo tú mismo en una lista, activa la casilla de verificación **No detectar el módem. Lo seleccionaré de una lista** y pulsa **Siguiente**.

En breves segundos aparecerá la siguiente pantalla del Asistente (figura 13.3), donde podrás indicar el módem que tienes.

Para hacerlo puedes seguir dos procedimientos, depende de si tienes un disquete o CD ROM, suministrado por el fabricante, que indica claramente que contiene los controladores para Windows ME, aunque normalmente también valen los controladores para Windows 98 y Windows 95.

En caso afirmativo, insértalo en la unidad y pulsa el botón **Utilizar disco**. Windows ME buscará en él los controladores adecuados y, si los encuentra, te mostrará otra pantalla en la que indica cuáles son. Pulsa **Siguiente** para confirmar.

En el caso de que no dispongas de disquete o de CD ROM del módem, deberás seleccionar, en el cuadro de lista **Fabricante,** el de tu módem, haciendo clic sobre su nombre.

A continuación, busca en el cuadro de lista **Modelos** el tuyo en particular y haz clic sobre su nombre cuando lo encuentres.

En el caso, más que probable, de que no encuentres el fabricante o el modelo de tu módem, selecciona al principio del cuadro de lista **Fabricantes, Tipos de módem estándar** y, en el cuadro **Modelos,** el que se corresponde con la velocidad del tuyo. En cualquiera de los dos casos, cuando termines, pulsa **Siguiente**.

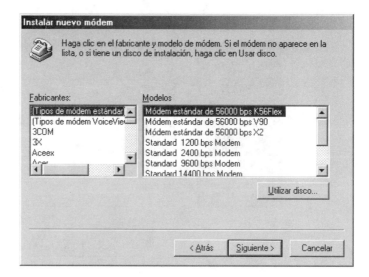

Figura 13.3. *Asistente para instalar un nuevo módem*

La siguiente pantalla del Asistente te indicará el módem que has seleccionado y debes escoger el puerto en el cual está instalado.

Si el módem es externo, tú mismo debes saber qué conector has utilizado (COM1 o COM2). Aunque en la mayoría de los casos será COM2, ya que en COM1 suele estar el ratón. De todas formas, míralo si no estás seguro. En el caso de que el módem sea interno, tendrás que hacer este ajuste a través de los jumpers que están en su tarjeta.

Nota: COM1 y COM3 comparten la misma interrupción, al igual que COM2 y COM4. Si dos dispositivos intentan utilizar la misma interrupción, se producirá un conflicto. Por tanto debes tener en cuenta esto a la hora de escogerlas.

En cualquier caso, haz clic en dicha pantalla sobre el que necesites y pulsa **Siguiente**. Tras unos segundos, Windows ME instalará el software necesario, tras lo cual te indicará que el módem está instalado correctamente. Para salir del Asistente, pulsa **Finalizar**.

Desinstalar un módem

Si cambias de módem, primero debes desinstalar el antiguo, ya que no tiene sentido tener una configuración que no vas a usar.

Para hacerlo sigue los siguientes pasos.

1   Abre la carpeta **Panel de Control**.

2   Haz doble clic sobre el icono **Modems**.

3   En cuadro de diálogo **Propiedades de Modems** (figura 13.4), haz clic sobre el nombre del que quieras desinstalar.

4   Pulsa el botón **Quitar**.

De inmediato desaparecerá de la lista de módems instalados.

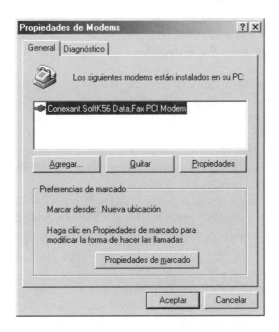

Figura 13.4. Propiedades de Modems

Propiedades del módem

En cualquier momento puedes cambiar la configuración de tu módem de forma sencilla, a través del icono **Modems** del **Panel de Control**.

Si haces doble clic sobre él, aparecerá el cuadro de diálogo **Propiedades de Modems** (figura 13.4)

Dicho cuadro de diálogo dispone de dos pestañas. La primera, que está seleccionada por omisión, se llama **General**.

En ella podrás ver los módems que tienes instalados en tu ordenador y cuatro botones más, que son:

◆ **Agregar**. Si lo pulsas, se ejecutará el asistente **Instalar nuevo módem**, visto anteriormente en esta misma lección.

◆ **Quitar**. También se ha tratado anteriormente en esta lección y sirve para desinstalar un módem.

◆ **Propiedades**. A través de este botón, accederás a las propiedades del módem que tengas resaltado en vídeo inverso en el cuadro central.

◆ **Propiedades de marcado**. Al pulsar este botón, accederás al cuadro de diálogo del mismo nombre, desde el cual puedes configurar la forma en la que debe llamar Windows ME a un número de teléfono. En un apartado posterior se explica con mayor detalle.

La segunda pestaña se llama **Diagnóstico** y en ella podrás averiguar qué puerto está utilizando el módem, qué controlador (pulsando el botón **Controlador**) y otra información referente al módem que tengas instalado en el puerto que hayas seleccionado en el cuadro central.

El botón que ahora mismo nos interesa es **Propiedades** de la pestaña **General**. Si lo pulsas, accederás al cuadro de diálogo **Propiedades de...** (con el nombre del módem seleccionado en dicha pestaña).

Como puedes ver en la figura 13.5, también dispone de dos pestañas. La primera, también llamada **General**, te indica el puerto al que está conectado, además, en ella podrás cambiar el volumen del altavoz, si el módem te lo permite, y podrás seleccionar su velocidad máxima.

> **Nota:** si en el cuadro **Velocidad máxima** ves un valor de 115200, no te asustes, tu módem no ha aumentado de velocidad, ni telefónica te ha puesto una línea más rápida sin enterarte. Este parámetro indica la velocidad del puerto, en la que se incluye la compresión que realiza el módem de los datos antes de enviarlos. Si tienes problemas de comunicación, puedes probar a bajar este valor a 57600, es posible que se solucionen tus problemas.

La segunda pestaña de este cuadro de diálogo, llamada **Conexión**, te permite realizar la configuración que va a utilizar el módem para conectarse.

El primer cuadro de opciones, **Preferencias de conexión**, reúne los tres parámetros principales de la conexión: número de bits de datos, el tipo de paridad y el número de bits de parada.

La configuración por defecto debe funcionar bien, de cualquier modo no cambies estos parámetros sin saber lo que estás haciendo.

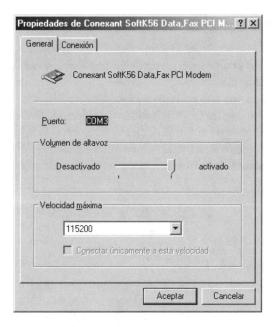

Figura 13.5. Propiedades de Conexant Softk56 Data, Fax, PCI M...

El botón **Configuración de puerto** te muestra un cuadro de diálogo (figura 13.6), en el que también podrás ver si estás utilizando la UART 16550 y de qué forma. De nuevo si no tienes alguna razón de peso (mal funcionamiento del módem), no cambies las opciones que muestra.

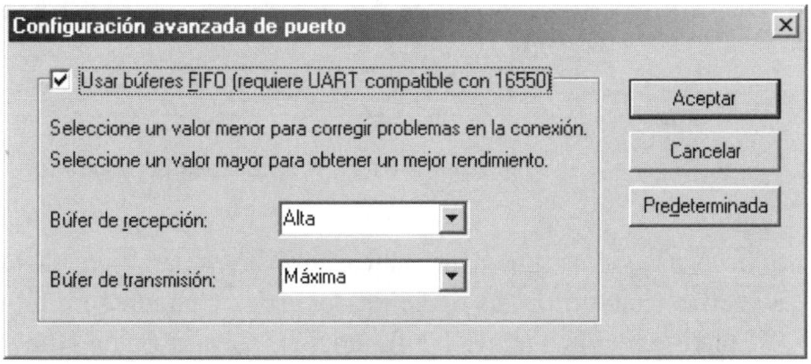

Figura 13.6. Configuración avanzada de puerto

El botón **Avanzada** te llevará al cuadro de diálogo **Configuración avanzada de conexión**, donde podrás configurar parámetros avanzados de la conexión: controles de errores, control de flujo, tipo de modulación y configuraciones extras del módem.

Propiedades de marcado

Si utilizas el ordenador en un único sitio llamarás siempre de la misma forma y no necesitarás ningún número adicional o especial para hacerlo, por lo que lo más normal es que este apartado no necesites leerlo.

El cuadro de diálogo **Propiedades de marcado** (figura 13.7) te facilita la tarea de configuración de la forma de llamar a través de la línea telefónica a otro ordenador. Para acceder a él, pulsa el botón del mismo nombre que está en el cuadro de diálogo **Propiedades de marcado**, tratado en el apartado anterior.

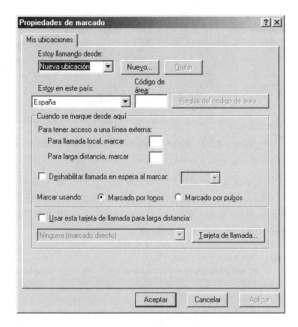

Figura 13.7. Propiedades de marcado

Si necesitas indicar que debe marcar un 0 antes para llamada local o cualquier otra especificación, utiliza las opciones del grupo **Cuando se marque desde aquí**.

Si quieres crear una nueva configuración, pulsa el botón **Nuevo** y selecciona las que necesites.

> **Nota:** en el cuadro de diálogo **Propiedades de marcado**, encontrarás la opción **Marcar usando**, en la que debes indicar si utilizas una línea digital (**Marcado por tonos**) o analógica (**Marcado por pulsos**).

Acceso telefónico a redes

Una vez que tengas instalado el módem en tu ordenador, si quieres acceder a Internet, debes crear una conexión nueva para indicarle dónde debe conectarse y cómo, a través de **Acceso telefónico a redes**. Para ello puedes seguir los pasos que se describen a continuación.

Comienza desplegando el menú **Inicio**, haciendo clic sobre su botón en la barra de tareas. Selecciona **Configuración** y haz clic sobre el comando **Acceso telefónico a redes** (figura 13.8).

Haz doble clic sobre el icono **Realizar conexión nueva**. Se abrirá el Asistente para crear una conexión nueva (figura 13.9).

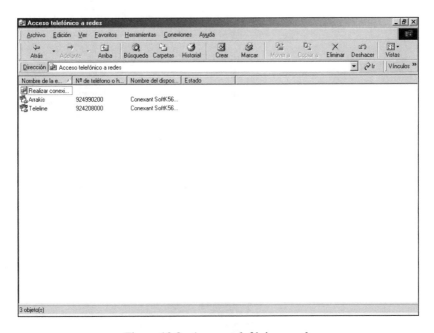

Figura 13.8. Acceso telefónico a redes

En la primera pantalla del Asistente, debes indicar un nombre para dicha conexión. Seguidamente, selecciona el dispositivo (módem) que vas a utilizar. Si tienes uno, lo verás en el cuadro de lista desplegable **Seleccionar un dispositivo**. Si tienes más de uno, deberás desplegar la lista y seleccionar el que quieras.

Por debajo de dicho cuadro, puedes ver el botón **Configurar**, que te llevará al cuadro de diálogo **Propiedades de...**, visto anteriormente en esta misma lección. Pero existe una diferencia, la pestaña **Opciones** (figura 13.10).

Figura 13.9. Realizar conexión nueva

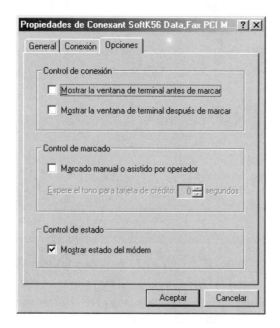

Figura 13.10. Pestaña Opciones

En ella podrás indicar que aparezca la ventana de terminal (posteriormente veremos cuál es) antes y después de marcar y debe mostrar el estado del módem (última casilla de verificación de la pestaña).

La siguiente pantalla del Asistente (figura 13.11) te solicita los datos sobre el teléfono al que vas a llamar. Deberás indicar el código del área, el número de teléfono y el código del país, seleccionando este último de la lista que aparece al desplegar su lista, aunque lo más normal es que ya esté especificado correctamente. Cuando termines, pulsa **Siguiente**. La última pantalla del Asistente te pide confirmación para el nombre que le has dado a la conexión nueva. Pulsa **Finalizar** y podrás ver en la carpeta **Acceso telefónico a redes** la nueva conexión.

> **Nota**: hoy en día es bastante fácil encontrar empresas que ofrecen acceso gratuito a Internet, e incluso distribuyen un CD ROM que lleva un programa de instalación y configuración que, prácticamente sin conocimientos por parte del usuario, prepara el ordenador para conectarse. De todas formas, es interesante que sepas cómo hacerlo tú mismo, por si tuvieras problemas.

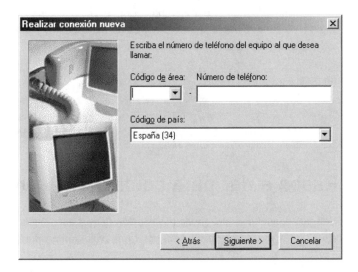

Figura 13.11. Realizar conexión nueva

Conectar a Internet a través de Acceso telefónico a redes

Aplicaremos ahora lo visto en el apartado anterior y aprenderemos algunos conceptos nuevos para crear tu conexión a Internet. Supongo que a estas alturas tienes claro qué es Internet y qué lo forma, pero tampoco está de más que conozcas algunos conceptos técnicos para comprender los pasos que vamos a dar a continuación.

Conceptos básicos

A Internet se le conoce también como la red de redes, esto significa que son millones de ordenadores conectados entre sí.

Todos ellos deben utilizar un mismo "lenguaje" para poder entenderse. Esto es lo que, de forma general, conocemos como protocolo. En Internet se utiliza el conocido como TCP/IP.

> **Nota**: una mejora de Windows ME es el protocolo TCP/IP, ya que se ha reescrito por completo, lo que mejorará su funcionamiento y prestaciones.

Los ordenadores en la red se dividen en servidores y clientes. Tu ordenador es un cliente, el proveedor de servicios que te da acceso dispone de un servidor. Todos se identifican en la red con un número que es único, lo que se denomina dirección IP (de la forma 195.5.64.2, por ejemplo). Los servidores siempre tienen la misma, pero en cambio la de los ordenadores clientes cambian cada vez que entran en la red. Esto es lo que se llama dirección IP dinámica.

> **Nota:** para que no tengas que recordar una dirección IP para conectarte a un servidor, existen los nombres de dominio que son más fáciles de recordar. Estos nombres son del tipo www.microsoft.com. Para traducir estos nombres a direcciones IP, existen en la red servidores dedicados a traducirlos.

Pasos a dar para configurar el ordenador

Con una pequeña secuencia de pasos pretendemos que tengas una visión de conjunto de los pasos necesarios para crear una conexión a Internet:

1   Pedir la información necesaria al proveedor de servicios.

2   Crear una conexión nueva con **Acceso telefónico a redes.**

3   Instalar, si no lo estuviera, y configurar el protocolo TCP/IP.

Información que debes pedir al proveedor de servicios de Internet

Cuando contrates por primera vez una cuenta de Internet, el comercial debe darte algunos datos para configurar Windows ME correctamente.

Estos datos mínimos son:

◆ Número de teléfono al que llamar para conectarte a Internet. Hace unos años sólo existía Infovía, que luego se convirtió en Infovía plus, pero hoy en día existen varias redes que conectan como Retenet o Interpista.

◆ El nombre de usuario. Normalmente lo eliges tú.

◆ La contraseña para entrar en el servidor del proveedor. También suele sugerirla el usuario, aunque es posible que te pidan algún requisito, como que empiece por una letra y contenga algún número.

◆ Las direcciones del servidor DNS principal y secundario. Posteriormente veremos para qué.

◆ Servidor de correo entrante y saliente. En la lección dedicada al gestor de correos que proporciona Windows ME, Outlook Express, se indica cómo usarlas.

◆ Servidor de grupos de noticias.

Con estos datos, en principio, podrás configurar tu ordenador para conectarte a Internet.

Crear una conexión nueva de Acceso telefónico a redes para Internet

En un apartado anterior ya se explicó cómo crear una conexión nueva en la carpeta **Acceso telefónico a redes**.

En este caso daremos los pasos precisos para crear una que nos permita conectarnos a Internet. Básicamente es la misma que se utilizó anteriormente.

1   Pulsa el botón **Inicio** de la barra de tareas.

2   Selecciona el menú **Configuración** y haz clic sobre la opción **Acceso telefónico a redes**.

3   Haz doble clic sobre el icono **Realizar conexión nueva**.

4   En la primera pantalla del Asistente, escribe el nombre del servidor al que vas a llamar. Por ejemplo el de tu proveedor.

5   También en ella, selecciona el módem que vas a utilizar.

6   En la segunda pantalla del asistente, introduce en el campo **Número de teléfono**, el que vas a utilizar para conectarte a Internet.

7   Pulsa **Finalizar** en la última pantalla del Asistente.

En la carpeta **Acceso telefónico a redes** debe estar la conexión que has creado. Ya has dado el segundo paso.

Instalar y configurar el protocolo TCP/IP

Es el último paso para tener preparado Windows ME para la conexión. Recuerda que el protocolo TCP/IP es el que se usa en Internet para que los ordenadores puedan entenderse. El procedimiento para instalarlo y configurarlo es el siguiente.

1   Lo primero será asegurarnos de que está instalado el protocolo TCP/IP. Si estás seguro de que lo está, continúa con el paso 11.

2   Pulsa el botón **Inicio** de la barra de tareas.

3   Selecciona el menú **Configuración** y haz clic sobre la opción **Panel de Control**.

4   Haz doble clic sobre el icono **Red**.

5   Si en el cuadro de la pestaña **Configuración** que está en el cuadro de diálogo **Red** (figura 13.12), no encuentras el elemento **TCP/IP ->Adaptador de acceso telefónico a redes**, deberás instalarlo. Si lo tienes, pasa al punto 11.

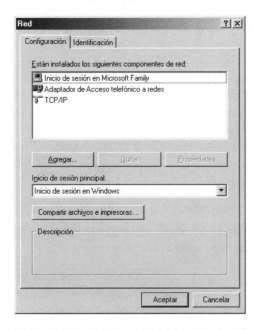

*Figura 13.12. Pestaña **Configuración** del cuadro de diálogo **Red***

6 Para instalarlo, pulsa el botón **Agregar**.

7 En el cuadro de diálogo que aparece, **Seleccionar tipo de componente de red** (figura 13.13), haz clic sobre el elemento **Protocolo** y pulsa el botón **Agregar**.

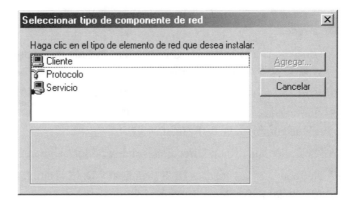

Figura 13.13. Seleccionar tipo de componente de red

8 En el siguiente cuadro de diálogo, **Seleccionar protocolo de red** (figura 13.14), haz clic sobre **Microsoft** en el cuadro **Fabricantes**.

9 En el mismo cuadro de diálogo, mueve la barra de desplazamiento vertical hasta que veas **TCP/IP** y haz clic sobre él.

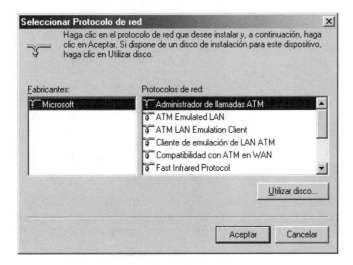

Figura 13.14. Seleccionar Protocolo de red

10 Pulsa **Aceptar**. En pocos segundos, verás dicho protocolo en el cuadro de la pestaña **Configuración** del cuadro de diálogo **Red**, aunque es posible que te pida que reinicies el ordenador. Cuando lo hagas, continúa con el siguiente paso.

11 Pulsa el botón **Inicio** de la barra de tareas.

12 Selecciona el menú **Configuración** y haz clic sobre la opción **Acceso telefónico a redes**.

13 Haz clic con el botón derecho sobre la conexión que creaste anteriormente y ejecuta el comando **Propiedades**.

14 Haz clic sobre la pestaña **Funciones de red** (figura 13.15)

15 Pulsa el botón **Configuración TCP/IP**. Aparece el cuadro de diálogo **Configuración TCP/IP** (figura 13.16).

16 Selecciona la opción **Direcciones del servidor asignadas por el usuario**.

17 Introduce en los cuadros **DNS principal** y **DNS secundario** las direcciones IP que te proporcionó el proveedor.

18 Asegúrate de que esté seleccionada la opción **Dirección IP asignada por el servidor** y activa las dos casillas de verificación que están en la parte inferior.

19 Pulsa **Aceptar** en los diferentes cuadros de diálogo abiertos.

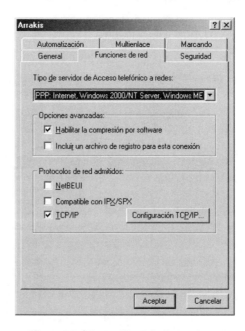

Figura 13.15. Pestaña **Funciones de red**

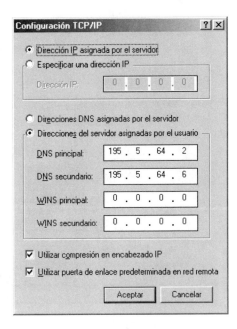

Figura 13.16. Configuración TCP/IP

Hemos completado los pasos necesarios para configurar el ordenador. Si todo ha ido bien, ya puedes conectarte a Internet. Por tanto, ¡adelante!

Conectar con

Conéctate por primera vez a Internet, de esta forma comprobarás si has configurado el ordenador correctamente. Para hacerlo, asegúrate de que esté encendido tu módem y ejecuta los siguientes pasos:

1 Pulsa el botón **Inicio** de la barra de tareas.

2 Selecciona el menú **Configuración** y haz clic sobre la opción **Acceso telefónico a redes**.

3 Haz doble clic sobre el icono de la conexión que has creado.

4 En el cuadro de diálogo **Conectar con** (figura 13.17), asegúrate de que la información sea la correcta, sobre todo el número de teléfono y el nombre de usuario de la forma: usuario@nombre_proveedor.

5 Teclea la contraseña (fíjate cómo a medida que la vas tecleando, aparecen asteriscos en dicho cuadro).

Figura 13.17. Cuadro de diálogo **Conectar con**

6 Si quieres guardar la contraseña para posteriores conexiones, activa la casilla de verificación **Guardar contraseña**.

7 Pulsa el botón **Conectar**. El cuadro de diálogo cambia y ahora se llama **Conectando con** (figura 13.18). Este cuadro te informará sobre los pasos que se van realizando hasta completar la conexión. Comienza la marcación del número de teléfono (en dicho cuadro podrás leer el mensaje **Estado: Marcando**) y tras unos segundos comenzarás a escuchar unos sonidos raros en tu módem (si su altavoz tiene el volumen medianamente alto).

8 Si establece la conexión adecuadamente, aparecerá el mensaje **Comprobando nombre de usuario y contraseña**.

9 Tras otros pocos segundos, el cuadro de diálogo desaparecerá y podrás ver en la parte derecha de la barra de tareas el icono de terminal, que indica el tráfico que existe entre tu ordenador y la red, con luces azules parpadeantes.

Figura 13.18. Cuadro de diálogo **Conectando con Arrakis**

Cuando hayas contactado con tu proveedor y éste te dé acceso a la red, verás el mensaje **Iniciando sesión en red** y el cuadro de diálogo se minimizará en la barra de tareas.

Si durante la sesión haces doble clic sobre dicho icono, volverás a ver el cuadro de diálogo **Conectando con** (figura 13.19). En este caso, te informará sobre la velocidad con la que estás trabajando, la duración de la conexión y los bytes enviados y recibidos.

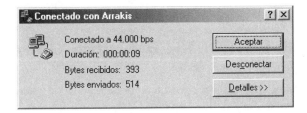

Figura 13.19. Cuadro de diálogo **Conectando con Arrakis**

Nota: recuerda que la velocidad que a veces muestra el cuadro de diálogo **Conectando con** no es real, ya que calcula la información que puede enviar aplicándole procesos automáticos de compresión, y no la velocidad de la línea telefónica que estás usando. Como regla general, si tu módem es de 56 K, podrás leer que se ha conectado a 115 200. En el apartado sobre propiedades del módem también se habla de esta circunstancia.

Cuando quieras desconectar, haz doble clic sobre el icono de terminal y pulsa el botón **Desconectar**. En breves segundos, se cortará la comunicación y desaparecerá dicho cuadro de diálogo.

Problemas de conexión

Si no te conectas, es muy posible que Windows ME te ofrezca un cuadro de diálogo con el mensaje de error.

Si, por ejemplo, te dice que no encontró el usuario indicado en el servidor especificado, es posible que te hayas confundido a la hora de indicar el nombre de usuario o la contraseña en el cuadro de diálogo **Conectar con**.

El nombre de usuario te dijimos que lo teclearas de la forma:

```
usuario@nombre_proveedor
```

y es posible que no sea así. Pregúntaselo a tu proveedor.

También procura respetar las mayúsculas y minúsculas en la contraseña. Si es necesario, consúltala de nuevo con tu proveedor.

Si te ofrece un número y error determinado, búscalo en la **Ayuda** de Windows ME. Repasa toda la configuración, para ver si te has confundido en algo.

Si nada más que escuchas sonidos y después de bastante tiempo, sigues sin poder conectar, el problema puede ser la red de conexión a Internet, inténtalo más tarde.

Si a pesar de todo esto no lo consigues, llama a tu proveedor de Internet, que te ayudará de forma efectiva.

Conectar a Internet a través del Asistente

Windows ME te proporciona una forma sencilla de obtener y configurar una conexión a Internet.

Si no deseas realizar todos los pasos que hemos explicado anteriormente o simplemente no dispones de conexión a Internet, aunque tienes un módem conectado a la línea telefónica, utiliza este Asistente que te facilitará la tarea.

> **Nota:** hoy en día son muchas las empresas que proporcionan accesos gratuitos a Internet, incluso proporcionan un CD ROM con programas de configuración automáticos.

Para ejecutar este Asistente debes seleccionar el menú **Programas**, seguidamente el menú **Accesorios** y después, en el menú **Comunicaciones**, el comando **Asistente para la conexión a Internet**.

En la primera pantalla que aparece (figura 13.20), deberás decidir entre tres opciones diferentes:

◆ **Deseo contratar una nueva cuenta de Internet**. Esta opción es útil si no tienes conexión a Internet, ya que te pondrá en contacto, vía telefónica, con el Servicio de referencia de Internet de Microsoft que te dará una lista de proveedores de tu zona.

◆ **Deseo transferir mi cuenta de Internet existente a mi PC**. Esta opción te ayudará cuando tienes todos los datos de tu conexión, pero aún no la has configurado en tu ordenador.

◆ **Deseo configurar manualmente mi conexión a Internet o conectar por medio de una red de área local**. Utiliza esta opción cuando quieras controlar todos los pasos de la configuración más estrechamente o bien cuando te vayas a conectar a través de una red de área local.

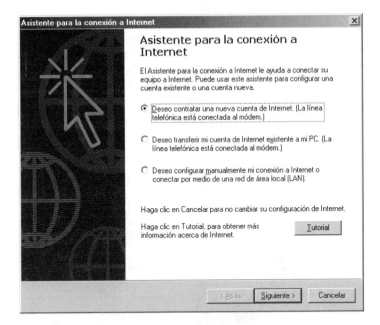

Figura 13.20. *Primera pantalla del* **Asistente para la conexión a Internet**

Nota: cuando pulses el botón **Siguiente** y hayas seleccionado cualquiera de las dos primeras opciones, el Asistente descolgará el teléfono y tratará de ponerse en contacto con el servicio de Microsoft.

Una vez que hayas decidido qué opción seguir, pasa de pantalla a pantalla con el botón **Siguiente** e indica los datos que te pida. Entre otros deberás indicar el teléfono de conexión, nombre de usuario y contraseña, nombre de la conexión y otros datos sobre servidores de correo, en el caso de que configures manualmente la conexión.

Conexión directa por cable

Otra forma de conectar dos ordenadores, esta vez cercanos el uno al otro, es a través de la herramienta **Conexión directa por cable**. Con ella podrás conectarlos a través de un cable. Esto puede ser útil si utilizas un portátil para moverte o viajar y dispones de un ordenador de sobremesa.
Si quieres traspasar la información de uno a otro, tal vez sea el método más adecuado.

La conexión entre los dos ordenadores se produce a través de sus puertos serie o paralelos, nunca los mezcles. Para ello necesitarás un cable que se conoce con el nombre de módem nulo, que puedes conseguir en cualquier tienda especializada, indicándole las características de los dos conectores que vas a utilizar.

Una vez que dispongas de él, deberás configurar la conexión directa por el cable. Para ello deberás decidir cuál de los dos ordenadores va a ser el principal y cuál el secundario. Posteriormente veremos para qué.

Comienza ejecutando el comando **Conexión directa por cable** que encontrarás en el menú **Programas,Accesorios,Comunicaciones**. Si no está en él, debes instalarlo siguiendo las instrucciones que se dan en la lección dedicada a la instalación de componentes de Windows ME.

*Figura 13.21. Primera pantalla del Asistente **Conexión directa por cable***

Si ya lo tienes instalado y lo has ejecutado, verás aparecer la primera pantalla del Asistente **Conexión directa por cable** (figura 13.21).

En dicha pantalla, deberás indicar si el ordenador donde lo estás ejecutando será el principal (Host) o el secundario (Invitado). Si en uno seleccionas el principal, el otro será el secundario. Recuerda que cuando ejecutes el mismo comando en el otro ordenador, debes indicarlo.

En las siguientes pantallas del Asistente deberás elegir el puerto que quieres utilizar y, tras unos segundos en los que se instalan los archivos necesarios, podrás salir y dar por concluido el proceso pulsando **Finalizar**.

Internet y el explorador

Internet consiste básicamente en un conjunto de ordenadores que forman un entramado de conexiones por todo el mundo a los cuales puedes acceder.

Internet Explorer es el navegador de Windows ME para Internet. Como todo "explorador" se encargará de recorrer los lugares que se le indiquen.

Mediante este programa podrás acceder a las direcciones de Internet que desees visualizar, pudiendo pasar de una a otra con un simple clic o escribiendo la dirección correspondiente.

Es la herramienta básica de consulta en Internet.

En esta lección aprenderás a:

- Reconocer los términos básicos de Internet.

- Conectarte a Internet.

- Traer información desde Internet.

- Suscribirte a cierta información.

- Organizar la información traída de Internet.

- Hacer consultas en Internet.

Internet: conceptos básicos

Internet aparece como una necesidad militar, como tantas cosas que, aplicadas a la vida civil, se han demostrado realmente útiles. El fin que se buscaba con su creación era que una orden dada desde un lugar del mundo siempre llegase a su destino, fuese el que fuese. De esta forma, si una línea telefónica era saboteada, el sistema buscaría otra línea para poder llegar al destino fijado.

En eso consiste básicamente Internet. Adaptado al uso que se le da hoy en día, cualquier usuario de Internet dispone de un entramado de comunicaciones a nivel mundial que le permite ponerse en contacto con cualquier otro usuario del mundo. Pero la comunicación entre ellos no se hace por el mismo sitio siempre, sino que se desvía por un lugar o por otro en función de lo saturadas o libres que puedan estar las líneas telefónicas.

Antes de nada vamos a ver a grandes rasgos ciertos conceptos básicos sobre Internet, los cuales son necesarios para comprender otros puntos que vamos a desarrollar a lo largo de la lección.

Usuario

Un usuario de Internet es cualquier persona que tiene acceso a Internet.
Para acceder a Internet son necesarias dos cosas:

◆ Disponer de un ordenador debidamente preparado.

◆ Tener un acceso permitido a Internet (de esto se encargan los distribuidores).

> **Nota:** para obtener más detalles sobre cómo conectarte, deberás consultar la lección anterior.

El ordenador

El ordenador que se necesita para acceder a Internet no tiene porqué ser el último modelo. El ordenador ha de tener unos requisitos de hardware y de software especiales. El hardware consiste en un módem debidamente configurado que, cuanto más rápido sea, mejor (en la lección "Conectar con el mundo" se ha tratado todo lo referente al módem). Respecto al software, hay que disponer de varios programas:

◆ Uno de comunicaciones que "se entienda" con el módem, la línea telefónica y el servidor que nos da el acceso a Internet.

◆ Un programa que nos permita trabajar con la World Wide Web (en nuestro caso vamos a tratar **Internet Explorer** en esta misma lección).

◆ Un programa que gestione el correo electrónico (en nuestro caso vamos a utilizar **Outlook Express** en la lección próxima).

Hay otros programas complementarios que nos permiten realizar videoconferencias, crear páginas Web, etc., los cuales también veremos en próximas lecciones. Estos programas no son necesarios, pero su uso está cada vez más extendido y en nuestro caso los incluye Windows ME.

> **Nota:** hay otros servicios de Internet: copiar archivos (ftp), consultar las bases de datos remotas (telnet), pero para hacerlo necesitarás otros programas.

Proveedores de servicio

Los proveedores, llamados a veces distribuidores, son empresas que te facilitan el acceso a Internet.

Estas empresas surgen porque los requisitos necesarios para poder acceder a Internet son inalcanzables económicamente para los usuarios normales.

Los proveedores disponen de unos ordenadores muy potentes llamados servidores que, entre otras cosas, permiten el acceso a usuarios que contraten sus servicios.

Un proveedor te facilitará la entrada en Internet de forma gratuita, por una cantidad de dinero mensual, o previo pago de unos abonos más baratos.

Al proveedor lo puedes encontrar anunciado en medios de comunicación, empresas y revistas especializadas en informática.

En cualquier caso, antes de contratar uno, es interesante que contactes con otros usuarios de Internet, que te comenten los servicios que les ofrecen, si el trabajo con ellos es cómodo, si la velocidad es aceptable, etc.

Actualmente, los proveedores de servicio gratuitos han proliferado de una forma importante, ya que el negocio no se centra en cobrar por dar el acceso a Internet, sino en que los proveedores certifiquen a las empresas a las que hacen publicidad en sus páginas Web un número determinado de internautas que verán sus impactos publicitarios.

Servidores

Los servidores son unos ordenadores conectados a la línea telefónica que dan un servicio. Entre todas las acciones que realizan hay unas que destacan por su gran importancia:

◆ El servidor da acceso a los usuarios para poder entrar en Internet.

◆ Un servidor sirve de puente para que un mensaje que debe ir de un lugar a otro pueda pasar por él.

◆ Un servidor guarda información a la cual se puede acceder.

Por tanto, cuando te conectas a Internet realmente te conectas a un servidor que hace de "puente" entre tu ordenador e Internet. De igual forma, los otros servidores que hay entre tu servidor y el servidor al cual te conectas también hacen de "puente" (piensa que tu servidor lo es para los mensajes de otros usuarios).

Como indicábamos en el tercer punto, cualquiera de los servidores guardan información; por ejemplo, las páginas Web de sus usuarios, el correo electrónico que reciben los usuarios, datos a los que puede acceder cualquiera, datos de uso privado para sus usuarios, datos por los que hay que pagar, etc.

Configuración del hardware

Para que tu ordenador se pueda conectar a Internet has de tener un módem instalado correctamente. Con Windows ME no es difícil hacerlo (te explicamos cómo se hace en las lecciones "Panel de control" y "Conectar con el mundo").

De todas formas, para asegurarte de que el módem está conectado correctamente ejecuta **Inicio, Configuración, Panel de Control, Módems** y observa que el módem aparece en la ventana.

A continuación selecciona la pestaña **Diagnóstico**, localiza el módem y el puerto donde está conectado, haz clic sobre él y sobre el botón **Más información**; si el módem funciona correctamente deberás observar que en la comprobación no aparecen errores.

Configuración del software

En nuestro caso, antes de nada has de tener instalado Windows ME en el ordenador. De esta forma tendrás solucionadas dos de las necesidades indicadas anteriormente mediante **Internet Explorer** y **Outlook Express**, así como esos otros programas para videoconferencias, creación de páginas Web, etc.

Por tanto, de las necesidades citadas, quedaría pendiente el software del módem, la línea telefónica y el servidor, los cuales se describen en la lección "Conectar con el mundo".

La información en Internet

Hemos dicho que Internet es básicamente un conjunto de ordenadores conectados entre sí, algunos de los cuales contienen información que puede ser compartida con otros usuarios de Internet.

Vamos a ver cómo se puede acceder al principal objetivo de Internet: dar a conocer algo, facilitar información.

La World Wide Web

Hemos visto que la información se recoge en ordenadores llamados servidores. A estos servidores puedes hacer referencia utilizando lo que se denomina "dirección de Internet".

Esta dirección tiene una estructura definida, como puedes observar en los siguientes ejemplos:

```
http://www.grupo-ros.es
https://www.diversia.es
http://www.microsoft.com
```

La primera palabra (http, https, ftp, etc.) indica el tipo de servidor al que te deseas conectar. Normalmente, los servidores suelen ser del tipo http, pero el mercado que se está imponiendo por medio de Internet ha obligado a la implantación de los servidores seguros para las transacciones que incluyen números de tarjetas, los cuales son del tipo https.

> **Nota:** los servidores seguros (https) garantizan la confidencialidad de los datos enviados por Internet. El sistema de seguridad consiste básicamente en que los datos se envían y reciben codificados y, sin una clave, no es posible acceder a ellos.

A continuación aparece un texto idéntico en todas la direcciones (":// www"), seguido por nombre, un punto y ciertas siglas (.com., .es, etc) que identifican el nombre de un servidor.

> **Nota:** WWW son las abreviaturas de World Wide Web que, traducido, quiere decir "telaraña mundial de páginas Web". Realmente Internet es como una telaraña de conexiones informáticas a escala mundial.

En resumen, el sistema está planteado para que, escribiendo únicamente una dirección, puedas acceder a un servidor. Por decirlo de otra forma, para contactar con alguien solamente has de saber su dirección.

> **Nota:** veremos en la próxima lección que hay otras direcciones que se utilizan en Internet, las direcciones de correo electrónico.

La página Web

Como resulta lógico, la información que puede contener cada servidor puede ser inmensa. Esto obliga a que dicha información se divida en partes, de modo que, cuando te conectes a un servidor, no tengas que traer a tu ordenador una gran cantidad de información de la que realmente sólo te interesa una parte determinada.

A cada una de estas partes en que se divide la información en un servidor se las denomina con el término "página Web".

> **Nota:** coloquialmente, cuando se está hablando de Internet, el término "página Web" o "sitio Web" se suele reducir a "página" o "sitio".

Esto quiere decir que, cuando accedes a un servidor, en la pantalla de tu ordenador lo que aparece es una página de dicho servidor. Si haces un ftp, es la estructura de directorios de dicho servidor a la que tienes acceso.

Cuando "cargues" varias páginas podrás observar que su aspecto puede variar mucho según el diseño que se haya realizado de las mismas. De todos los elementos que pueda contener hay dos muy importantes:

◆ El texto y/o gráficos que facilitan información.

◆ Los vínculos que, haciendo clic en ellos, llaman directamente a otra página del mismo servidor o de otro cualquiera. De esta forma, accedes a ellas de forma automática sin tener que escribir su dirección.

De todas formas, iremos viendo más adelante otros elementos de las páginas Web. Todo esto que hemos dicho quiere decir que no tienes porqué acceder a la primera página de un servidor. Si conoces una página determinada del mismo a la que deseas acceder puedes hacerlo directamente escribiéndola. Observa estos ejemplos:

```
http://www.grupo-ros.es/castellano/ediciones.html
http://www.microsoft.com/spanish/productos/default.htm
```

Como puedes ver, en estos casos sólo es necesario añadir a continuación de la dirección del servidor el nombre de la página en concreto, anteponiéndole el carácter barra inclinada ("/"). Otras páginas no son propias de los servidores. Un usuario de Internet puede tener una página si el proveedor se lo permite. Por ejemplo:

```
http://www.arrakis.es/~cmacias
```

es una página Web creada por un usuario, la cual está en el servidor Arrakis, pero no es propia del proveedor.

Internet Explorer

Internet Explorer es el navegador de World Wide Web que tiene Windows ME. Este programa va a ser la herramienta principal para consultar información en

Internet, ya que, mediante su ventana, podrás indicar la dirección que deseas localizar y él te mostrará la página deseada.

> **Nota:** existen otros navegadores de Internet creados por otros fabricantes. No
> obstante en este libro nos vamos a referir al navegador de Microsoft que viene
> incluido con Windows ME.

Este programa lo puedes ejecutar de muchas formas, si bien hay tres que son las más
usuales: haz clic en el icono **Internet Explorer** del escritorio, sobre el icono **Iniciar
el explorador Internet Explorer** de la barra de tareas o seleccionando **Inicio, Programas, Internet Explorer**.

Si no estás conectado a Internet, aparecerá una ventana que contendrá los datos que
hayas especificado al configurar la conexión (figura 14.1), en la cual deberás indicar
la contraseña que hayas establecido con tu distribuidor. Una vez lo hayas hecho, te
conectarás a Internet y en el monitor aparecerá la ventana **Internet Explorer**
(figura 14.2).

Figura 14.1. *Ventana para establecer la conexión a Internet*

Si, por el contrario, no deseas conectarte a Internet pero sí ejecutar **Internet Explorer**, selecciona el botón **Cancelar** en la ventana y trabajarás con **Internet Explorer**
en el modo **Sin conexión a red**, mediante el cual podrás ver páginas Web que tengas grabadas en tu ordenador.

Figura 14.2. Ventana de **Internet Explorer**

Nota: si en algún documento observas un texto, generalmente con letras azules y subrayado, que sea una dirección de Internet, haciendo doble clic sobre él también se ejecuta **Internet Explorer**.

La ventana Microsoft Internet Explorer

Como en todas las ventanas de Windows ME, puedes observar la barra de título y la barra de menús. A continuación aparecen las barras de herramientas **Botones estándar**, barra de **Direcciones** y **Vínculos**, el área de trabajo donde se mostrarán las páginas de Internet y la barra de estado.

La **Barra de título** indica el nombre del programa y la dirección de la página que estás consultando en ese momento. Si no estás conectado a Internet, aparecerá el texto **Trabajar sin conexión a red**.

En los menús están todos los comandos que puedes utilizar con **Internet Explorer**, alguno de los cuales veremos más adelante.

La **Barra de Botones Estándar** contiene los comandos que más se utilizan, algunos de los cuales incluso ejecutan otras aplicaciones, como el gestor de correo electrónico. Observa que algunos de los botones ya los hemos visto al analizar la ventana del **Explorador: Atrás, Adelante, Búsqueda, Favoritos** e **Historial**.

La **Barra de Direcciones** es muy importante, ya que en ella es donde se escriben las direcciones que traerán las páginas Web correspondientes.

Al margen derecho de la barra de **Direcciones** está la barra de **Vínculos**. Puedes ver su contenido haciendo clic en el icono de doble flecha derecha y se desplegará a modo de menú; también puedes hacer doble clic sobre ella para ver su contenido y vuelve a hacer doble clic en la barra de **Direcciones** para volver a ver ésta última.

El **Área de trabajo** muestra la página Web a la que has accedido. Con la barra de desplazamiento vertical podrás ver toda la página cuando no aparezca completa.

La Barra de **Estado** muestra información, la cual variará en función de lo que esté haciendo **Internet Explorer**. A la izquierda se muestra su estado (leyendo, listo, etc.); a continuación el porcentaje leído de la página, posteriormente tres iconos que indican el tipo de conexión y por último el tipo de red a la que estás conectado.

Configurar la ventana Microsoft Internet Explorer

Debido a que las páginas Web suelen ocupar más espacio del que pueden mostrar los monitores, existen opciones en el menú **Ver** (figura 14.3) para poder aprovechar mejor el monitor de tu ordenador.

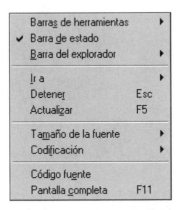

*Figura 14.3. Menú **Ver***

Los tres comandos primeros permiten eliminar de la pantalla las barras que aparecen por omisión y/o configurarlas para que sólo muestren cierta información. Mediante el comando **Barras de herramientas** puedes hacer que se muestren o no la barra de **Botones Estándar**, barra de **Direcciones** y barra de **Vínculos**. De igual forma, puedes seleccionar o no **Barra de estado** para que ésta se muestre o permanezca oculta.

Por último, **Barra del explorador** hará que al margen izquierdo del área de trabajo aparezcan direcciones y vínculos agrupados por temas: **Búsquedas**, **Favoritos** (figura 14.4), **Historial** y **Carpetas** (los tres primeros equivalen a seleccionar los botones de igual nombre del segundo grupo de la barra de herramientas **Botones Estándar**, los cuales veremos más adelante). Para cerrar esta parte izquierda, haz clic en el botón **Cerrar** (contiene la clásica X) que hay en su parte superior.

> **Nota:** observa que estas opciones del menú **Ver** las hemos visto en el capítulo dedicado al **Explorador** y que su funcionamiento es similar.

Figura 14.4. Barra del explorador, Favoritos y botón Cerrar

El comando **Ir a** te muestra las páginas a las que te has conectado anteriormente, de modo que puedas volver a ellas de forma rápida seleccionándolas directamente. Los comandos **Detener** y **Actualizar** que aparecen a continuación se explican más adelante. El comando **Tamaño de la fuente** aplica a la página Web distintos tamaños de las fuentes que la componen.
El comando **Codificación** muestra el código con el que está escrita la página Web.
El comando **Fuente** te permite seleccionar tipos de letras más o menos grandes, los cuales permitirán, evidentemente, que aparezca menos o más contenido de la página Web en el monitor.

El comando **Pantalla completa** te permite utilizar todo el monitor para ver la página Web. Sólo has de hacer clic sobre el icono **Restaurar** que aparece en la esquina superior derecha para volver a ver la pantalla como estaba en un principio.

Actualizar y Detener

Estos comandos del menú **Ver** tienen su equivalente en la barra de **Botones Estándar**. El comando **Actualizar** hace que **Internet Explorer** busque la página Web que estás viendo en el monitor y que la cargue nuevamente.

Esta acción se suele realizar cuando has comenzado a leer la citada página y se ha cortado la comunicación.

El comando **Detener** te permite cortar la lectura de una página que has solicitado ver. Generalmente se utiliza este comando cuando se observa que te has equivocado de dirección o cuando Internet es tan lento que decides no esperar tanto tiempo.

> **Nota:** el mal funcionamiento de Internet puede deberse a muchos motivos: que las líneas telefónicas estén colapsadas, el diseño de la página Web es malo y/o demasiado grande, el servidor de la página o el de tu proveedor son lentos o están saturados, tu módem no es rápido, etc. En cualquier caso, se suele dar más de un motivo a la vez y el único que tú puedes resolver es el de disponer de un módem lo más rápido posible, aunque obviamente será más caro.

Vínculos

Cuando se utiliza el término vínculo se hace para indicar un elemento que hay en la pantalla (dirección o texto) que, al seleccionarlo, hace que **Internet Explorer** acceda a la página Web que hace referencia.

Esta definición puede inducir a dudas, ya que en **Internet Explorer** aparece la barra de herramientas llamada **Vínculos**, la cual vamos a tratar en este apartado.

La barra **Vínculos** contiene unos vínculos determinados, los cuales se añadirán a la citada barra cuando se utilizan de una forma más habitual que una dirección favorita; pero excepto por esta forma de acceder, tiene las mismas características que cualquier otra dirección favorita.

Para incluir un nuevo vínculo a la barra **Vínculos** has de arrastrarlo hasta esta barra (como muestra la figura 14.5). Si se trata de una dirección que puedes leer, o un texto o icono que al situar el puntero del ratón sobre él, indica una dirección, arrastra dicho elemento sobre la barra.

Si deseas borrar un vínculo de la barra porque ha dejado de tener interés, haz clic con el botón derecho del ratón sobre ella y selecciona el comando **Eliminar**.

Figura 14.5. *Arrastrando un vínculo a la barra* **Vínculos**

Desde el cuadro de diálogo que aparece al seleccionar el comando **Organizar favoritos**, puedes acceder a la carpeta **Vínculos**. Desde aquí puedes realizar también distintas operaciones con ellos, como borrar, cambiar de nombre, mover, etc.
Por tanto, utiliza la barra **Vínculos** para tener controlados de una forma especial las direcciones concretas a las que accedas asiduamente.

> **Nota:** dicho de otro modo, aunque en realidad se debería utilizar el término vínculo para citar direcciones incluidas en la barra **Vínculos**, el término vínculo está tan extendido que se utiliza para citar las referencias que indican una dirección por medio de un texto.

Trabajar sin conexión a la red

Cuando ejecutes **Internet Explorer** y otros programas que trabajan con Internet, como el gestor de correo electrónico, si no estás conectado aún, aparecerá una ventana para que lo hagas. Si seleccionas el botón **Trabajar sin conexión** podrás usar el programa en cuestión para consultar información que tengas en tu disco duro. Selecciona en el menú **Favoritos** la página que desees consultar e **Internet Explorer** la leerá desde el disco duro.

> **Nota:** el modo **Trabajar sin conexión** se indica en la barra de título de la ventana de **Internet Explorer** y en el menú **Archivo** aparecerá marcado el comando **Trabajar sin conexión**.

En cualquier caso, cuando indiques una dirección en la barra de **Direcciones** o selecciones alguna dirección en **Favoritos, Historial,** etc., **Internet Explorer** te mostrará otra vez la ventana para que puedas realizar la conexión a Internet.

Esta posibilidad de trabajar sin estar conectado a la red se utiliza mucho cuando se activan lo que **Internet Explorer** denomina **Sincronizar**. Resumidamente te diremos que consiste en hacer que el propio **Internet Explorer** se encargue de mantener actualizada una copia de ciertas páginas Web en tu disco duro, de modo que puedas consultarlas en el momento que mejor te convenga. En los dos apartados siguientes se explica como puedes hacerlo.

> **Nota:** si activaste la opción **Trabajar sin conexión** y, al entrar nuevamente en **Internet Explorer**, no se realiza el intento de conexión directamente, activa el comando **Archivo, Trabajar sin conexión** para conectarte.

Favoritos

Cuando consultes muchas páginas Web podrás observar que muchas de ellas no tenían un interés especial pero que otras, en cambio, sí y es más que posible que desees volver a verlas más adelante. Estas páginas son las que **Internet Explorer** cataloga como "favoritas" y, mediante éste, puedes organizarlas para que su posterior consulta te resulte muy fácil.

Como vimos en la lección dedicada al **Explorador**, si seleccionas el menú **Favoritos** (figura 14.6) puedes observar una serie de comandos y en la parte inferior un conjunto de carpetas. Estas carpetas aparecen también en el panel izquierdo del área de trabajo si seleccionas el icono **Favoritos** en la barra de herramientas **Botones Estándar**. Estas carpetas y otras que decidas crear serán las que contengan las direcciones de interés que desees mantener.

Guardar una página que tengas en ese momento en la ventana de **Internet Explorer** como una de tus favoritas es tan sencillo como seleccionar el comando **Agregar a favoritos**.

En la ventana que aparece (figura 14.7) has de indicar el nombre con el que deseas agregarla, si deseas poder consultarla sin estar conectado (para tratarla como una página sincronizada, como veremos en el próximo apartado) y, mediante el botón **Crear en**, indicar en qué carpeta deseas guardarla (observar que con el botón **Nueva carpeta** puedes crear una carpeta en favoritos en cualquier momento).

Figura 14.6. Menú Favoritos

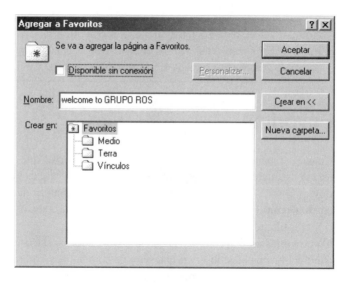

Figura 14.7. Forma de añadir una página a Favoritos

Pero obviamente esta organización de tus páginas Web favoritas puede no ser definitiva y posiblemente desees reorganizarlas en un momento dado. Para ello sólo has de seleccionar el comando **Favoritos, Organizar favoritos**. En la ventana que aparece (figura 14.8) podrás ordenar las direcciones y carpetas como desees. Puedes seleccionar una carpeta y borrarla pulsando la tecla Suprimir o seleccionado el botón **Eliminar**.

Si deseas mover alguna carpeta de lugar sólo has de arrastrarla hasta el lugar donde desees incluirla. Si es necesario, haz uso del botón **Crear carpeta** para obtener una mejor organización.

Si seleccionas el botón directamente aparecerá en la ventana la carpeta **Nueva carpeta**. Pero si has abierto una carpeta y, cuando ves su contenido, seleccionas el citado botón, la carpeta nueva se creará dentro de la que tienes abierta.

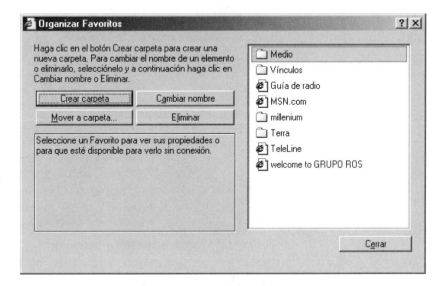

Figura 14.8. *Ventana **Organizar favoritos***

Sincronizar (antiguamente Suscripciones)

La sincronización es la herramienta que nos permite decirle a **Internet Explorer** que queremos que nos mantenga actualizadas determinadas páginas Web en nuestro disco duro.

Ya has visto que al incluir una dirección en **Favoritos** podías indicar que dicha página se pudiera consultar sin tener activa la conexión a Internet con la casilla de verificación **Disponible sin conexión**.

Cuando la activas y no estás conectado a Internet, **Internet Explorer** intenta realizar la conexión para grabar dicha página en el disco duro y que puedas consultarla cuando lo desees.

A partir de ese momento, si haces clic con el botón derecho en esa página en el menú **Favoritos**, puedes seleccionar el comando **Sincronizar** para que se establezca la conexión y se actualice en tu disco duro.

Pero si tienes varias páginas favoritas de este tipo, es más cómodo que selecciones el comando **Herramientas, Sincronizar**. Aparecerá la ventana **Elementos a sincronizar** (figura 14.9).

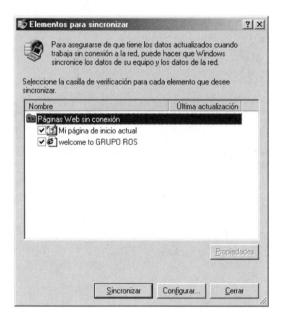

Figura 14.9. Ventana **Elementos a sincronizar**

En la ventana aparecen las páginas que has indicado previamente que eran favoritas y que deseabas consultarlas sin conexión. Si seleccionas el botón **Sincronizar**, en ese momento se realizará la conexión a Internet e **Internet Explorer** se encargará de localizar las páginas que se muestran marcadas con una marca de verificación a su izquierda y las actualizará en el disco duro. Puedes actualizar las páginas que desees, únicamente has de hacer clic sobre la casilla de verificación de cada una de ellas de modo que al final solo tengan la marca las que realmente deseas actualizar en ese momento.

Si en cambio seleccionas el botón **Configurar**, en la ventana **Configuración de sincronización** (figura 14.10) podrás indicar la forma en que deseas actualizar cada una de las páginas

Desde la pestaña **Inicio de sesión** puedes marcar las páginas que se actualizarán nada mas conectarte a Internet. Con las opciones inferiores de la ventana, puedes hacer que la sincronización se haga automáticamente o que **Internet Explorer** te pregunte por cada una de las páginas seleccionadas

Desde la pestaña **En inactividad** (figura 14.11), **Internet Explorer** realizará la actualización aprovechando los tiempos muertos en la conexión a Internet que tengas activa.

Desde la pestaña **Periódicamente** puedes especificar los intervalos de tiempo en que se realizarán las actualizaciones. En la pantalla aparece un asistente cuando seleccionas el botón **Agregar**.

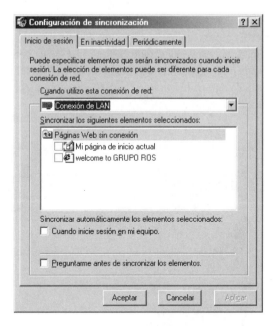

Figura 14.10. *Ventana* **Configuración de sincronización**

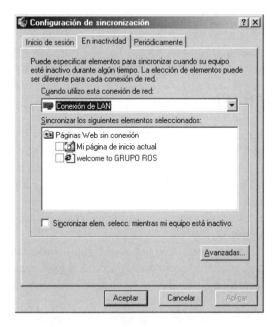

Figura 14.11. *Ventana de sincronización en inactividad*

Desde él puedes seleccionar las páginas que desees, indicar si deseas que el propio **Internet Explorer** realice la conexión de forma automática, si en el momento programado no estás conectado (figura 14.12), así como los datos referentes al momento en que dicha actualización ha de realizarse.

Por último, se te pedirá que le asignes un nombre a la configuración de actualización que hayas realizado.

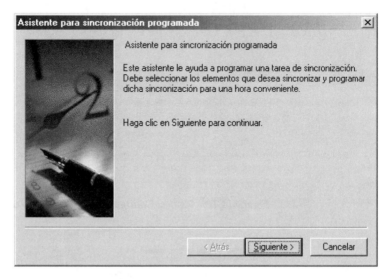

Figura 14.12. *Ventana mientras se programa la sincronización periódica*

Canales

En las versiones anteriores de **Internet Explorer**, los **Canales** se trataban como unos elementos similares a las **Suscripciones**.

Si la instalación que has realizado de Windows ME la has realizado sobre la versión de Windows 98 o sobre Internet Explorer 4.0, seguirás teniendo los **Canales** en tu ordenador, si los tenías activos.

Si en el Escritorio aparece la Barra de **Canales**, podrás acceder al que desees haciendo clic sobre él.

Si en cambio la instalación la has realizado sobre un disco vacío o sobre versiones anteriores a las citadas, no podrás acceder a los **Canales**.

En cualquier caso, Windows ME permite tener, por medio de las sincronizaciones, las mismas posibilidades que las versiones anteriores ofrecían con los canales, ya que de hecho no eran más que unas suscripciones un tanto especiales que obviamente quedan incluidas en las sincronizaciones.

Búsquedas en Internet

Si sabes cuál es la dirección de una página en Internet, con escribirla en la barra de **Direcciones** podrás acceder a ella directamente. Pero, ¿qué hacer cuando no se sabe la páginas o páginas donde se facilita la información?

La gran cantidad de servidores existentes en Internet y la gran cantidad de información que contienen hacen que la búsqueda de información pueda parecer en un primer momento algo imposible.

Para solucionar este problema existen lo que se denominan "buscadores". Los buscadores son servidores de Internet que contienen información sobre los contenidos de otros servidores.

Los buscadores existentes son muchos y variados (Yahoo, AltaVista, Terra, etc), de los cuales algunos son exclusivos para el idioma castellano, porque la búsqueda de términos hispanos con buscadores anglosajones no se hace siempre como se debe.

Todos los buscadores tienen en común la posibilidad de buscar un término que indiques sin más, pero para ofrecer una mejor gestión de los recursos tienen la información agrupada por temas y éstos, a su vez, divididos en otros subtemas más concretos que delimitan la búsqueda.

Esta información la tienen estructurada de modo que, generalmente, con escribir el término que desees localizar el buscador te indicará todas las páginas que tenga controladas en las que aparece este término.

En la pantalla de **Internet Explorer** existe el botón **Búsqueda** que, al seleccionarlo, divide la ventana en dos paneles (figura 14.13). En el izquierdo puedes introducir directamente un término que desees buscar. La versión de **Internet Explorer** que se incluía con Windows 98 permitía además indicar el buscador con el que deseabas realizar la búsqueda. Para esta nueva versión, Microsoft ha dirigido tu búsqueda a un sitio determinado llamado MSN, no permitiéndote seleccionar el buscador.

Puedes utilizar un buscador determinado escribiendo en la barra de direcciones su dirección para posteriormente escribir el término que deseas buscar en su propia página o, si lo prefieres, utilizar directamente el sitio MSN creado por Microsoft.

> **Nota:** selecciona el enlace **Condiciones de uso** que aparece en la parte inferior del panel izquierdo para obtener información acerca del sitio MSN.

Al buscar en el sitio MSN, en la parte inferior del panel izquierdo aparecerán términos relacionados con tu búsqueda; seleccionando uno de ellos, verás la página Web en el panel derecho. Si has encontrado la página, cierra el panel izquierdo de búsqueda haciendo clic en el botón cerrar del panel (contiene un icono con forma de letra X), y aprovecha toda la pantalla para ver más cómodamente la pantalla. Como los términos a buscar suelen coincidir con muchas páginas, selecciona el botón **Siguiente** en el panel izquierdo hasta localizar lo que deseas buscar (figura 14.14).

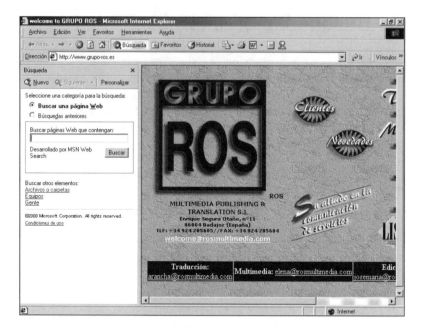

Figura 14.13. *Búsquedas en el sitio MSN*

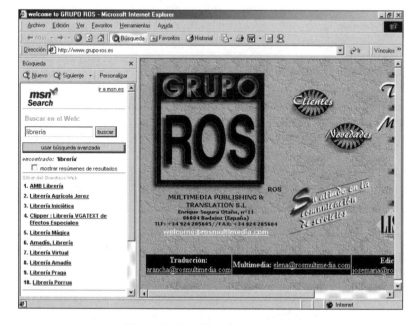

Figura 14.14. *Ejemplo de búsqueda*

Puedes observar bajo la casilla donde se introducen los términos a buscar que existe el botón **Usar búsqueda avanzada**. Si lo seleccionas, se despliega un pequeño panel en el que puedes indicar cualquiera de las opciones que te presenta de modo que la búsqueda sea más exacta (figura 14.15).

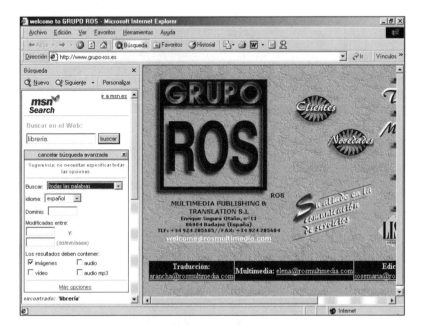

Figura 14.15. *Ejemplo de búsqueda avanzada*

Pero si estas formas de buscar no son suficientes, haz clic sobre el enlace **Más opciones** y cuando **Internet Explorer** lea de la Web MSN una página, la podrás ver en la pantalla y especificar muchas más características de la búsqueda que deseas realizar (figura 14.16).

Imprimir páginas Web

Para imprimir páginas Web has de hacer igual que para imprimir con cualquier otro programa: seleccionar el comando **Imprimir** del menú **Archivo**.
Debido al diseño de las páginas Web puede que la impresión de una página no resulte como tú pensabas en un primer momento. Esto se debe a varios motivos, siendo el principal que los rangos de página de papel no tienen porqué corresponder-se con las propias páginas Web.

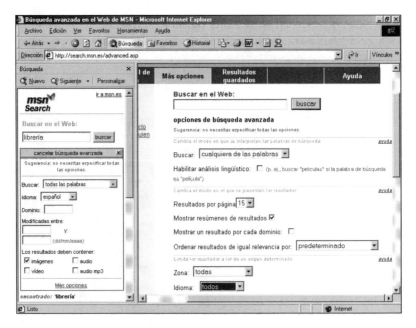

Figura 14.16. *Busqueda más completa*

Como las páginas Web pueden estar dividida por marcos, el bloque **Imprimir marcos** (figura 14.17) te permite imprimir los marcos que configuran una página Web de las tres formas que indica. Prueba a hacerlo de las distintas formas para que veas el resultado que se obtiene con cada opción.

Mediante las casillas inferiores puedes hacer que se impriman a su vez los documentos a los que hace referencia alguna dirección del documento maestro, e incluso obtener una tabla final con esos vínculos.

Por último, debes saber que con el comando **Configurar página** del menú **Archivo** puedes configurar el encabezado y el pie de página (mediante la tecla F1 podrás ver los códigos que puedes utilizar).

Guardar y abrir páginas Web

Las páginas Web se pueden guardar y abrir como haces con cualquier documento que manipulas con otros programas. Utiliza los comandos **Abrir** y **Guardar** del menú **Archivo** de **Internet Explorer** para poder consultar y grabar páginas Web en el disco duro.

Las ventanas que aparecen muestran el disco duro de una forma similar a la que utiliza el **Explorador de Windows** que se trató en la lección 6. Si tienes dudas sobre la organización de las carpetas y archivos en el disco duro, consulta la citada lección.

Figura 14.17. *Ventana **Imprimir** de **Internet Explorer***

Configurar Internet Explorer

El comando **Opciones de Internet** del menú **Herramientas** te permite configurar
Internet Explorer. Veamos someramente cada una de las pestañas de esta ventana.
La pestaña **General** (figura 14.18) te permite indicar la página Web que aparecerá
en tu monitor cuando te conectes a Internet, la cual puedes cambiar con los botones
inferiores; el bloque **Archivos temporales de Internet** gestiona el lugar donde se
almacenan las últimas páginas que has visto en Internet; las páginas que aparecen al
seleccionar el icono **Historial** en la ventana **Internet Explorer** se controlan mediante el grupo **Historial**.

La pestaña **Seguridad** te permite establecer controles para evitar riesgos, como por
ejemplo virus.

En el cuadro superior aparecen varios tipos de sitios: restringidos, de confianza, de
una red local y el resto.

Por omisión cualquier sitio que no sea de una red local y que no se le haya definido
como restringido o de confianza tiene el mismo tratamiento. Para añadir un sitio
como restringido o de confianza, selecciona el icono correspondiente, el botón
Sitios y, en la ventana que aparece, escribe la dirección. Solamente si tienes problemas y dominas muy bien los temas relacionados con la seguridad, deberás modificar
los parámetros que aparecen por omisión.

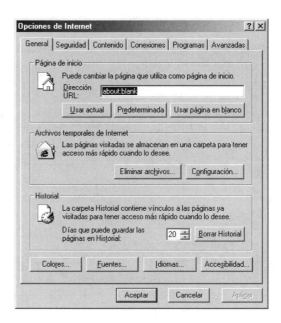

Figura 14.18. *Pestaña **General** de la configuración de Internet Explorer*

La pestaña **Contenido** te permite activar restricciones a páginas clasificadas por un organismo internacional dedicado a dicho fin, para evitar, por ejemplo, que puedan acceder niños a páginas con temas bélicos, sexo, etc. Esta opción no es fiable, ya que cada día hay más servidores y el contenido de ellos puede ser muy variopinto. La pestaña **Conexiones** te permite configurar la conexión de tu ordenador a Internet, de una forma similar a la que hemos explicado en el apartado correspondiente. La pestaña **Programas** (figura 14.19) te permite especificar los programas que vas a utilizar como editor de páginas Web, el gestor de correos, el gestor de noticias y el de videoconferencia. Los que aparecen por omisión son los que tiene Windows 98 y los veremos en los próximos capítulos. Otros programas como calendarios y agendas los debes especificar tú mismo.
La pestaña **Avanzadas** te permiten controlar muchos otros aspectos del programa.

> **Nota:** en cualquiera de estas ventanas puedes seleccionar el icono interrogación (**?**) de la barra de título y hacer clic sobre la opción que no tengas clara y de la que deseas una pequeña ayuda.

> **Nota:** como te hemos indicado en otras ocasiones, si no sabes lo que hace algún parámetro de la configuración de los programas no modifiques las opciones que muestra por omisión.

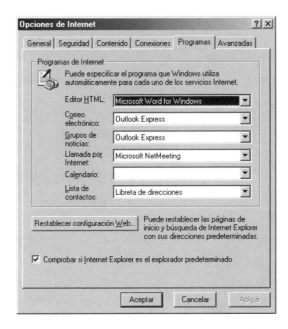

Figura 14.19. Pestaña **Programas** de la configuración de **Internet Explorer**

Correo electrónico

El correo electrónico es la posibilidad económica y rápida que ofrece Internet para ponerte en contacto con cualquier otro usuario de Internet por medio de un sistema equivalente al clásico correo, sólo que realizado por medio del ordenador.

Un programa de correo electrónico te permitirá enviar "cartas", recibirlas, guardarlas e incluso reenviarlas a terceras personas. La gestión de dichos mensajes es muy sencilla y clara.

Estas posibilidades vienen complementadas con gestores de direcciones, grupos de usuarios, etc., todo con el fin de facilitarte la vida.

En esta lección aprenderás a:

- Reconocer los términos que se utilizan con el correo electrónico.

- Enviar y recibir correo.

- Incluir archivos en los mensajes.

- Organizar el correo.

- Utilizar la **Libreta de direcciones**.

Nociones básicas

A continuación trataremos los conceptos básicos que debes saber para manejarte con el correo electrónico.

El gestor de correo

Outlook Express es el gestor de correo electrónico que tiene Windows ME.

Este programa podrás prepararlo para enviar un correo a cualquier otro usuario de Internet del que conozcas su dirección de correo electrónico.

Pero con este programa, además, podrás mantener una agenda de direcciones, enviar los mensajes a grupos de usuarios de una sola vez, organizar los mensajes enviados y recibidos mediante carpetas; en resumen, realizar todas las acciones necesarias para que la gestión del correo electrónico sea fácil y cómoda.

Veremos a lo largo de esta lección cómo hacerlo, pero por ahora vamos a ver ciertos conceptos básicos necesarios para entender todo lo referente a este programa.

Las direcciones de correo

De igual forma que en la lección anterior veíamos que las direcciones de las páginas Web tienen una estructura definida, vamos a ver que con el correo electrónico también hay una estructura definida en las direcciones.

Observa la estructura de las direcciones en los siguientes ejemplos:

```
Pcasas@arrakis.es
Juli@grupo-ros.es
Joaquin@unex.es
njulcab@teleline.es
```

Como puedes observar, en todas las direcciones aparece un texto antes del símbolo @; este texto acostumbra a estar formado por siglas o por un nombre que identifica al usuario y que será destinatario o remitente de un correo.

A continuación aparece el nombre del Servidor que está dando el servicio de correo seguido de un punto y las abreviaturas del país del servidor.

> **Nota:** algunas veces los servidores de correo se identifican con su nombre y la configuración a la que pertenecen. Por ejemplo, cmacper@alcazaba.unex.es.

Para poder enviar un mensaje a una persona deberás conocer su dirección de correo. Es como si intentas escribir una carta y no sabes la dirección del destinatario; seguro que no le llega.

Por tanto, es necesario que el centro servidor que te dé el acceso a Internet te facilite tu dirección de correo electrónico, que será a la que te enviarán los otros usuarios los mensajes.

El mensaje de correo electrónico

Enviar un correo consiste básicamente en escribir un texto e indicar a quién se le quiere enviar.

Cuando se crea un mensaje, lo que se hace es escribir el texto que se desea enviar e indicar la dirección del destinatario; una vez hecho, procederás a enviarlo.

Pero vamos a ver que esto tiene muchas más posibilidades, como adjuntar otros archivos ya sean de texto, gráficos, multimedia, etc., enviárselo a un grupo de personas predefinido, etc.

Outlook Express

Puedes ejecutar **Outlook Express** de varias formas:

◆ Seleccionando el icono **Outlook Express** en el escritorio.

◆ Haciendo clic en el icono **Outlook Express** en la barra **Inicio rápido**.

◆ Seleccionar el comando **Inicio**, **Programas**, **Outlook Express**.

En la pantalla del ordenador aparecerá la ventana (figura 15.1) de **Outlook Express**, que vamos a analizar en esta misma lección.

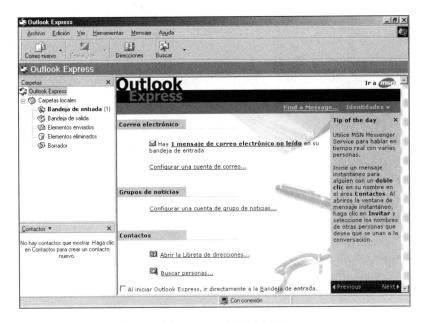

Figura 15.1. *Ventana de* ***Outlook Express***

Configurar Outlook Express

La primera vez que ejecutas **Outlook Express** el programa detectará si tienes configurada la conexión. Antes de nada es necesario que lo hagas.

> **Nota:** Lo normal hoy en día es que el proveedor de servicios de Internet con el que realizas tu conexión te facilite un CD para instalar la conexión, el explorador y el correo electrónico como mínimo.

Si no tienes configurado el correo, se ejecutará un Asistente que te irá mostrando información y pidiendo datos hasta que finalices la instalación.

Los datos que has de indicar te los debe proporcionar el proveedor cuando te des de alta en Internet, sin ellos no podrás utilizar el correo electrónico. Estos datos serán:

◆ Tu dirección de correo electrónico.

◆ Nombre del Servidor POP3 de correo entrante.

◆ Nombre del Servidor SMTP de correo saliente.

La ventana de Outlook Express

El aspecto de la ventana de **Outlook Express** parece muy llamativo pero es bastante claro, sobre todo cuando te habitúas a trabajar con él.

En la parte superior aparecen los clásicos elementos de los programas para Windows (barra de título y barra de menús) y, a continuación, la barra de botones estándar.

La zona del área de trabajo se muestra dividida en tres paneles. El panel izquierdo superior contiene varios objetos que trataremos a lo largo de la lección y, según sea el que esté seleccionado, en el derecho se mostrará la información correspondiente al citado objeto; el panel inferior izquierdo muestra lo que **Outlook Express** llama *contactos*, que no son otra cosa que los identificadores de Internet de usuarios que guardas en tu libreta de direcciones, la cual veremos con detalle.

Cuando ejecutas **Outlook Express** está seleccionado por omisión el icono **Outlook Express** en el panel izquierdo y, en el panel derecho, aparecen unos accesos a los mensajes que has recibido y aún no has leido, la configuración de las cuentas de correo, así como el acceso para crear una cuenta de grupos de noticias y acceso a la libreta de direcciones.

Vamos a describir cada uno de los elementos del panel izquierdo antes de pasar a la explicación del funcionamiento de **Outlook Express**.

> **Nota:** veremos en las pantallas del capítulo que hay mensajes en negrita y que junto a los elementos del panel izquierdo aparecen algunas veces números entre paréntesis. Esto indica el número de mensajes que están aún pendientes de leer.

Bandeja de entrada

Cuando estás conectado a Internet y tienes configurado el correo electrónico, todos los mensajes que te envíen se almacenarán en el servidor que dé el servicio de correo, hasta que decidas leerlos.

La lectura de los mensajes no se hace directamente en el servidor, sino que el proceso requiere que te traigas los mensajes a tu ordenador (lo que en argot informático se conoce como "bajarse el correo") y los consultes leyendo la copia de los mismos que se ha grabado en tu disco duro.

Por lo tanto, el servidor de correo mantiene en su disco duro todos los mensajes que te envían, los cuales se copiarán en tu disco duro una vez los hayas leído con **Outlook Express**.

Veremos cómo traerte el correo en otro apartado de esta misma lección, pero lo que sí debes saber ya es que en la **Bandeja de entrada** estarán todos los mensajes que hayas recibido.

Puedes ver la **Bandeja de entrada** en la figura 15.2.

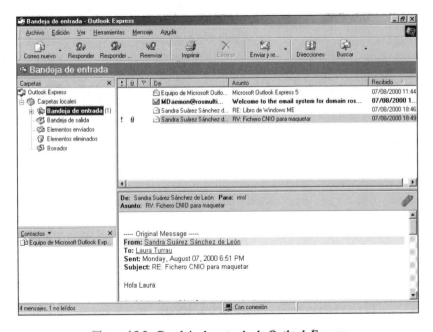

Figura 15.2. Bandeja de entrada de Outlook Express

Bandeja de salida

La **Bandeja de salida** contiene los mensajes de correo electrónico que has preparado para enviar, pero que están pendientes de ser enviados.

Veremos que cuando lo hagas desaparecerán de este lugar y pasarán a la bandeja de **Elementos enviados**.

Puedes ver la **Bandeja de salida** en la figura 15.3.

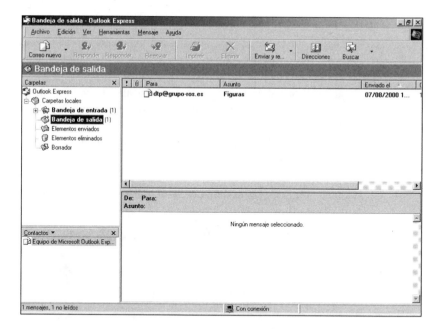

Figura 15.3. Bandeja de salida de Outlook Express

Elementos enviados

Esta carpeta contiene todos los mensajes de correo que has enviado. En otras palabras, los mensajes de la **Bandeja de salida** se guardan en la bandeja de **Elementos enviados** cuando los envíasy se hace cargo de ellos el servidor para que lleguen a su destino.

Puedes verla en la figura 15.4.

Elementos eliminados

Puedes eliminar un mensaje que no te interese guardar en cualquier momento, solamente has de seleccionarlo y pulsar la tecla Supr.

El objetivo de esta carpeta, que puedes ver en la figura 15.5, es guardar los mensajes borrados por si te pudiera interesar recuperar o consultar posteriormente alguno que no debiera haberse eliminado, de forma equivalente a la **Papelera de reciclaje** de Windows ME.

Si despliegas su menú contextual haciendo clic con el botón derecho del ratón sobre su nombre, podrás seleccionar el comando **Vaciar carpeta** y estos mensajes se eliminarán definitivamente.

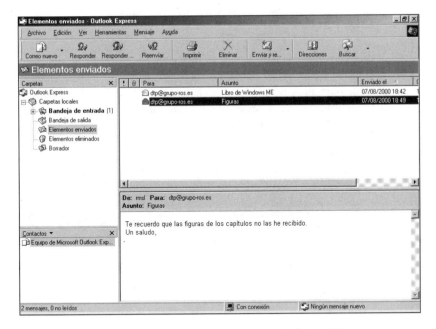

*Figura 15.4. Bandeja **Elementos enviados** de Outlook Express*

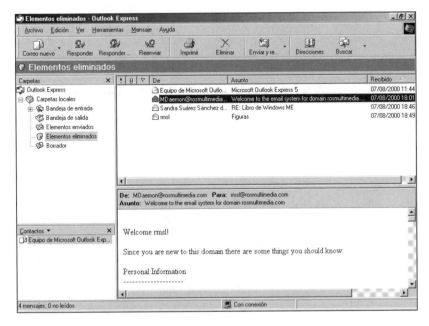

*Figura 15.5. Bandeja **Elementos Eliminados** de Outlook Express*

Borrador

En esta carpeta se almacenan los mensajes de correo electrónico que tengas a medio preparar o que aún no deseas enviar. Esta carpeta no suele ser muy utilizada, pero si el mensaje que deseas mandar es largo o la redacción del mismo te preocupa de una forma especial, no dudes en utilizar esta carpeta para almacenarlo temporalmente.

La carpeta **Borrador** ser muestra en la figura 15.6.

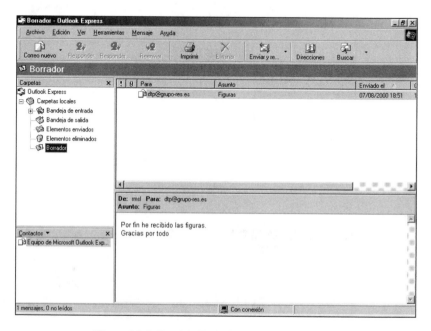

Figura 15.6. *Bandeja **Borrador** de Outlook Express*

Crear mensajes

Veamos los pasos que debes realizar para enviar un mensaje de correo electrónico. En primer lugar has de seleccionar el icono **Redactar mensaje** de la barra de botones estándar, el primero por la izquierda.

Nota: para crear un mensaje no es necesario estar conectado a Internet. Si cuando ejecutes **Outlook Express** aparece el cuadro de diálogo para conectarte, selecciona el botón **Cancelar** para trabajar con **Outlook Express** sin hacer gasto telefónico.

En la ventana que aparece (figura 15.7) puedes ver que el área de trabajo se divide en dos partes. En la parte superior has de indicar el o los destinatarios del mensaje y en la parte inferior teclearás el mensaje en cuestión.

Una vez hayas cumplimentado estos datos, el mensaje estará listo y podrás enviarlo. Veamos con detalle cómo debes especificar esta información.

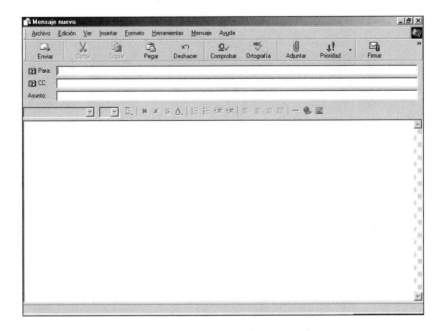

Figura 15.7. *Redactando un mensaje*

El/los destinatario/s

En la parte superior puedes observar cuatro filas:

◆ **Para.**

◆ **CC.**

◆ **Asunto.**

En **Para** deberás indicar la dirección de correo electrónico del destinatario del mensaje. Esta información te la deberá facilitar dicho destinatario y tendrá que tener la estructura que hemos visto al principio de esta lección.

En **CC** se indicarán las direcciones de correo de otros usuarios si deseas que este mensaje sea recibido por otros usuarios además del que hayas indicado en **Para**.

Si es más de uno, deberás separar sus direcciones por comas (,) o por un punto y coma (;).

Todos estos destinatarios verán en el mensaje que reciban la dirección de los otros usuarios a los que se lo has enviado.

En **Asunto** deberás teclear un breve texto que describa el contenido del mensaje. Este breve texto será el que leerá el destinatario desde su **Bandeja de entrada** cuando reciba el correo. Por tanto, procura que sea claro y conciso.

> **Nota:** cuando veamos la **Libreta de direcciones** observarás que puedes incluir de forma automática la dirección de correo de los destinatarios de forma más cómoda y fácil.

Un ejemplo de todo lo que hemos explicado en el apartado anterior lo puedes ver en la figura 15.8.

> **Nota:** si ya has trabajado anteriormente con **Outlook Express**, observarás que falta **CCO**. En esta versión deberás indicar que deseas utilizarla mediante el menú **Ver**.

Figura 15.8. *Destinatarios de un mensaje*

El mensaje

En la parte inferior de la ventana deberás teclear el mensaje, de forma similar a como lo escribes en un procesador de texto.

Puedes hacer uso de los botones que hay en esta parte de la ventana. Estos botones son en gran parte similares a los que muestra la barra de herramientas de los procesadores de texto.

Únicamente hay tres de ellos que no hacen referencia al tratamiento del texto del mensaje, concretamente los que están situados a la derecha. Mediante estos botones podrás, respectivamente, incluir una línea horizontal en el texto, establecer un vínculo e insertar una imagen. Practica con estos botones y observa el resultado que puedes obtener.

En la figura 15.9 tienes un ejemplo de un mensaje.

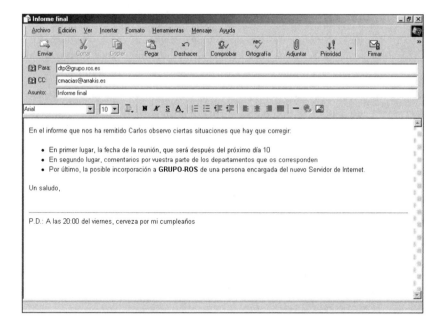

Figura 15.9. *Un mensaje listo para enviar*

Insertar archivos

Pero una de las cosas más importantes que se suele hacer con los mensajes de correo es adjuntar archivos. Por ejemplo, si deseas enviar uno junto al mensaje (creado con un procesador de texto, gráfico, etc.), deberás seleccionar el icono **A**djuntar (representado por un clip) de la barra de herramientas superior.

Cuando lo hagas te aparecerá el cuadro de diálogo **Insertar datos adjuntos**, que es similar al cuadro de diálogo **Examinar** que hemos visto a lo largo de este libro.

Enviar y recibir mensajes

Desde la ventana donde se editan los mensajes, puedes enviarlos directamente. Para hacerlo existe el botón **Enviar**, pero, dependiendo de si has finalizado de redactar el mensaje o estás conectado o no a Internet deberás proceder de distinta forma:

◆ Si no has finalizado la redacción del mensaje, cierra la ventana donde estás editando el mensaje con el comando **Archivo, Guardar como**. Aparece un cuadro de diálogo preguntando el nombre con el que deseas guardar el mensaje (por omisión te indica el texto que has escrito en **Asunto**).

◆ Si has finalizado la redacción del mensaje y estás conectado a Internet, en la ventana donde has creado el mensaje has de seleccionar el botón **Enviar** de la barra de botones y el mensaje se enviará en ese momento. Cuando finalice el envío, se guardará en la carpeta **Documentos enviados**.

◆ En el caso de que no estés conectado a Internet, cuando pulses el botón **Enviar**, el mensaje pasará directamente a la **Bandeja de salida**. Desde esta carpeta se enviará posteriormente y se almacenará definitivamente en la carpeta **Documentos enviados**.

Si tienes mensajes pendientes en la **Bandeja de salida**, puedes enviarlos en cualquier momento con el botón **Enviar y recibir**. (Obviamente, deberás estar conectado a Internet o aparecerá el cuadro de diálogo para que establezcas la conexión.). Este botón hace lo que su nombre indica: envía los mensajes pendientes que están en la **Bandeja de salida** y trae del servidor los mensajes que se han recibido a tu nombre, incluyéndose éstos en la **Bandeja de entrada**.

Leer mensajes

Como hemos indicado en apartados anteriores, los mensajes recibidos aparecen en la **Bandeja de entrada**.
Observa en la figura 15.2 que hay un grupo de mensajes recibidos, de los cuales hay cierta información:

◆ El símbolo admiración (!). Cuando aparezca una flecha hacia arriba bajo este símbolo, quiere decir que ese mensaje se ha enviado como urgente y probablemente te interese leerlo lo antes posible; si la flecha es hacia abajo, la prioridad del mismo será baja.

◆ El símbolo **Clip**. Una marca bajo este símbolo indica que el mensaje de la derecha tiene un archivo adjunto.

◆ El destinatario. Bajo el texto **De:** aparece la dirección de correo electrónico o el nombre del remitente de cada mensaje de correo.

◆ El **Asunto**. Vimos, cuando creamos un mensaje, que puedes indicar en un apartado del mismo un breve resumen del contenido del correo. Este resumen es el que le aparece al destinatario en esta columna.

◆ La fecha de recepción. En esta columna aparece la fecha en que dicho mensaje fue recibido en tu servidor. Obviamente, la fecha en que te lo han remitido debe variar unos pocos minutos, no así la fecha en que tú lo lees, más aún si tardas mucho tiempo en "bajarte" el correo de tu servidor.

Nota: recuerda que junto a un mensaje de correo se puede remitir también un archivo que tengas grabado, que podrá contener un texto, gráfico, imágenes, etc. Este archivo lo podrás abrir con el programa con el que se haya creado (un procesador de texto, una hoja de cálculo, un programa de imágenes, etc.).

Además de los elementos indicados, verás que junto al destinatario aparece un sobre. Cuando dicho sobre está cerrado la información referente al mensaje aparece en negrita, lo cual quiere decir que ese mensaje todavía no lo has leído. Cuando el sobre esté abierto, aparecerá sin negrita, lo que significará que ya lo has leído. Una vez que hemos visto las características de los mensajes recibidos en la **Bandeja de entrada**, lo único que queda por hacer es leerlo.Para hacerlo solamente has de hacer doble clic sobre él; aparecerá entonces una ventana (figura 15.10) similar a la que se utiliza para crear los mensajes.

Nota: también puedes verlo haciendo un solo clic, mostrándose a continuación el mensaje en la parte derecha de la pantalla. Por claridad, nosotros haremos doble clic y lo visualizaremos en una ventana independiente que cuando se lea habrá que cerrar como cualquier ventana, en su botón **Cerrar** o seleccionando el comando de igual nombre del menú **Archivo**.

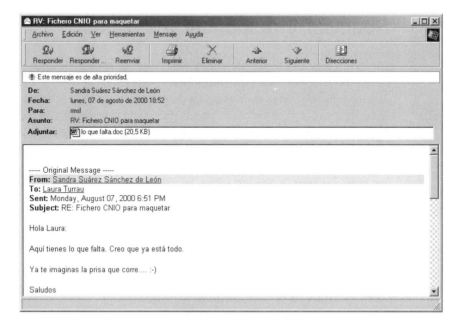

Figura 15.10. Leyendo un mensaje

En la parte superior de la misma aparece la siguiente información:

◆ **De**: muestra el nombre del remitente o su dirección de correo electrónico.

◆ **Fecha**: muestra la fecha en que se envió el mensaje.

◆ **Para**: indica el nombre o dirección de correo del destinatario.

◆ **Asunto**: indica el texto que describe el mensaje.

En la parte inferior puedes ver el mensaje propiamente dicho. Podrás observar, cuando recibas bastantes mensajes, que los hay normales pero que también los hay con presentaciones realmente buenas.

Cuando el mensaje contenga un archivo, dicho archivo podrás observarlo en la parte inferior de la ventana del mensaje representado por un icono en forma de clip. Por tanto si haces clic con el botón derecho del ratón sobre el icono, puedes seleccionar el comando **Guardar como** para guardar ese archivo en el disco duro con un nombre determinado, evitando de esta forma tener que abrir el mensaje de correo para acceder a él.

Si el archivo adjunto es el fondo del mensaje, haz lo mismo pero seleccionando el citado fondo y, en el comando **Guardar fondo como**, indica el nombre con el que deseas almacenarlo.

Reenviar y responder mensajes

Los iconos **Responder al remitente** y **Responder a todos** te facilitan la creación de correos de respuesta de los distintos mensajes que tengas.

Si seleccionas un correo de la **Bandeja de entrada** y a continuación haces clic en el icono **Responder al autor**, aparece en la pantalla la ventana **Nuevo mensaje** (figura 15.11), pero en esta ocasión muestra como destinatario la dirección del que te lo remitió; así mismo, en **Asunto** aparecen las siglas **RE** que indican que se trata de una respuesta y, en el área de trabajo donde se redacta el correo, aparece el mensaje que te envío el destinatario en su día. De esta forma, se adjunta al que tú redactas para que tenga constancia clara de cuál es el que estás contestando.

El icono **Responder a todos** realiza una función similar, sólo que facilita la creación de la respuesta del mensaje recibido a todos los destinatarios del mensaje original.

Si lo deseas, también puedes hacer uso del icono **Reenviar** para enviar a otro usuario un mensaje que hayas recibido.

El procedimiento es muy similar: selecciona el mensaje, selecciona el icono **Reenviar** y cumplimenta la ventana **Nuevo mensaje** como ya hemos indicado. En este caso, en **Asunto** aparecen las siglas **RV** para indicar que se trata del reenvío de un correo.

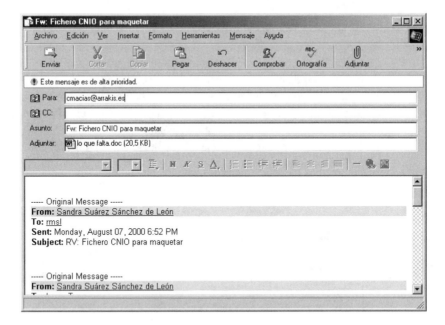

Figura 15.11. *Respondiendo a un mensaje*

Organizar los mensajes

Los mensajes de correo son documentos que se están grabando en tu ordenador. Como siempre, es recomendable que los organices para que el acceso a los mismos sea cómodo y no induzca a errores.

Para hacerlo puedes utilizar carpetas. Créalas con el comando **Archivo, Carpeta, Nueva**. Aparece el cuadro de diálogo **Carpeta nueva** mostrando las bandejas de **Outlook Express**, que puedes seleccionar y abrir para indicar el lugar exacto donde deseas ubicarla.

Para mover los mensajes de una carpeta a otra solamente has de seleccionarlos y arrastrarlos hasta la que desees.

Previamente deberás desplegar la carpeta de destino en el panel izquierdo y arrastrar los mensajes desde el panel derecho sobre ella.

Cuando no desees utilizar una carpeta puedes seleccionar el comando **Archivo, Carpeta, Eliminar** o simplemente seleccionarla y pulsar la tecla Supr.

El comando **Archivo, Carpeta, Compactar** o **Compactar todas las carpetas** lo que hace es comprimir los mensajes de correo para que ocupen menos espacio en el disco duro. No olvides este comando si tienes muchos mensajes guardados y poco espacio en el disco duro.

Libreta de direcciones

La libreta de direcciones actúa como una agenda cuando vas a llamar por teléfono: permite ver los datos del destinatario de nuestra llamada.

Selecciona el icono **Dirección** en la barra de botones. Aparece la ventana **Libreta de direcciones** (figura 15.12) en la que puedes observar en su parte superior los mismos elementos de cualquier otra ventana.

En la parte inferior puedes ver una tabla con los datos **Nombre**, **Dirección electrónica**, **Teléfono del trabajo** y **Teléfono particular**. Esta información es la que se muestra de cada persona o grupo de personas que tienes incluidas en tu **Libreta de direcciones**.

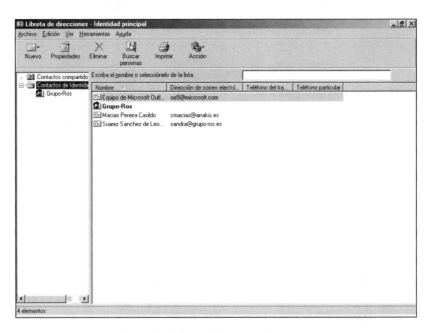

*Figura 15.12. La **Libreta de direcciones***

Añadir contactos

Seleccionando el botón **Nuevo, Nuevo contacto** aparece la ventana **Propiedades** (figura 15.13), en la cual has de especificar los datos que tengas de la persona.

Para poder hacer uso del correo electrónico como mínimo has de indicar su nombre y apellidos para identificar a la persona y la dirección de correo electrónico donde le enviarás los mensajes.

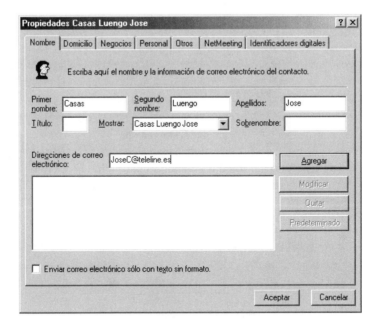

Figura 15.13. *Ventana para añadir contactos a la **Libreta de direcciones***

El resto de los datos no son necesarios, pero no está de más que aproveches la libreta de direcciones como una agenda, en la que tienes además los datos personales. Ten en cuenta que hay procesadores de texto que pueden hacer uso de la **Libreta de direcciones** para emitir, de forma automática, por ejemplo, una carta modelo a todos los miembros de tu libreta de direcciones, para lo cual es necesario tener registrados sus datos del domicilio y/o del trabajo.

Crear grupos

Cuando tengas registrados en tu **Libreta de direcciones** los datos de personas a las que sueles enviar el mismo mensaje de correo, los puedes unir formando un grupo. Cuando tienes un grupo puedes indicar su nombre y **Outlook Express** les envía el mensaje de correo a cada uno de ellos, sin tener que especificarlos individualmente. Para crear un grupo has de seleccionar el comando **Nuevo, Grupo nuevo** y, en la ventana que aparece (figura 15.14), indica el nombre con el que lo identificarás. Selecciona el botón **Seleccionar miembros** y haz clic sobre un miembro del grupo y sobre el botón **Seleccionar** para que aparezca en la casilla **Miembros** su nombre, repitiendo este proceso con cada uno de ellos.

Cuando tengas creado el grupo podrás ver su nombre en la **Libreta de direcciones** en negrita, representado por un icono con dos caras.

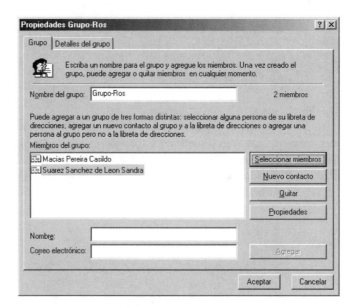

Figura 15.14. *Ventana para crear grupos de contacto*

> **Nota:** una persona que pertenezca a un grupo sigue teniendo su identidad única. Por tanto, a esta persona le puedes enviar mensajes individualmente o colectivamente si haces uso del grupo o grupos al que pertenece.

Utilizar la Libreta de direcciones

Una de las mayores utilidades de la **Libreta de direcciones** es que puedes hacer uso de los datos que tienes registrados para enviar los mensajes de correo sin tener que volver a escribir las direcciones, evitando pérdida de tiempo y errores de "tecleo". Cuando vimos cómo introducir la dirección de correo electrónico en la ventana **Nuevo mensaje,** no especificamos nada del icono que aparece a la izquierda de las palabras **Para** y **CC** y el espacio de su derecha donde deberías teclear los datos. Este icono da acceso directamente a la **Libreta de direcciones** con la pantalla **Seleccionar destinatarios**. El uso de esta ventana es similar al procedimiento que hemos descrito para crear grupos: selecciona el destinatario y haz clic en el botón **Para**; este destinatario será el que reciba el correo. Si deseas usar las posibilidades que te ofrece la casilla **CC**, selecciona el resto de destinatarios y pulsa estos botones. Como puedes deducir, la **Libreta de direcciones** es un complemento muy interesante para el correo electrónico. Con ella puedes enviar un correo a cualquier persona de la que tengas sus datos seleccionando unos botones de la pantalla.

Otras herramientas de Internet

En Internet se pueden hacer más cosas que ver páginas Web y tramitar mensajes por medio del correo electrónico. Con los programas que incorpora Windows ME puedes crear páginas Web (FrontPage Express), realizar videoconferencias (Microsoft NetMeeting), "chatear" (Microsoft Chat), reproducir archivos del tipo .asf (NetShow Player). Éstas son las otras herramientas para aprovechar las nuevas tecnologías que se aplican en Internet.

En esta lección aprenderás a:

- Crear páginas Web.
- Realizar videoconferencias a precio de llamada local.
- Utilizar **Microsoft Chat**.

FrontPage Express

FrontPage Express es un programa incluido en Windows ME que te permite crear páginas Web.
Las páginas Web son las páginas que consultas con Internet Explorer, cuyo diseño hemos visto que puede ser muy variado. Vamos a ver cómo puedes crear tus propias páginas Web.

> **Nota:** el programa **FrontPage Express** es una versión reducida del programa **FrontPage** que comercializa Microsoft. Esta otra versión es mucho más completa y potente, pero posiblemente no te resulte necesaria para crear tus propias páginas.

La ventana

Cuando ejecutas **FrontPage Express** mediante el comando **Inicio, Programas, Internet Explorer, FrontPage Express**, aparece la ventana desde la cual puedes crear la página Web que tú desees (figura 16.1).

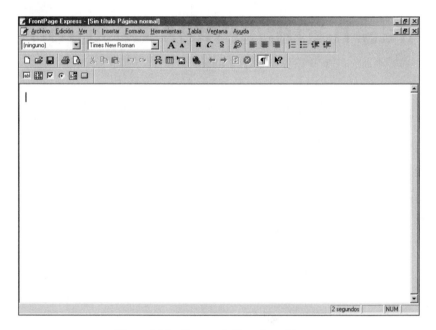

Figura 16.1. Ventana de **FrontPage Express**

Como puedes observar, el aspecto de la ventana es muy similar a las otras ventanas que hemos visto: la barra de título, las barras de herramientas y el área de trabajo.
La primera barra de herramientas, llamada **Formato**, es similar a las que se utilizan en los procesadores de texto: permite seleccionar tipos de letra, negritas, cursivas y subrayados, alineaciones de párrafos, viñetas, numeraciones y sangrías.
La segunda barra, llamada **Estándar**, tiene elementos comunes a la barra **Estándar** de otras aplicaciones (guardar, imprimir, vista preliminar, etc.) y una serie de iconos nuevos que veremos a lo largo de esta lección.
La última barra de herramientas **Formularios** contiene una serie de iconos que te permitirán incluir en la página que diseñes elementos tales como botones, casillas de verificación, menús desplegables, etc. Veremos a continuación el uso de algunos de ellos.

La página Web

Cuando ejecutas **FrontPage Express** en la ventana en blanco que aparece ya puedes comenzar a crear una nueva página.
El comando **Archivo, Propiedades de página** te permite especificar muchas características de la página que estás creando por medio de la ventana que aparece (figura 16.2). Vamos a ver los que más se utilizan.

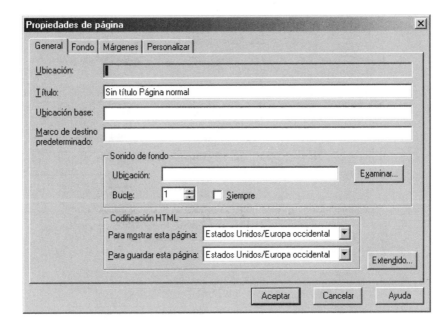

Figura 16.2. Pestaña *General de Propiedades de página*

En la casilla **Título** de la pestaña **General** puedes teclear el título que quieras asignarle. Si deseas que al acceder cualquier usuario a esta página que estás creando suene una música, indica mediante el grupo **Sonido de fondo** el nombre del archivo que deseas que suene; con el botón **Examinar** puedes localizarlo en el disco duro. La pestaña **Fondo** (figura 16.3) te permite poner un dibujo de fondo a tu página Web. Al seleccionar la casilla **Imagen de fondo** se activará el botón **Examinar** para que puedas localizarlo. Si sólo deseas poner un color, selecciónalo en la casilla desplegable **Fondo**; selecciona en **Texto** el color que se utilizará con las letras que escribas y el color con el que se mostrarán los vínculos que añadas a tu página Web.

Nota: aunque el aspecto que te muestra la ventana es básicamente el que vas a obtener definitivamente, haz uso del comando **Vista preliminar** de la barra de herramientas **Estándar** o el menú **Archivo** para ver su aspecto definitivo.

No es mal momento para guardar la página Web, aunque no tenga aún contenido ya le tienes definido un fondo y un título. Selecciona el comando **Archivo, Guardar** y, en el cuadro de diálogo que aparece, selecciona el botón **Como archivo** e indica en el nuevo cuadro de diálogo el nombre con el que deseas guardarla.
Posteriormente, desde Internet Explorer podrás abrir la página buscándola en la carpeta donde la hayas grabado.

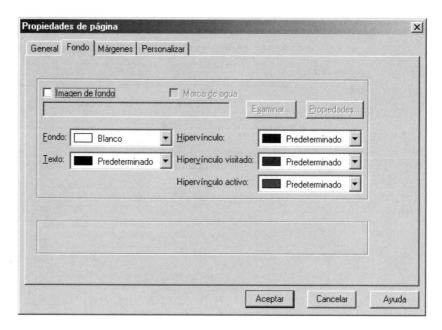

Figura 16.3. Pestaña **Fondo** de la página Web

Añadir elementos a la página Web

Ahora es el momento de que teclees el texto que llevará la página. Teclea el texto que desees y haz uso de los iconos de la barra de herramientas **Formato**.

Puedes activar los comandos de esta barra antes de escribir o hacerlo al revés: escribe el texto, selecciona cada parte del mismo que desees modificar de aspecto y haz uso de los botones de **Formato** como en un procesador de texto: cambia el tamaño, alinea párrafos, cambia las sangrías, etc.

Si seleccionas el comando **Insertar, Imagen**, mediante el cuadro de diálogo que aparece puedes localizar una imagen que desees incluir en la página. Esta imagen se situará en el lugar donde tengas el cursor, desplazando el resto del contenido de la página Web hacia abajo.

Otro de los elementos habituales en las páginas Web son las tablas. Una tabla se crea mediante el cuadro de diálogo que aparece al seleccionar el comando **Tabla, Insertar Tabla** (figura 16.4).

Una vez indiques el número de filas y columnas, así como la alineación y otras características de diseño, selecciona el botón **Aceptar** y la tabla aparecerá en el lugar de la ventana donde tenías el puntero. Con la tabla en la ventana, sólo has de hacer clic en cada una de sus celdas e introducir el contenido que desees: texto, dibujos, vínculos, etc.

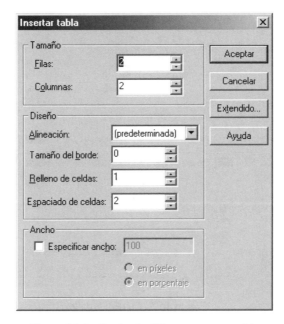

Figura 16.4. *Cuadro de diálogo para crear tablas*

Nota: también puedes seleccionar el icono **Insertar tabla** en la barra de herramientas **Estándar** para crearlas. En este caso aparece una cuadrícula y, según en la casilla que hagas clic, tendrás más o menos columnas y filas. El aspecto de la tabla en la ventana será de lo más simple, por lo que te recomendamos el uso del comando **Tabla, Insertar tabla** por su claridad.

Cuando tratamos las páginas Web en la lección de Internet Explorer, dijimos que era muy frecuente que desde una página se pudiera acceder a otras haciendo clic sobre un elemento de la misma al que llamábamos vínculo.
Este vínculo podía ser una dirección de Internet, un texto que llamaba a dicha dirección, etc.
Si deseas incluir vínculos en tu página Web sólo has de hacer lo siguiente:

1   Sitúa el punto de inserción donde desees incluir el vínculo.

2   Selecciona el comando **Insertar, Hipervinculo.**

3   En el cuadro de diálogo **Crear hipervínculo** que aparece (figura 16.5), despliega el cuadro **Tipo de hipervínculo** y selecciona el que desees.

4   Teclea en el cuadro **Dirección URL** la dirección de Internet del vínculo y selecciona el botón **Aceptar**.

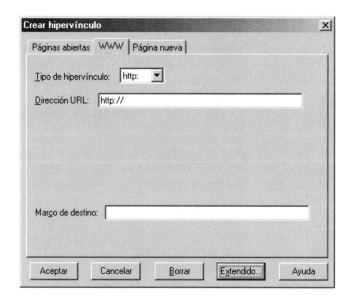

*Figura 16.5. Cuadro de diálogo **Crear hipervínculos***

Los tipos de hipervínculos que puedes seleccionar son muy variados y generalmente hacen relación a una página Web: http, https, ftp, etc. Pero otro tipo, "mailto", crea un vínculo a una dirección de correo. Este tipo de vínculo lo puedes utilizar para que el usuario que haya visitado tu página Web pueda enviarte un correo de forma cómoda y rápida. Ten en cuenta lo siguiente:

◆ Si creas un hipervínculo directamente, en la pantalla te aparecerá la dirección que hayas indicado en el cuadro **Dirección URL**.

◆ Si tienes un texto, lo seleccionas y posteriormente creas el hipervínculo como lo hemos indicado; en la pantalla aparecerá el texto que habías seleccionado con el mismo color que el de cualquier vínculo, ya que ese texto es el vínculo y no aparecerá el que escribiste en la casilla **Dirección URL**.

Para comprobar que los vínculos funcionan has de utilizar Internet Explorer. Ejecútalo y selecciona el comando **Archivo, Abrir**, localiza el archivo y, cuando lo tengas en la ventana, selecciona los vínculos que has creado. Deberás llegar a las direcciones que has deseado incluir en tu página. Si existe algún problema, cierra la página y vuelve a abrirla desde **FrontPage Express** para solucionar el problema. Otros más sofisticados que puedes incluir en tu página Web son:

◆ Controles ActiveX.

◆ Subprogramas Java.

◆ Animaciones de Powerpoint.

◆ Videos.

◆ Formularios.

Poner una página de fondo del Escritorio

La página que has creado puedes publicarla en Internet poniéndote en contacto con tu proveedor de servicios de Internet para que te indique cómo hacerlo. Pero también esa página puedes ponerla de fondo de tu Escritorio para poder hacer uso de esos elementos que has incluido. Así, si has incluido vínculos, puedes acceder a esas direcciones de forma automática.

Para poner una página Web de fondo del Escritorio has de hacer lo siguiente:

1 Haz clic derecho en el Escritorio y selecciona en el menú contextual que aparezca el comando **Active Desktop, Personalizar mi escritorio**.

2 En la ventana **Propiedades de la pantalla** selecciona la pestaña **Fondo**.

3 Selecciona el botón **Examinar** y localiza la página Web que has creado.

4 Cuando veas en la parte superior de la ventana el aspecto del escritorio con la página que has localizado, selecciona el botón **Aceptar** y el escritorio tendrá esa página como fondo.

NetMeeting

Una de las revoluciones que ha supuesto la implantación de Internet ha sido la posibilidad de mantener conferencias entre dos usuarios, los cuales pueden verse en los monitores mientras mantienen la conversación.

A esta posibilidad se la denomina videoconferencia y Windows ME ofrece el programa **NetMeeting** para hacerlo.

Ejecutar NetMeeting

Cuando ejecutas el comando **Inicio, Programas, Accesorios, Comunicaciones, NetMeeting**, en la pantalla aparece un cuadro de diálogo informándote sobre las posibilidades que ofrece **NetMeeting**.

Los datos que te pide la nueva ventana son los que te identificarán en la red para que se pueda contactar contigo, por lo que debes rellenarlos.

Cuando seleccionas el botón **Siguiente**, aparecerá otra ventana para que especifiques el servidor de directorio al que deseas conectarte. No lo modifiques y selecciona **Siguiente**.

La siguiente ventana te pide que especifiques el dispositivo de captura de vídeo primario (la videocámara).

En las siguientes ventanas debes configurar el audio para poder escuchar y que te escuchen adecuadamente. Sigue las instrucciones de la ventana.

Ahora ya tienes configurado **NetMeeting** para conectarte con otros usuarios.

Nota: Las siguientes veces que ejecutes **NetMeeting**, aparecerá directamente la pantalla principal y no el Asistente para la configuración.

Nota: puede que la conexión no se establezca si hay problemas con las líneas por saturación de llamadas o cualquier otro motivo. Prueba a ejecutar **NetMeeting** más tarde seleccionando el comando que indicamos al principio de este apartado.

La ventana de NetMeeting

El ventana de **NetMeeting** está preparada para que puedas realizar tus videoconferencias de forma sencilla. Puedes verla en la figura 16.6 los siguientes cuadros y botones:

◆ En la parte superior derecha podrás encontrar los botones **Llamar**, **Finalizar llamada** y **Encontrar a alguien en un directorio**. Con el primero de ellos podrás introducir la dirección de la persona con la que quieres contactar. El segundo, obviamente, para terminar la llamada y el tercero para encontrar a alguien en algún directorio.

◆ El cuadro central con el logotipo de **NetMetting** mostrará lo que enseñe la videocámara de la persona con la que estás hablando.

◆ Por debajo están los botones para iniciar video y controlar el volumen de audio.

◆ En la parte inferior puedes ver un cuadro en blanco con botones por debajo para poder hablar (tecleando) con la persona que quieras, compartir programas, usar una pizarra o transferir archivos.

El primer directorio que aparecerá al pulsar el botón **Encontrar a alguien en un directorio** es el Directorio Internet Microsoft, que te conecta a la página Messenger Service de Microsoft. Puedes ver su pantalla principal en la figura 16.7.

Figura 16.6. *Ventana de **NetMeeting***

Figura 16.7. *Pantalla de **Messenger Service** de**Microsoft***

Microsoft Chat

Si llevas tiempo conectado a Internet sabrás que los chats tienen una gran audiencia entre los internautas.

Si, en cambio, eres novato debes saber que los chats son lugares de Internet donde los internautas se reúnen para hablar de muy distintos temas. Hablar es un decir, ya que todo se escribe.

Para poder conectarte a un chat debes tener un programa que te conecte con estos lugares y te proporcione las herramientas para poder hablar con los demás usuarios, esta es la función de Microsoft Chat.

Si quieres ejecutarlo tendrás que seleccionar en el menú **Programas**, **Internet Explorer** y hacer clic sobre **Microsoft Chat**.

Al ejecutarlo aparecerá una pantalla en la que tendrás que indicar el servidor al que quieres conectarte (figura 16.8).

Dentro del servidor existirán, como regla general, distintos salones en los que se hablará de un tema o en un idioma en particular.

Para conectarte a un determinado chat deberás saber su dirección en Internet.

Microsoft Chat te ofrece conectarte a mschat.msn.com que pertenece a Microsoft; por omisión te conecta al salón en el que se habla español.

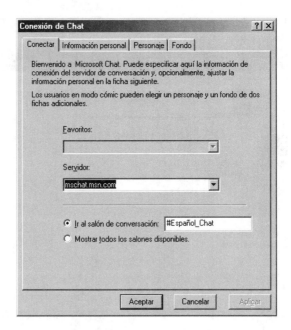

Figura 16.8. Conexión de Chat

Cuando pulses **Aceptar**, **Microsoft Chat** te conectará con dicho servidor y te situará en el salón que hayas escogido, pidiéndote que te identifiques con un sobrenombre. En la figura 16.9 puedes ver el aspecto que tendrá la pantalla principal al conectarnos a una hora determinada. Lo primero que debes hacer es familiarizarte con la pantalla. Además de las clásicas barras de menús y de herramientas donde podrás encontrar todos los comandos, dispones de varios paneles donde encontrarás:

◆ En el centro está el panel donde aparecerán todos los mensajes que vayan escribiendo los usuarios que se encuentran en el salón, incluido tú. Como puedes ver, cada mensaje que se escribe se representa en una viñeta.

◆ En el panel superior derecha puedes consultar la lista de los usuarios que están en ese instante en el salón. Fíjate cómo cada uno tiene un nombre y un personaje asociado a él.

◆ Por debajo encontrarás la figura que te representa a ti en las viñetas.

◆ Inmediatamente debajo encontrarás una serie de caras dibujadas, que expresan distintos estados de ánimo. Si haces clic en alguna, tu personaje la adoptará; así los demás usuarios verán con que actitud hablas o que "sientes" en ese instante.

◆ En la parte inferior de la ventana, por debajo del cuadro central de viñetas, se encuentra un cuadro de texto que tendrá el cursor. Aquí es donde debes escribir lo que quieras decir. Cuando termines de teclear, pulsa Intro.

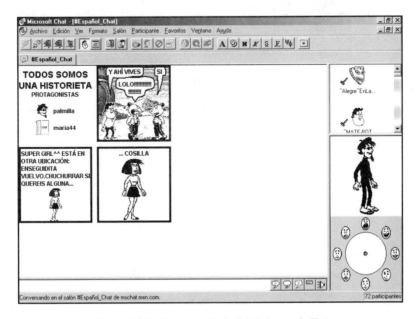

Figura 16.9. *Ventana principal de **Microsoft Chat***

Lo mejor para aprender es practicar, así que conéctate y "chatea" un rato.

Por último, debes saber que en los menús **Salón** y **Participante** encontrarás bastantes opciones que pueden ser útiles, como entrar en otro salón u obtener la identidad de alguno de los usuarios (figura 16.10). Pruébalas poco a poco y recuerda que el teléfono está funcionando (no pierdas la noción del tiempo "charlando", ya que te costará bastante dinero).

Figura 16.10. *Salón de un chat*

La ventana MS-DOS

La herencia es grande y ni siquiera Microsoft ha podido desterrar del todo los vestigios de este sistema operativo controvertido y denostado, pero que ha dominado la vida de los PC durante más de una década.

Pocas personas utilizan el MS-DOS como sistema operativo y en la mayoría de los casos lo que hacen es ejecutar algún programa creado para MS-DOS.

Ante esta situación, y debido a los problemas que supone para el diseño más optimizado del sistema operativo, esta nueva versión de Windows ha limitado el acceso a MS-DOS, a la posibilidad de acceder a una ventana MS-DOS y a ejecutar programas diseñados para ese sistema operativo. Por tanto, ya no será posible ejecutar desde el disco duro el MS-DOS como sistema operativo, sino que se podrá ejecutar únicamente desde un disquete de arranque creado con versiones anteriores.

Si usas algún programa para este sistema operativo o necesitas utilizar la ventana de MS-DOS por otro motivo, el contenido de esta lección te resultará de gran utilidad.

En esta lección aprenderás a:

- Conocer el **MS-DOS de Windows ME**.

- Abrir una ventana de MS-DOS.

- Distinguir los elementos de una ventana.

- Configurar una ventana.

- Ejecutar programas MS-DOS.

- Utilizar el modo MS-DOS.

- Usar nombres de archivos largos en MS-DOS.

El MS-DOS de Windows Me

Como sistema operativo independiente, MS-DOS se quedó en la versión 6.22. Posteriormente Windows 95 y Windows 98 contaron con una ventana **DOS** en la que la versión ya era superior, e incluso permitían arrancar el ordenador en modo MS-DOS. Windows ME continúa ofreciéndote un soporte para este sistema operativo, pero únicamente abriendo una ventana, eliminando la posibilidad de arrancar el ordenador en modo MS-DOS.

Abrir una ventana MS-DOS

Si quieres ejecutar comandos o utilizar la interfaz de MS-DOS sin dejar Windows ME, deberás abrir una ventana MS-DOS. En este caso, pulsa el botón **Inicio**, en el menú **Programas** selecciona **Accesorios**, y haz clic sobre **MS-DOS**. Aparecerá una ventana como la que puedes ver en la figura 17.1.

Como puedes ver en la figura 17.1, el interfaz es el tradicional: nombre de unidad, directorio (carpeta) donde estés situado y símbolo **>**. Desde este momento puedes utilizar cualquier comando y aplicación que se ejecute en este sistema operativo.

> **Nota:** algo importante que debes tener en cuenta, es que puedes abrir más de una ventana MS-DOS, pudiendo ejecutar en cada una de ellas los comandos o aplicaciones que quieras.

Figura 17.1. *Ventana de **MS-DOS***

La ventana MS-DOS

La forma de ejecutarse MS-DOS ofrece ventajas, de las que incluso no disponías cuando era el sistema operativo que controlaba el ordenador. En este apartado conoceremos su ventana y los elementos que la componen.

El aspecto es bastante similar al de otras ventanas de Windows ME, dispone de barra de título, donde se encuentra el menú de control y los botones **Minimizar**, **Maximizar/Restaurar** y **Cerrar**, pero tiene un aspecto general mas pobre. Carece de barra de menús, pero sí tiene una barra de herramientas, que da acceso a cuadros de diálogo de configuración. Posteriormente los trataremos en profundidad.

El primer grupo de comandos del menú de control (figura 17.2) contiene los habituales para configurar el tamaño de la ventana. El segundo grupo proporciona un comando para cerrarla y **Edición**, que desplegará un submenú con comandos para cortar, copiar y pegar (posteriormente los veremos). También en él, puedes habilitar o deshabilitar la barra de herramientas. El último grupo contiene el comando **Propiedades**, para configurar distintos aspectos de la ventana.

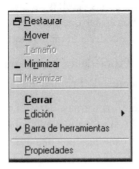

Figura 17.2. *Menú de control de una ventana* ***MS-DOS***

En la barra de herramientas, y de izquierda a derecha, podrás encontrar los siguientes botones y cuadros:

◆ Cuadro de lista desplegable **Tamaño de la fuente**. Si despliegas su lista, puedes seleccionar distintas posibilidades que varían el tamaño de la ventana.

◆ **Marcar**. Si lo pulsas, podrás utilizar el puntero del ratón para marcar una zona de la ventana, de esta forma podrás copiar su contenido.

◆ **Copiar**. Si lo pulsas, copiarás el contenido seleccionado a través del botón anterior, en el **Portapapeles** de Windows 98.

◆ **Pegar**. Copiarás el contenido del **Portapapeles** en el lugar donde tengas el cursor.

◆ **Pantalla completa**. Si pulsas este botón, la ventana **MS-DOS** ocupará toda la pantalla, dando el aspecto de que realmente no existe Windows ME. Recuerda que para volver a ver la barra de tareas o cambiar de tarea, puedes utilizar las combinaciones Alt+Tab y Alt+Esc.

◆ **Propiedades**. Da acceso al cuadro de diálogo **Propiedades de MS-DOS**, del que nos ocuparemos en otro apartado de esta lección.

◆ **Background**. Si activas este botón (por omisión), los comandos que ejecutes en dicha ventana se ejecutarán aunque tú cambies de tarea o ventana. Si en cambio lo desactivas, cuando salgas de dicha ventana, el comando que se esté ejecutando parará hasta que vuelvas a activar o situar el foco en dicha ventana.

◆ **Fuente**. Abre la pestaña **Fuente** situada dentro del cuadro de diálogo **Propiedades de MS-DOS**.

Configuración de una ventana MS-DOS

Dispones de muchas opciones para configurar el aspecto y funcionamiento de una ventana MS-DOS, algunas de ellas ya las hemos visto en el apartado anterior. En éste, nos centraremos en las que pueden verse en el cuadro de diálogo **Propiedades**. Recuerda que para acceder a él puedes utilizar dos formas:

◆ Pulsar el botón **Propiedades** de la barra de herramientas.

◆ Seleccionar el comando **Propiedades** del menú de control.

De cualquiera de las dos formas, verás el cuadro de diálogo **Propiedades de MS-DOS** (figura 17.3). Como puedes observar, las opciones están repartidas en cinco pestañas. Las estudiaremos una a una.

Figura 17.3. Cuadro **Propiedades de MS-DOS** con la pestaña **Programa** activada

Pestaña Programa

Como puedes observar en la figura 17.3, contiene varios cuadros, así como un par de botones. El primero de ellos contiene el nombre del acceso directo que lleva a esta ventana. Posteriormente veremos más detenidamente para qué nos sirve. A continuación, describiremos el resto.

◆ **Línea de comando.** Contiene la ruta de acceso completa del comando o aplicación que se está ejecutando en la ventana. Si ejecutas el comando **MS-DOS** del menú **Programas,** por omisión se ejecuta **command.com,** que es el entorno de la línea de comandos MS-DOS. Posteriormente veremos cómo utilizar este cuadro para ejecutar otras aplicaciones.

◆ **Carpeta de trabajo.** Contiene la ruta y el nombre de una carpeta desde la que se iniciarán los archivos y donde se guardarán.

◆ **Archivo de proceso por lotes.** En este cuadro debes indicar la ruta de acceso y nombre de un archivo de proceso por lotes (.BAT) si quieres que se ejecute antes de entrar en la aplicación o comando de dicha ventana.

◆ **Método abreviado.** Puedes indicar una combinación de teclas para activar la ventana, si estuvieras en otra tarea de Windows ME. Para ello, sitúa el puntero del ratón en este cuadro; a continuación, pulsa la tecla Ctrl o Alt, la que quieras utilizar, y otra tecla que te servirá para completar la combinación. Si te encuentras en otra ventana de Windows ME y pulsas dicha combinación, activarás dicha ventana MS-DOS.

◆ **Ejecutar.** Selecciona en este cuadro de lista desplegable la forma de la ventana que quieras ver cuando se ejecute la aplicación o programa. Existen tres opciones: **Ventana normal, Maximizada** y **Minimizada.**

◆ Casilla de verificación **Cerrar al salir.** Cierra automáticamente la ventana cuando el programa termina o completa su ejecución.

◆ Casilla de verificación **Evitar que los programas basados en MS-DOS detecten Windows.** Esta casilla se debe activar cuando se ejecuten ciertos programas DOS que tienen problemas al detectar que existe Windows. En otro caso, conviene quedarla desactivada.

◆ Botón **Cambiar icono.** Si pulsas este botón, accederás al cuadro de diálogo **Cambiar icono,** que aparece en la figura 17.4, en el cual puedes escoger el icono que quieres que represente al programa que ejecutas en dicha ventana. Con el botón **Examinar,** podrás buscar archivos que contengan iconos, si no te gustan los que se te ofrecen.

Figura 17.4. *Cuadro de diálogo* **Cambiar icono**

Pestaña Fuente

A esta pestaña también puedes acceder pulsando el botón del mismo nombre en la barra de herramientas. Con ella puedes seleccionar el tamaño y tipo de fuente que deseas usar si ejecutas el programa en una ventana (observa la imagen de la figura 17.5).

> **Nota:** las selecciones de esta pestaña no serán efectivas si ejecutas el programa a pantalla completa.

Podrás ver cómo quedará la ventana, sin tener que salir del cuadro de diálogo a través de los cuadros **Vista previa de la ventana** y **Vista previa de la fuente**.

Pestaña Memoria

En esta pestaña podrás decidir qué cantidad de memoria y de qué tipo debe usarse para ejecutar el programa **DOS** (figura 17.6)
En principio, todas las opciones de este cuadro deberían dejarse tal y como están, en **Automático**.

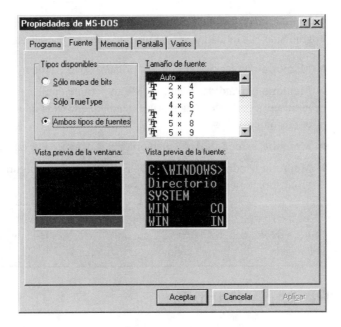

Figura 17.5. Pestaña **Fuente** del cuadro de diálogo **Propiedades de MS-DOS**

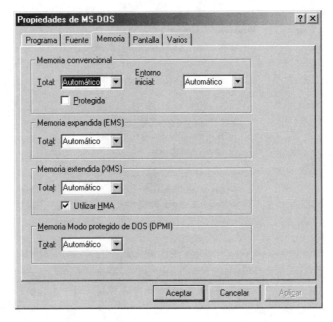

Figura 17.6. Pestaña **Memoria** del cuadro de diálogo **Propiedades de MS-DOS**

Si la circunstancia lo requiere, siempre que tengas información del desarrollador del programa de la cantidad y tipo de memoria a usar, puedes cambiar estos parámetros.

◆ **Memoria convencional**. Son los primeros 640 Kb de memoria.

◆ **Memoria expandida**. Windows ME te permite emular este tipo de memoria si no la tienes, a partir de la memoria extendida, que es la que normalmente se utiliza en los ordenadores.

◆ **Memoria extendida.**Toda memoria del ordenador por encima del primer mega.

◆ **Memoria Modo protegido de DOS (DPMI)**. Se configura la memoria en modo protegido, para evitar conflictos con otros programas.

Nota: otro tipo de memoria que puedes utilizar es la HMA, que son los primeros 64 Kb de la memoria extendida, aunque no es recomendable usarla, ya que en ella suelen almacenarse algunos controladores.

Pestaña Pantalla

A través de esta pestaña (figura 17.7) podrás configurar la forma de visualización del programa **DOS**.

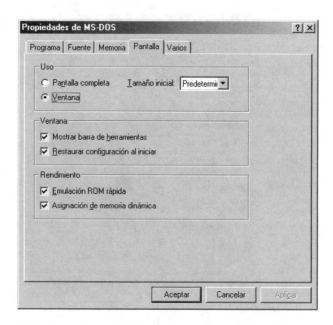

Figura 17.7. *Pestaña* **Pantalla** *del cuadro de diálogo* **Propiedades de MS-DOS**

Dispones de tres grupos de opciones, que son:

◆ **Uso**. Puedes ver el programa en pantalla completa o en una ventana. En este último caso podrás escoger el número de líneas en el cuadro de lista desplegable **Tamaño inicial**.

◆ **Ventana**. Proporciona dos casillas de verificación para que aparezca la barra de herramientas y se restaure la pantalla de Windows ME al salir del programa.

◆ **Rendimiento**. La primera casilla de verificación es para poder escribir de forma rápida en la ventana. Si tienes problemas al escribir, desactívala. La segunda casilla debe estar activada si quiere hacerse un uso más correcto de la memoria.

Pestaña Varios

En esta pestaña (figura 17.8) podrás activar o desactivar distintos detalles de ejecución del programa como:

◆ **Primer plano**. Si lo desactivas no se iniciará el protector de pantalla, si tuvieras configurado alguno.

◆ **Mouse**. Te permite utilizar el ratón para seleccionar áreas en la ventana **MS-DOS**. En caso contrario, tendrás que pulsar el botón **Marcar** de la barra de herramientas. La casilla de verificación **Modo exclusivo** obliga al uso del ratón sólo en los programas DOS.

◆ **Segundo plano**. Suprime la asignación de recursos del sistema cuando el programa está desactivado.

◆ **Terminación**. Este comando activa o desactiva la aparición de un cuadro de diálogo si pretendes cerrar una ventana **DOS** en la que el programa esté funcionando.

◆ **Sensibilidad en inactivo**. Determina el tiempo que debe estar inactivo el programa para suprimir recursos del sistema de la ventana.

◆ **Teclas de método abreviado de Windows**. Permite activar o desactivar combinaciones de teclas de Windows 98. Si alguna interfiere con el programa que estás ejecutando, desactívala.

Nota: si haces clic derecho en cualquiera de las opciones que se han descrito del cuadro de diálogo **Propiedades de MS DOS**, aparecerá una pequeña ayuda de lo que hacen.

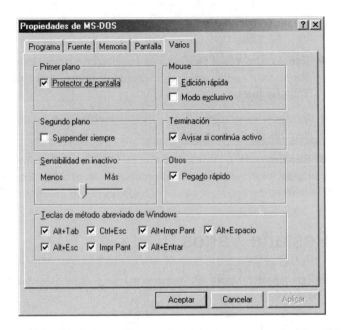

Figura 17.8. Pestaña **Varios** *del cuadro de diálogo* **Propiedades de MS-DOS**

Ejecución de un programa DOS

Ejecutar un programa DOS es bastante sencillo en Windows ME. Las distintas formas que tienes se enumeran a continuación.

◆ Hacer doble clic sobre su nombre en el **Explorador de Windows ME**.

◆ Hacer doble clic sobre su nombre en la carpeta **Mi PC**.

◆ Hacer doble clic sobre un acceso directo en el Escritorio. Posteriormente veremos cómo hacerlo.

◆ A través del comando **Ejecutar** del menú **Inicio**.

◆ Abrir una ventana **DOS**, teclear el nombre del programa, para lo que posiblemente deberás situarte en la carpeta donde lo tengas guardado y pulsar Intro.

Hay programas que deben ejecutarse con el nombre seguido de algún parámetro. En este caso, no podrás utilizar las dos primeras formas que se sugieren.
Si el programa lo utilizas muy frecuentemente, tal vez lo más lógico y rápido es que crees un acceso directo en el Escritorio para él. En el siguiente apartado se explica cómo hacerlo.

Crear un acceso directo
para un programa DOS

Si creas un acceso directo al programa en el Escritorio, tan sólo deberás hacer doble clic sobre su icono para ejecutarlo.

Para hacerlo, sigue las instrucciones que se dieron en la lección del Escritorio, en el apartado Crear un acceso directo.

Cuando termines, haz clic derecho sobre el nuevo icono y ejecuta seguidamente el comando **Propiedades**. Aparecerá entonces un cuadro de diálogo que ya te resulta bastante familiar, **Propiedades de MS-DOS**.

En este caso no se llamará MS-DOS, sino que tendrá el nombre que le diste al acceso directo.

Existe una diferencia, la primera pestaña, que se denomina **General** (observa la figura 17.9).

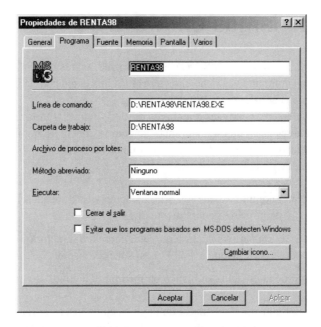

Figura 17.9. *Pestaña **General** del cuadro de diálogo **Propiedades de MS-DOS***

Contiene información acerca del acceso directo que has creado y puedes modificar sus atributos, aunque no debes cambiarlos a no ser que tengas una buena razón para hacerlo.

Modo MS-DOS

Si echas mucho de menos la interfaz del DOS, o tienes alguna aplicación que funciona con gráficos muy frecuentemente, ya no puedes utilizar el modo MS-DOS para ejecutarlos.

Sin embargo, como ya hemos indicado anteriormente, puedes utilizar la ventana de **MS-DOS**.

Pero si no es suficiente la ventana, prueba a arrancar el ordenador con un disquete de arranque con MS-DOS.

> **Nota:** ten cuidado con lo que haces, ya que si alteras archivos de Windows ME, puede que tengas que volver a instalarlo o que incluso pierdas información. Además, dependiendo del tipo de formato que tenga tu disco duro, puede que no sea posible acceder al disco duro desde MS-DOS.

Nombres largos en MS-DOS

Si ya has utilizado MS-DOS anteriormente, sabrás que los nombres de archivo estaban limitados a ocho caracteres más una extensión de tres. Esto es igual en la ventana **MS-DOS** de Windows ME.

Cuando creas carpetas o archivos desde Windows y utilizas las características de nombres lagos de éste, automáticamente se genera un nombre para MS-DOS. Esto no puedes configurarlo ni cambiarlo, pero sí conviene que sepas cómo actúa Windows en algunos casos:

◆ Si el nombre excede los ocho caracteres, lo trunca a seis e incorpora la tilde de la ñ y un número, generalmente el 1.

◆ Si al truncarlo encuentra que otra carpeta o directorio tiene el mismo nombre, el número asignado será el 2, y así sucesivamente.

◆ Si tiene espacios en blanco en medio del nombre, los elimina.

En la figura 17.10 se muestran algunos ejemplos. Si te fijas, en la primera columna de la ventana aparece un nombre de archivo corto y en la columna situada más a la derecha el nombre largo.

> **Nota:** para escribir la tilde de la ñ, debes pulsar la combinación Alt+126 (sin dejar de pulsar la tecla Alt, pulsa las teclas 1, 2 y 6 en el teclado numérico).

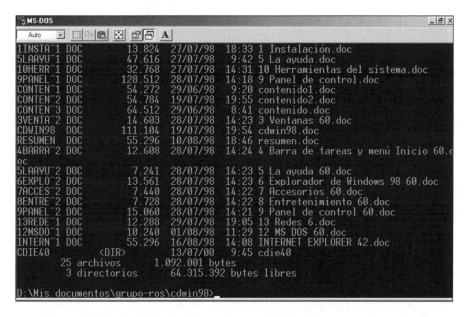

Figura 17.10. *Resultado de ejecutar el comando* **Dir** *en una carpeta determinada*

La Ayuda de Windows Me

Hasta la aparición de Windows, el concepto de ayuda prácticamente quedaba reducido a una enumeración de las funciones de las teclas y combinaciones de ellas que podían usarse en los programas o bien a la enumeración de los parámetros de los comandos que proporcionaba. Para más información, tenías que consultar el manual impreso que se proporcionaba y que normalmente no tenía demasiada calidad.

Con Windows se introdujo el concepto de ayuda como una aplicación más del sistema operativo, así como una consulta completa y sencilla de cómo hacer algo. Este sistema se estandarizó entre todas las aplicaciones que funcionaban bajo Windows y, de este modo, el usuario se encontraba con el mismo programa, eso sí, con distinto contenido, por cada una de las aplicaciones instaladas en el ordenador.

En esta lección aprenderás a:

- Ejecutar la Ayuda.
- La Ayuda en las aplicaciones.
- Configurar la Ayuda.
- El aspecto de la Ayuda.
- Consultar su contenido.
- Utilizar el Índice.
- Buscar temas.
- Imprimir temas.
- Solucionar problemas técnicos con la Ayuda.

Cómo ejecutar la Ayuda

El aspecto de la Ayuda ha variado bastante con respecto a Windows 95 y 98, pero la forma de acceder a ella no. Tienes varias formas de ejecutarla, y son:

◆ Ejecutando el comando **Ayuda** del menú **Inicio**. Para ello deberás pulsar el botón **Inicio**; cuando se despliegue su menú, sitúa el puntero del ratón sobre el comando **Ayuda** y haz clic.

◆ Pulsando F1 cuando tengas seleccionado cualquier objeto del Escritorio.

◆ Ejecutando el comando **Temas de Ayuda** del menú **Ayuda** en cualquier ventana de Windows.

En la figura 18.1 puedes ver el aspecto que tiene su ventana.

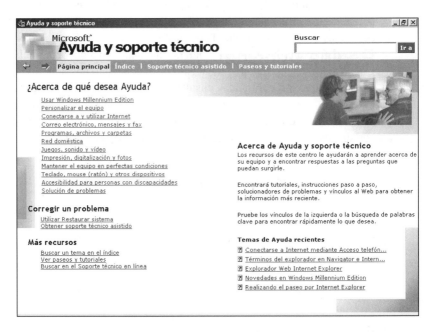

Figura 18.1. *Ayuda de Windows ME*

La Ayuda de Windows Me

Esta nueva versión de Windows se caracteriza por tener un nuevo diseño de la ayuda que proporciona al usuario. En la pantalla aparece, por omisión, activa la pestaña **Página principal**, existiendo además las pestañas **Índice**, **Soporte técnico Asistido** y **Paseos y tutoriales**, las cuales veremos a continuación.

Buscar directamente

Por otro lado, para realizar consultas acerca de temas de los que se conoce el nombre con que Windows los trata, puedes escribir en la casilla **Buscar** el texto a localizar y, cuando hagas clic sobre el icono **Ir a**, en el panel izquierdo de la ventana aparecerá el enunciado de la posible ayuda que deseas encontrar, la cual se mostrará en el panel derecho cuando la selecciones.

> **Nota:** si Windows no encuentra ayuda sobre el texto tecleado, lo indicará en pantalla. Piensa en otra palabra que pueda ser sinónima a la que deseas buscar e inténtalo de nuevo. En cualquier caso, las otras pestañas de la ventana están para ayudarte en la búsqueda que deseas realizar.

Página principal

Una vez tienes ejecutada la ayuda según lo indicado en el apartado anterior, aparece en la ventana la pestaña **Página principal** activa, desde la que podrás ver unos accesos inmediatos a ciertos temas que en sí son importantes y que te recomendamos que consultes según te habitúes a trabajar con Windows ME, ya que proporcionan información bastante interesante.

Al seleccionar cada uno de ellos la ventana se divide en dos paneles, reflejando el izquierdo el índice general del tema seleccionado. Así mismo, sobre dichos paneles aparece una indicación sobre lo que estás consultando. En la figura 18.2 puedes ver el aspecto de la pantalla al seleccionar el tema **Usar Windows Millennium Edition**.

Figura 18.2. *Pantalla de Ayuda sobre cómo usar Windows ME*

Cuando el tema seleccionado tenga otros subtemas, éstos aparecerán en el panel izquierdo y sobre los paneles se actualizará la información sobre lo que estás consultando. En la figura 18.3 se muestra la ayuda que se obtiene al consultar el subtema **Cómo consultar la ayuda**.

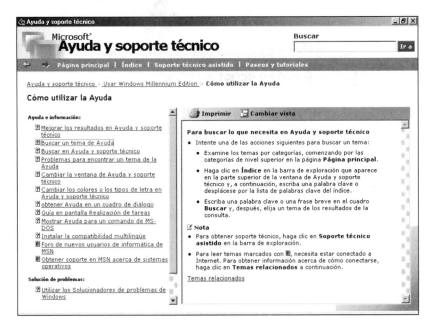

Figura 18.3. *Ayuda sobre cómo utilizar la ayuda de Windows ME*

Cuando en el panel izquierdo observes un símbolo de interrogación junto a un subtema, esto indica que, cuando lo selecciones, aparecerá en el panel derecho la ayuda sobre cómo realizar la acción que deseas consultar. Si el símbolo que encuentras es el de Internet Explorer, lo que quiere indicar la ayuda es que si lo seleccionas te conectarás a una página de Internet en la que se trata la cuestión seleccionada.

Para volver a las ayudas consultadas anteriormente puedes hacer uso de las flechas situadas a la izquierda de **Página principal**; si, en cambio, deseas volver directamente al nivel anterior de la ayuda, selecciónalo en la indicación que está sobre los paneles (en la figura 18.3), haciendo clic en **Usar Windows Millennium Edition**. El botón **Imprimir** del panel derecho, imprime la ayuda que estás consultando y el botón **Cambiar vista** muestra a pantalla completa la ayuda seleccionada.

Por último, hay que indicar que cuando los temas del panel izquierdo no caben en la pantalla, aparece una barra de desplazamiento para que puedas ver los que no muestra. Normalmente, al final de todos los temas de ayuda aparecen lo que Windows denomina **Paseos y tutoriales** que veremos en esta misma lección.

Índice

La pestaña **Índice** permite introducir un texto y, según se teclea, la **Ayuda** se situará en el primer término que comience por los caracteres tecleados. Si localizas el tema que deseas, haz doble clic sobre él y selecciona el tema definitivo en la ventana que aparece con los subtemas relacionados. En la figura 18.4. puedes ver un ejemplo.

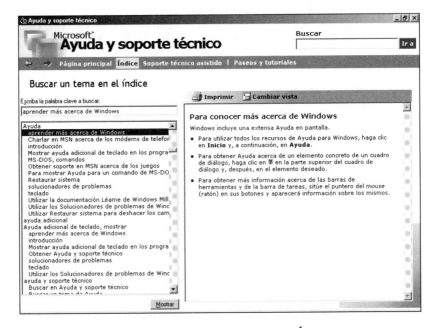

Figura 18.4. *Ejemplo de utilización de la pestaña **Índice** de la Ayuda*

Soporte técnico asistido

Esta pestaña da acceso vía Internet a ciertas páginas que Microsoft pone a disposición de los usuarios para realizar consultas sobre asuntos relacionados con los productos que esta empresa comercializa.

Paseos y tutoriales

Desde esta pestaña se puede acceder a una breve información sobre las novedades que proporciona Windows ME. Así mismo, hay unos tutoriales que, siguiéndolos, permiten conocer ciertos elementos que utiliza Windows (por ejemplo, el ratón) o dan acceso a ciertos archivos mediante Internet.

La Ayuda en las aplicaciones

La Ayuda de Windows ME tiene aspectos similares a las ayudas que tienen las aplicaciones que proporciona el propio Windows ME y a otras aplicaciones de Microsoft y de otras empresas de software.

Como se explicó en lecciones anteriores, todas las ventanas de Windows ME tienen unos elementos comunes, entre ellos está el menú **Ayuda**. Este menú hay veces que, en lugar de llamarse, así se indica con el signo de interrogación (**?**).

Dentro de este menú, entre otros comandos, siempre habrá uno que contendrá al menos la palabra **Ayuda** y generalmente se llamará **Temas de Ayuda**. Si lo ejecutas aparecerá la ayuda de la aplicación que estés ejecutando en dicha ventana. Si es una ventana de Windows, será su **Ayuda**, si es cualquier otra aplicación como **WordPad**, por ejemplo, aparecerá la **Ayuda** del procesador de textos estudiado en la lección Accesorios (figura 18.5).

> **Nota:** si la aplicación fue diseñada para Windows 95/98, el aspecto de su **Ayuda** será el mismo que tenía la **Ayuda** en dichas versiones de Windows. Por ello es posible que las explicaciones que se hacen en esta lección te resulten obvias.

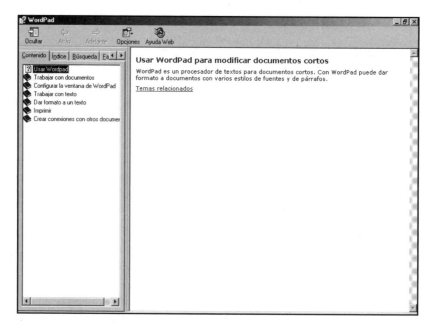

Figura 18.5. *La Ayuda de WordPad*

También podrás ejecutar la **Ayuda** de una aplicación si pulsas F1 cuando estés en su ventana. Dependiendo de la aplicación, hay otros tipos de ayuda que muestran la **Ayuda** de distinta forma a la de la aplicación que se estudiará a continuación:

◆ Si sitúas el puntero del ratón sobre un botón (normalmente sobre los de una barra de herramientas), aparecerá una pequeña explicación o su nombre en un cuadro con fondo amarillo.

◆ Si haces clic con el botón derecho sobre un elemento de una ventana, puede aparecer una ayuda similar a la explicada en el anterior punto.

◆ A veces podrás encontrarte con un botón **Ayuda** en una ventana o cuadro de diálogo; si lo pulsas, te llevará al tema relacionado con la operación que estés haciendo en la **Ayuda**.

Configurar la Ayuda

La primera vez que ejecutes la **Ayuda** para Windows ME o para una aplicación cualquiera, verás que aparece un cuadro de diálogo que indica que Windows está construyendo la base de datos para acceder a su **Ayuda** o a la de la aplicación en cuestión. El proceso no necesita ninguna intervención por tu parte, es un proceso normal en todos los programas diseñados para Windows 95, 98 y ME.

Nota: hay programas que esta base de datos la crean al seleccionar la pestaña **Índice**.

Aspecto de la Ayuda

Si eras usuario de Windows 95/98, verás que la ventana de la **Ayuda** de las aplicaciones ha cambiado un poco. Se siguen conservando las tres pestañas que dan acceso a sus tres componentes principales: **Contenido**, **Índice** y **Buscar**, aunque ahora también aparece la pestaña **Favoritos** en algunas aplicaciones nuevas. En el panel de la derecha es donde se visualizará el tema o término seleccionado y una barra de botones que te ayudará a moverte por ella, como si se tratase de una página web. De izquierda a derecha estos botones son:

◆ **Ocultar**. Si lo pulsas, desaparecerán las tres pestañas de la **Ayuda**, para que sea más manejable.

◆ **Atrás**. Tanto este botón como el siguiente, funcionan igual que los mismos botones en un navegador de Internet. Windows registra los temas que vas consultando. Si quieres volver al tema consultado anteriormente, pulsa este botón.

◆ **Adelante**. Pulsando este botón irás al tema siguiente en el historial.

◆ **Opciones**. Contiene distintas utilidades, entre ellas, imprimir la consulta seleccionada. Posteriormente veremos cómo.

◆ **Ayuda Web**. Mediante esta opción te conectarás directamente a la Web sobre Windows ME que Microsoft tiene en Internet.

Por debajo de la barra de botones y a la izquierda, tienes las cuatro pestañas que dan acceso a distintas formas de buscar en la **Ayuda**. A la derecha aparece un panel donde podrás ver el contenido de la consulta realizada.

Pestaña Contenido

Esta pestaña es la que contiene todos los temas de la **Ayuda**. Cada uno de ellos está representado por un libro (cerrado) y su título.
Si sitúas el puntero del ratón sobre uno de ellos, aparecerá en color azul y subrayado, cambiando también la forma del puntero, que en ese instante será una mano con el dedo índice abierto.
Si haces clic sobre un tema, se abrirá dicho libro y aparecerán nuevos libros o documentos representados por un icono que simula un folio con un signo de interrogación en su interior.
Al hacer clic sobre alguno de estos últimos, podrás ver en el panel derecho de la ventana el contenido de dicha **Ayuda**. En la figura 18.6 puedes ver un ejemplo de **Ayuda**.
Si el contenido de la **Ayuda** excede el tamaño del panel derecho, aparecerán a su derecha o en su parte inferior unas barras de desplazamiento.
El contenido de la **Ayuda** que muestra el panel derecho puede ser de varias clases, como vemos seguidamente:

◆ Texto que explique el tema.

◆ Enlaces de hipertexto que lleven a otros temas relacionados.

◆ Enlaces de hipertexto que ejecuten una aplicación o herramienta.

◆ Botones que llevan a temas relacionados.

◆ Cuadros de selección de opciones. Son muy utilizados en los temas de **Ayuda** para resolver problemas de funcionamiento. Más adelante, en esta misma lección, se tratan con mayor profundidad.

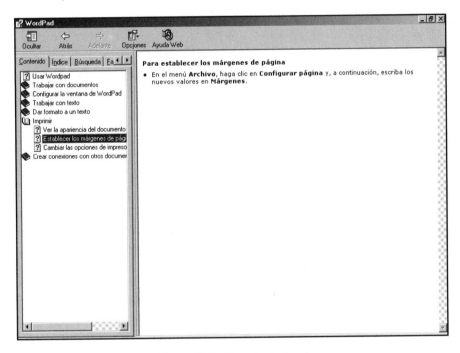

Figura 18.6. Ejemplo de Ayuda

Para cerrar un libro, simplemente deberás hacer clic sobre él y desaparecerán sus temas de la pestaña **Contenido**.

Pestaña Índice

Con esta pestaña podrás encontrar más fácilmente un tema de **Ayuda** a través de un índice que proporciona la aplicación cuya **Ayuda** estés utilizando en ese instante. Puedes buscar el término apropiado a través de la barra de desplazamiento vertical, pero es más rápido que lo teclees en el cuadro que aparece en la parte superior de dicha pestaña. Fíjate cómo a medida que tecleas un carácter, la **Ayuda** te situará en el primer término que comience con los caracteres tecleados (figura 18.7).

Si encuentras el término que buscas, haz doble clic sobre él o pulsa el botón **Mostrar**, que está en la parte inferior de la pestaña.

Cuando solamente haya un tema asociado, éste aparecerá en el panel derecho de la ventana de **Ayuda**. Si hubiera más de uno, aparecerá un cuadro de diálogo mostrándote todos los temas asociados (figura 18.8). Por tanto, deberás hacer clic sobre el que desees y pulsar el botón **Mostrar**.

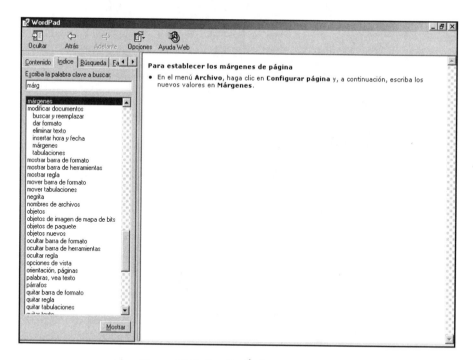

Figura 18.7. Pestaña *Índice* de la Ayuda

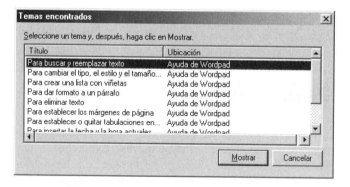

Figura 18.8. Cuadro de diálogo *Temas encontrados*

Pestaña Búsqueda

Es la penúltima pestaña de la ventana de **Ayuda** y en ella podrás utilizar una base de datos con las palabras más relevantes de dicha **Ayuda**.

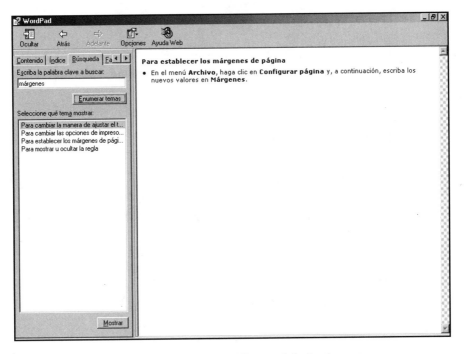

Figura 18.9. Pestaña **Buscar** de la Ayuda

Para encontrar un tema, deberás teclear una palabra que pueda identificarlo en el cuadro que está en la parte superior y, a continuación, hacer clic sobre el botón **Enumerar temas**; tras unos breves segundos, podrás observar, en el cuadro que está en la parte inferior, todos los temas que contienen la palabra tecleada (figura 18.9).

Para seleccionar uno de estos temas que se han listado, debes hacer clic sobre su nombre y pulsar el botón **Mostrar** o hacer doble clic directamente sobre su nombre.

Pestaña Favoritos

Es la última pestaña de la ventana de Ayuda y en ella podrás guardar las ayudas que más te interesen.

Si estás consultando una cuestión que te gustaría quedar marcada porque prevés que necesitarás consultarla más adelante, haz clic en la pestaña **Favoritos** y en el botón **Agregar**.

Windows hace que en **Favoritos** se guarde el tema que tenías seleccionado (observa la figura 18.10).

Como todas las ayudas las puedes encontrar a través de las tres pestañas, el tema que se guarda realmente es el tema de la pestaña **Contenido** que contiene la ayuda seleccionada.

Imprimir un tema

Si deseas o necesitas imprimir un tema de la **Ayuda** de una aplicación, debes situarte en él, de la misma forma que se ha explicado con anterioridad.

Seguidamente, haz clic en el botón **Opciones** y, dentro del menú que se despliega, haz clic sobre la opción **Imprimir**.

De forma inmediata aparecerá el cuadro de diálogo **Imprimir** (observa la imagen de la figura 18.11).

Dentro de este cuadro de diálogo podrás decidir qué impresora utilizar (aparece por omisión la que tengas predeterminada en Windows ME), qué páginas imprimir, cuántas copias, entre otras opciones.

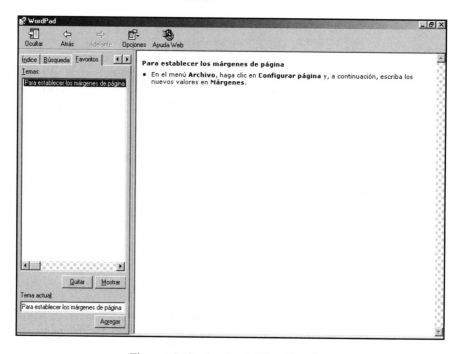

Figura 18.10. Ayuda añadida a **Favoritos**

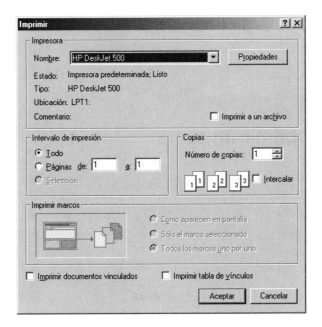

Figura 18.11. Cuadro de diálogo **Imprimir**

Contenido del CD-ROM

El contenido del CD-ROM que se incluye con el libro es un complemento más para que puedas afianzar los conocimientos. Observa los ejemplos que tiene de vídeo, sonido, etc.

Así mismo, se incluyen diversos programas de libre distribución que puedes utilizar con los condicionantes que la empresa que lo comercializa indique en cada caso. En la siguiente tabla se indican brevemente los programas incluidos.

APLICACIONES

◆ **AbNote 1.0a**: bloc de notas y gestor de información. Almacenar toda clase de datos que tenemos por costumbre apuntar en un papel o post-it.

◆ **A-Book 1.8.1**: administrador de contactos para gestionar datos de nuestros amigos, etc. Importa y exporta datos.

◆ **Advanced Evaluator 3.0**: potente calculadora científica. Ideal para cualquier tipo de usuario.

◆ **Brother's Keeper 5.2g**: programa para la creación de árboles genealógicos .

◆ **BS/1 Professional 1.7c**: aplicación integrada para la facturación por tiempos y contabilidad, con cuentas a pagar y cobrar, Libro Mayor y facturación.

◆ **CaPrint 1.22**: permite con MS Outlook y MS Exchange imprimir el cuerpo de los mensajes recibido y los documentos adjuntos.

◆ **DataExpress 1.19**: gestiona contactos, notas, llamadas y mensajes de correo electrónico.

◆ **DBFView 1.01**: gestor de ficheros de bases de datos en formato DBF, para ver, editar e imprimir.

◆ **Diamond Scheduler 3.35**: crea y edita calendarios de ligas deportivas.

◆ **Diligent Dingo 0.60**: busca gran cantidad de mercados de inversión.

◆ **Easy Invoicing 1.5**: gestión de facturas, clientes, inventario, proveedores, empleados y gastos. Versión para Access 97.

◆ **Easy Invoicing 2000 1.5**: gestión de facturas, clientes, inventario, proveedores, empleados y gastos. Versión para Access 2000.

◆ **Electric Slide Ruler Deluxe 1.0**: conversor de unidades de medida.

◆ **E-Tective Host 2.6.1**: permite gestionar ordenadores de forma remota.

◆ **File-Easy 1.00.28**: facilita la clasificación de información.

◆ **FineReader 4.0b**: programa OCR (Reconocimiento de Caracteres Ópticos).

◆ **GS-Calc 5.1**: manipula bases de datos de los formatos más populares dBase III-V, FoxPro 2.0-3.0, Access, Excel 4.0-8.0, etc.

◆ **HotBurn 2.0**: graba CD y CD-Audio.

◆ **InstallConstruct 3.3**: crea programas de instalación de forma rápida y cómoda.

◆ **KiC Music 3.2**: permite administrar colecciones de música.

◆ **NoteCenter 1.41**: organizar documentos de texto en categorías.

◆ **Personal Budgeting 2000 5.0**: controla gastos según presupuestos.

◆ **PreEditor 1.10**: editor de texto especial para programadores.

◆ **QuoteWatch 4.40**: analiza, mantiene y control acciones y fondos.

◆ **RedBox Organizer 3.10**: organiza el escritorio, libreta de direcciones, etc.

◆ **Windows Help Designer HTML Edition 3.0**: crea sistemas de ayuda en formato HTML para aplicaciones.

◆ **WizFlow Flowcharter 3.0d**: crea diagramas de flujo.

AUDIO

◆ **CDBar 1.04**: reproductor de CD-Audio.

◆ **CDLib 2**: permite organizar con facilidad y rapidez colecciones de CD.

◆ **Control Phreak 2**: permite obtener el máximo rendimiento a la tarjeta de sonido y dispositivos MIDI conectados al PC.

◆ **DeeJay**: tabla de mezclas y clasificador de ficheros en formato MP3.

◆ **Media Raider 1.30**: permite convertir varios formatos Multimedia.

◆ **MGC DJ 2000 3.0**: permite manipular ficheros de sonido sin limitaciones.

◆ **MixVibes 2.10**: reproductor y mezclador de ficheros Multimedia.

◆ **MP3 Explorer 2.50**: administrador de archivos diseñado especialmente para el formato MP3.

COMPRESORES

◆ **BigSpeed Zipper 3.0**: gestor de archivos en formato ZIP.

◆ **WinRAR 2.70**: gestor de archivos RAR y ZIP al 100%.

COMUNICACIONES

◆ **ListKing 0.90**: permite utilizar Outlook como servidor de listas de correo.

◆ **MyCQ 1.2 Beta 6**: permite enviar mensajes instantáneamente a otros usuarios.

◆ **Remote Control Panel 3.1**: para control remoto de los ordenadores de una red.

EDUCATIVOS

◆ **Atoms, Symbols and Equations Chemistry Tutor 2.2**: tutor Multimedia para estudiantes de química.

◆ **Babylonia 3.2**: para aprender vocabulario de cualquier idioma.

◆ **Coeli - Stella 2000 4.90**: permite conocer acontecimientos del espacio.

◆ **Funny Bones 2**: permite aprender el esqueleto humano.

◆ **Grammar Quest 1.0**: permite practicar la gramática inglesa.

◆ **Personal Quest 1.7b**: permite crear cuestionarios.

◆ **RPN Engineering Calculator 2.1.0**: potente calculadora científica.

GRAFICOS

◆ **CD Box Labeler Pro**: permite crear y diseñar etiquetas para cajas de CD, disquetes y discos ZIP.

◆ **Fast Plans 6.1**: permite realizar planos de casas de forma automatizada.

◆ **IconForge 4.7**: editor de iconos, iconos animados, cursores y mapas de bits.

◆ **PE-MU 1.31**: permite administrar colecciones de imágenes, animaciones y ficheros con imágenes.

INTERNET

◆ **ImageSiteGrabber Pro 1.0**: permite elegir el tipo, tamaño y número de imágenes a capturar de uno o varios sitios Web.

◆ **NetLimiter**: limita el tiempo de Internet para controlar el consumo de teléfono.

◆ **Scribbler 2000 1.9.2**: editor de código JavaScript, VBScript y DHTML para páginas Web.

◆ **TimesOwn 1.3**: software para conocer la hora de cualquier parte del mundo.

◆ **VSh Visual Bookmarks 1.2.2**: agenda de direcciones de Internet.

JUEGOS

◆ **Advanced Tetric Lite 3.2**: juego al estilo Tetris.

◆ **AstroFire 3.03**: elimina restos del espacio y salvar la tierra.

◆ **Baker's Dozen 3.0**: colección de 25 juegos de cartas.

◆ **B-Jigsaw for Windows 4.1**: rompecabezas.

◆ **Catch and Guess 1.3**: juego que consiste en adivinar un número.

◆ **Clear It! 2.1**: previa concentración, deberás eliminar el mayor número de bloques posible.

◆ **Critical Mass**: conviértete en el jefe de escuadrón de combate.

◆ **CrossCraze**: juego de crucigramas para varios jugadores.

◆ **Netris32 3.1**: Tetris para jugar con otros jugadores a través de red TCP/IP.

◆ **Elf golf 2000**: juego de golf.

PROGRAMACIÓN

◆ **Code-Genie 2.4**: potente editor de ficheros de texto y binarios especial para programadores.

◆ **DXVU Meter 1.0**: control ActiveX para monitorizar cualquier dispositivo de audio.

◆ **DynaPlot ActiveX 1.3.9**: control ActiveX para insertar y controlar gráficos en aplicaciones.

◆ **INFOSCOPE VCL 1.55**: paquete de componentes Delphi diseñados para representar colecciones de datos en gráficos 2D.

◆ **Pajantimage 1.2**: componente ActiveX para obtener y procesar imágenes.

SEGURIDAD

◆ **Absolute Security Standard 3.6**: permite mantener la privacidad de los ficheros del ordenador, los enviados por correo electrónico o por cualquier otro medio, a través de Internet, mediante encriptación.

◆ **Encode It 1.04**: utilidad para la encriptación de ficheros.

◆ **PCinvestigator HookProtect 2.05**: permite detectar programas que intentan infringir la privacidad y confidencialidad de los datos del usuario.

VARIOS

◆ **Microangelo On Display** 1.0:permite personalizar cualquier icono del sistema.

◆ **SafeClean Utilities** 3.0: paquete de herramientas para simplificar la tarea de limpiar y optimizar el sistema.

◆ **Biograph** 1.092: calcula bioritmos para el mes y año especificado.

◆ **The Lotto King** 2.3: generador de números aleatorios diseñado especialmente para la Loto 7/49.

◆ **Hubble Telescope II Screensaver** 1.0: salvapantallas con espectaculares imágenes de estrellas, nebulosas y planetas.

◆ **LYRICS Screen Saver** 1.5: salvapantallas que muestra versos, anécdotas, historias y otros textos.